深圳法學

第1辑

SHENZHEN LEGAL SCIENCE

深圳市法学会◎编

法律出版社
LAW PRESS·CHINA

卷首语

深圳市法学会编写的《深圳法学》创办于1986年，原为广东省连续性内部资料，始终坚持理论联系实践，关注现实问题，追求学术创新，对繁荣和发展我市法学理论、传承法律文化、促进法学交流发挥了重要作用。

35年来，《深圳法学》牢记"繁荣和发展特区法学理论研究、服务和保障经济特区发展大局"的使命，始终深耕在深圳法学理论研究与实践探索的第一线。从1992年深圳获得经济特区立法权到1994年参与依法治市全国试点工作，再到2020年投身中国特色社会主义先行示范区和粤港澳大湾区建设，我们以《深圳法学》为阵地，组织全市法学专家、法律工作者笔耕不辍，以大量优质研究文章为深圳法治建设建言献策；从思考如何用好用足经济特区立法权，到谋划如何强力推进法治城市示范建设，我们以《深圳法学》为平台，联动法治领域专家学者勤思苦研，以众多优秀课题成果为深圳法治建设提供支持。一路走来，我们与深圳经济特区共奋斗、同成长，"以法为笔"在经济特区发展的历史画卷上留下了浓墨重彩的笔迹。

习近平总书记在出席深圳经济特区建立40周年庆祝大会上的讲话中评价，深圳用40年时间走过了国外一些国际化大都市上百年走完的历程；这是中国人民创造的世界发展史上的一个奇迹。回首深圳经济特区40年发展历程，从"探索依法治市"到"建设一流法治城市"，从打造"法治中国示范城市"到建设"法治城市示范"，深圳一直坚持在法治下推进改革、在改革中完善法治的做法成就了特区飞跃式的发展。

2020年11月，中央全面依法治国工作会议明确了习近平法治思想在全面依法治国工作中的指导地位。习近平法治思想内涵深刻、论述精辟、逻辑严密、系统完备，是全面依法治国的根本遵循和行动指南。深圳正努力建设中国特色社会主义先行示范区，要在深入学习研究、宣传贯彻习近平法治思想上先行示范，把习近平法治思想贯彻全面依法治市的全过程，推出更多高质量研究成果，推动习近平法治思想在深圳落地生根、结出丰硕成果。

深圳市法学会联合法律出版社正式出版《深圳法学》，旨在立足深圳法治实践、研究深圳法治问题、总结深圳法治经验，着力打造先行示范法治研究阵地。我们将秉持“开放、创新、多元、求实”的理念，牢牢把握“双区”建设和深圳综合改革试点工作，聚焦“法治城市示范”，以前沿、热点和难点法律问题为导向，侧重以实践问题为切入点进行理论探讨，运用创新和比较思维研讨现实问题。

我们希望，《深圳法学》能立足深圳，面向粤港澳，放眼全国，在展示法治实践做法、分享法治经验的同时，多对法治前沿问题进行讨论与争鸣，切实为“法治城市示范”服务。大鹏之动，非一羽之轻也；骐骥之速，非一足之力也。站在新的历史起点上，希望《深圳法学》与特区一同成长，与时代同频共振，继续见证时代的进步。

《深圳法学》编辑部

CONTENTS 目录

司法实践

疫情防控

严格知识产权司法保护背景之下的行为保全适用路径构建

——以司法实践现状中存在的问题为视角

李姗姗　雷桂森*

内容提要

知识产权行为保全是一种特殊的救济制度，可以有效防止知识产权侵权，但该制度在我国司法实践中的运用仍存在诸多问题，导致该制度没有发挥其应有的作用，因此亟待通过对该制度的权利基础及审查要件进行理论分析，使该制度的适用更为规范。本文首先通过对我国立法及司法实践中的典型案例进行研究，提出当前我国该制度适用方面存在的问题，然后在对该制度进行法理分析的基础上，明确该制度的实体法本质，进而提出在审查是否适用该制度时，应以"权利基础"和"侵权紧迫性"等实质性要件为主，兼顾"难以弥补的损害""权衡双方利益""公共利益"等形式要件的审查方法。

关键词　行为保全　请求权基础　实质要件　形式要件　利益平衡

* 李姗姗，深圳市福田区人民法院知识产权庭审判员、二级法官；雷桂森，民商法博士研究生，深圳市福田区人民法院知识产权庭庭长，审判员、一级法官。

前 言

最高人民法院《关于审查知识产权纠纷行为保全案件适用法律若干问题的规定》(以下简称《行为保全规定》)已于 2019 年 1 月 1 日起正式施行,对知识产权行为保全作出了具体的规定。本文以目前立法现状为背景,从司法实践中适用知识产权行为保全时存在的问题出发,通过基础理论分析和适用方法分析两个部分对当下该制度适用路径构建进行探讨。

一、当前我国知识产权行为保全适用的主要问题

(一)立法变迁

1. 起步

1950 年《中华人民共和国诉讼程序试行通则(草案)》中规定了"暂先处置"和"暂先执行",[①]该草案虽未正式施行,但包含了我国民事保全制度之雏形。1991 年 12 月 31 日,最高人民法院发布《关于审理专利纠纷案件若干问题的解答》,其中第 3 条"关于专利侵权诉讼因侵权人请求宣告专利权无效而中止审理的问题"中规定,"为了有效依法地保护专利权人的合法权益,避免侵权损害的扩大……专利权人提出财产保全申请并提供担保的,人民法院认为必要时,在裁定中止诉讼的同时责令被告人停止侵权行为或者采取其他制止侵权损害继续扩大的措施"。根据该表述,这一规定应当被划入诉讼中行为保全的范畴。

2. 探索

2001 年,中国加入世界贸易组织,经济形势发生了空前变化,知识产权保护被提升到前所未有的高度,2001 年前后,我国先后修改了《专利法》、《商标法》及《著作权法》,增加了有关"诉前临时措施"的规定,正式确立了行为保全制度在知识产权领域中的地位。为了给予该"诉前临时措施"程序性规则的支撑,最高人民法院还在 2001 年发布了《关于诉前停止侵犯专利权行为适用法律问题的若干规定》,对诉前行为禁令的操作程序加以明确。

---

① 黄维智、万旭、张斌:《论我国行为保全制度的历史变迁》,载《天府新论》2014 年第 3 期。

3. 发展

2008 年,《专利法》再次修正,取消了对于诉前财产禁令的规定,仅保留了诉前行为禁令的规定。这一方面是由于诉前财产禁令与民事诉讼法所规定的诉前财产保全在制度实质和制度机能上没有任何差异,而原有的诉前财产禁令程序相比于诉前财产保全程序对于申请人更加严苛,反而不利于知识产权人权益之保护;另一方面表明知识产权行为保全措施被有别于普通的财产保全,作为一种独立的保全措施被确立下来,可以视为行为保全在立法规范设计上的初步尝试。

4. 确立

2012 年《民事诉讼法》修改以后,首次确立了行为保全制度,该法第 100 条规定,“人民法院对于可能因当事人一方的行为或者其他原因,使判决难以执行或者造成当事人其他损害的案件,根据对方当事人的申请,可以裁定对其财产进行保全、责令其作出一定行为或者禁止其作出一定行为;当事人没有提出申请的,人民法院在必要时也可以裁定采取保全措施”。该法从程序上确立了行为保全制度①(见表 1)。

表 1　行为保全一览

名称	目的	启动	审查内容	保全内容	适用阶段	担保	救济途径
诉前行为保全	损害控制、及时救济	依当事人申请	情况是否紧急、是否会给权利人造成难以弥补的损害	责令其作出一定行为或者禁止其作出一定行为;保全限于请求的范围	诉前	申请人应当提供担保,不提供担保的,裁定驳回申请	申请有误的,申请人应当赔偿被申请人因保全所遭受的损失;当事人对保全裁定不服,可以申请复议一次。复议期间不停止裁定的执行

① 黄维智、万旭、张斌:《论我国行为保全制度的历史变迁》,载《天府新论》2014 年第 3 期。

续表

名称	目的	启动	审查内容	保全内容	适用阶段	担保	救济途径
诉中行为保全	执行确保、损害控制	依当事人申请或依职权决定	是否因当事人一方的原因或其他原因造成判决难以执行或其他损害	同上	诉中	可以责令申请人提供担保，申请人不提供担保的，裁定驳回申请	同上

5. 细化

尽管如此，在原有财产保全制度构建经验和行为保全碎片化创设经验基础上，确立的行为保全一般制度框架本身还是存在诸多有待明确、澄清、解答的问题的。2018 年 12 月，《行为保全规定》，进一步细化了行为保全制度在知识产权与竞争纠纷领域的实施规范。该司法解释已于 2019 年 1 月 1 日起正式施行。

（二）适用现状

在行为保全制度体系构建这个漫长的历史进程中，司法实践的变迁作为法律规则变迁最强大的动因，也是新的法律规制最好的试金石，因此，在探索行为保全制度适用的过程中，司法实践经验有着不可替代的宝贵价值。据不完全统计，过去 5 年间，全国法院分别受理知识产权诉前停止侵权和诉中停止侵权案件 157 件和 75 件，不到全国知识产权案件的 0.03%。以下是笔者选取的近几年来较具影响力和代表性的知识产权行为保全案件（见表 2）。

表 2　我国知识产权行为保全典型案例

案件名称	申请人	被申请人	案由	裁判说理及结果
钱钟书书信手稿诉前禁令案	杨季康（杨绛）	中国圣佳国际拍卖有限公司、李国强	著作权侵权纠纷	如不及时制止，将给权利人造成难以弥补的损害，裁定被申请人不得以公开发表、展览、复制、发行、信息网络传播等方式实施侵害权利人著作权

续表

案件名称	申请人	被申请人	案由	裁判说理及结果
淘宝诉前禁令案	淘宝公司	载和公司、载信公司	不正当竞争	可能对申请人竞争优势、市场份额造成难以弥补的损害,裁定立即停止侵权行为
高通诉苹果诉前禁令案	高通公司	苹果公司	专利纠纷	被申请人构成专利侵权的可能较大,并且持续的侵权行为会造成难以弥补的损失,裁定立即停止销售相关与涉案专利相关的产品
中国好声音诉前禁令案	唐德公司	灿星公司、世纪丽亮公司	不正当竞争	被申请人存在侵权的可能性,且该案具有时间紧迫性,如不停止侵权可能出现难以弥补的损害,裁定立即停止使用涉案行为
新百伦诉中禁令案	新百伦公司	深圳新平衡公司等	侵害商标权纠纷	被申请人存在侵权可能性,且被申请人在线上及线下大量销售可能侵权的产品,并对相关产品作出可能误导消费者的宣传,如不停止侵权可能会对申请人造成难以弥补的损失,裁定被申请人立即停止生产、销售涉案产品

(三)问题总结

就目前我国行为保全的立法现状和适用情况来看,主要存在以下几个方面的问题:其一,立法方面。立法上较为分散,缺乏完备的理论系统,实体法和程序法相混杂,在适用时容易产生法律效力层级上的冲突。其二,实践方面。相对于目前大量的知识产权案件,知识产权行为保全适用概率极低,由于对该制度的实质把握不准,对适用条件缺乏清晰的认识,导致法院在适用该制度时,态度均较为审慎;在裁判时对于采取行为保全措施说理不够充分,大量使用"如不停止侵权可能会对申请人造成难以弥补的损失"等模糊说法,缺乏较为详尽的说理,过于依赖法官自由裁量权。其三,笔者在整理相关资料中发现,知识产权行为保全基本上都是在侵权行为发生之后向法院提起,在侵权行为发生之前提起的极其少见。这一方面因为侵权行为前的损害较难评估,另一方面因为当事人对知识产权行为保全制度缺乏了解,无法充分利用该制度维护自身合法权益,同时更进一步反映出以上立法和实践方面的问题,导致公众在适用该制度维护自身权利时缺乏有力的指引。

二、知识产权行为保全制度的法理分析

面对上述司法实践中存在的问题，探索其解决之道，必须明晰知识产权行为保全作为一项司法救济制度的理论基础，而鉴于该项制度在不同的法律传统中存在不同的法律理念，笔者认为有必要对两大法系中行为保全制度的发展变革进行一定的梳理，从而为下文研究该项制度做好铺垫。

（一）英国、美国及德国知识产权行为保全的发展

1. 英国的法律体系经过长期发展，形成了普通法与衡平法并存的二元法律体系，普通法完全依赖严格的诉讼形式与机械的令状制度，而衡平法没有严格的诉讼形式与令状要求，完全由衡平法官依照内心的良知确信及自然法正义进行裁判。[①] 当普通法上的损害赔偿或者恢复原状无法达到救济目的时，法官可以适用衡平法上的禁令救济。因为诉前禁令本质上是衡平法上的救济程序，其目的在于保持现状，而不对双方当事人之间的实体权利义务进行终局性裁判。

2. 美国临时禁令的标准来源于联邦法院的司法实践。《美国联邦民事诉讼程序法》第 65 条中规定了关于临时禁令的四个条件：一是实体上原告有胜诉的可能性；二是如果不能获得禁令救济，原告将遭受无法弥补的损害；三是利益衡平上倾向于原告；四是禁令救济不影响公共利益。[②] 在 2006 年的 eBay 案中，美国联邦最高法院作出了一个具有革新意义的判决，改变了以前的法律，即否定了以前只要专利权人胜诉就可以颁发永久禁令的规则，要求考量衡平法已经建立的传统四要素：(1)原告遭受了不可修复的损失；(2)法律所提供的救济措施如金钱赔偿不足以赔偿原告所遭受的损失；(3)权衡诉讼双方的困难；(4)颁发禁令不会损害社会公众利益。

3. 德国作为大陆法系的代表，其从罗马法中发展出请求权概念。德国法学家温德莎伊德提出：请求权是指法律上有权提出请求，也就是某人向他人要求一些东西的权利。[③] 因此，某人是否有权利提出请求是一回事，而该请求

---

① 刘知函：《知识产权诉前禁令制度研究》，中国政法大学出版社 2018 年版，第 51 页。

② 夏雷：《Ebay 案件及禁令救济——中国知识产权法官代表团访美实录片段二》，载《江苏科技信息》2018 年第 5 期。

③ 金可可：《论温德莎伊德的请求权概念》，载《比较法研究》2005 年第 3 期。

能否得到法庭的支持是另一回事。按照其观点，权利人在权利受到侵害或者即将被侵害时，权利人获得救济的依据不是程序法，而是实体请求权。根据德国相关法律的规定，请求权可以基于物权关系、债权关系、亲属关系及继承关系产生，也可以基于知识产权关系产生，即知识产权请求权。

经过以上对比可知，在英美法系中，诉前禁令实际归属于程序法体系，其并不苛求申请人拥有稳定的权利基础，因而法院在作出禁令时并未对权利人的权利基础进行审查；大陆法系遵循的以实体权利为中心的法律体系中，权利人获取救济的依据并不是程序法，而是实体请求权，权利人可以依据该实体权利在私立救济与公立救济中进行选择，而这也正是该制度在两大法系中的本质区别。

（二）知识产权行为保全的制度属性

目前，我国司法实践中存在的具体的问题，反映到理论层面，则是行为保全本身的定性问题，即知识产权行为保全是属于实体法还是程序法制度，而不同的本质定位，直接决定了不同的制度属性与适用逻辑。[①] 目前，关于这个问题我国学界存在不同观点：有人认为其属于实体法，有人认为其属于程序法，而还有人认为其是实体法和程序法的混合体。本文试从现有的立法体系对该问题进行分析。

1. 在立法体系上，涉及知识产权行为保全的规定主要在我国《专利法》《商标法》《著作权法》中，因此就立法体系而言，其性质上应属于实体法，而最高人民法院出台的相关司法解释虽然并非完全是实体法的内容，但其也是为了解释知识产权行为保全实体法规范的抽象性而作出的具有实体法内容的规范性文件；可见，知识产权行为保全制度应属于实体法规范。

2. 2012 年《民事诉讼法》中增设了行为保全的规定，在我国立法上首次确定了行为保全制度，故有学者认为，行为保全是一项法院提供临时救济的手段和方式，属于诉讼程序制度，而知识产权行为保全是“由知识产权法所表达出来的诉讼程序规范”。但笔者认为，知识产权的行为保全不能孤立存在，其必须具备实体法上的依据，换言之，其必须有实体法上的请求权作为基础。更明确地说，没有《专利法》《商标法》《著作权法》这些实体法条文，知识产权

① 施高翔：《中国知识产权禁令制度研究》，厦门大学出版社 2011 年版，第 97 页。

行为保全便会陷入“皮之不存，毛将焉附”的尴尬境地。而毋庸置疑的是，程序法的第一价值在于其工具性价值，程序法是为实体法服务的。

可见，知识产权作为一种绝对权，其请求权是权利人得以在诉前要求被申请人为一定行为或者不为一定行为的基础。因此知识产权行为保全的本质，是当权利人无法行使其实体请求权时，借助法院的司法审判权来保障其实体权利恢复到圆满状态的救济方式，故知识产权行为保全应当被定性为实体法规范。

反观我国目前的立法体系，《民法典》出台前，《民法通则》（已失效）和《侵权责任法》（已失效）将原本属于知识产权请求权的内容规定在了民事责任的法律条款中，这样一来，无可避免地产生了绝对权利与相对权利保护方式的混淆。而《民事诉讼法》则侧重强调行为保全的程序法性质，可能导致知识产权行为保全忽视实体法请求权的基础。既然知识产权行为保全属于实体法范畴，那么其构成要件的构建就必须遵循知识产权实体法请求权的内容来进行。就目前来看，我国行为保全缺乏体系化的立法，这就直接造成了法院在审查是否适用知识产权行为保全制度时，容易产生“程序性”和“实体性”的混淆，从而陷入说理困难或任意解释的窘境。

因此，要正确适用我国知识产权行为保全的相关法律法规，逐步完善知识产权行为保全的制度，应当以立足实体法请求权为中心展开思路，并以此为主线进行探究。

三、《行为保全规定》的审查因素分析

2018 年 11 月 26 日，最高人民法院通过了《行为保全规定》。《行为保全规定》于 2019 年 1 月 1 日起正式施行。该规定第 7 条规定，“人民法院审查行为保全申请，应当综合考量下列因素：（一）申请人的请求是否具有事实基础和法律依据，包括请求保护的知识产权效力是否稳定；（二）不采取行为保全措施是否会使申请人的合法权益受到难以弥补的损害或者造成案件裁决难以执行等损害；（三）不采取行为保全措施对申请人造成的损害是否超过采取行为保全措施对被申请人造成的损害；（四）采取行为保全措施是否损害社会公共利益；（五）其他应当考量的因素”。

不难发现，该规定对于知识产权行为保全的审查标准只进行了原则性的

列举,未区分审查重点,也未明确各因素之间的关系,这难免造成法官在适用该条规定时,千篇一律地对所列举的所有标准进行审查。基于前文分析,笔者认为,在适用《行为保全规定》审查当事人的申请时,应对各实质要件和形式要件进行一定区分。

(一)知识产权行为保全的实质性要件

1. 实体请求权基础

上述法条第 1 项为,“申请人的请求是否具有事实基础和法律依据,包括请求保护的知识产权效力是否稳定”。根据前文所述,知识产权请求权作为一种绝对的请求权,只要当事人具有稳定的权利基础,当其权利受到侵害或存在被侵害的危险时,权利人就有权向法院申请采取行为保全措施。因此,权利人具有稳定的权利基础,是知识产权行为保全的实质性要件。由于知识产权不同于物权,其无形性使权利主体需要提供充足的证据对其享有某项知识产权加以证明,否则法院则可以推定其权利主体不适格。《行为保全规定》第 8 条即为法官审查权利人的权利基础提供了较为明确的目标,而其兜底条款意在仍赋予法官一定的自由裁量权,对于前四条没有列举但可以认定为权利基础的情形仍然可以作出权利基础认定。

2. “情况紧急”

《行为保全规定》第 7 条并未将“他人的侵害行为正在或者即将发生”列入审查标准之中,但毫无疑问的是,只有权利人的权利已经遭受到或即将遭受到侵害,权利人才有可能行使其实体请求权,因此“他人的侵害行为正在或者即将发生”也应归为实质要件进行审查。[①] 该规定第 6 条明确列举了应当认定为“情况紧急”的情形,即申请人的商业秘密即将被非法披露;申请人的发表权、隐私权等人身权利即将受到侵害;诉争的知识产权即将被非法处分;申请人的知识产权在展销会等时效性较强的场合正在或者即将受到侵害;时效性较强的热播节目正在或者即将受到侵害;其他需要立即采取行为保全措施的情况。笔者认为,“情况紧急”即表明了权利人的权利处于被侵犯或即将被侵犯的处境当中,因此第 6 条实际上是对“他人的侵害行为正在或者即将发生”这一实质性构成要件的明确。由此可知,只要当权利人具有稳定的权

① 刘知函:《知识产权诉前禁令制度研究》,中国政法大学出版社 2018 年版,第 163 页。

利基础，且其权利受到侵犯具有“紧迫性”，法院就具备了采取行为保全的必要条件。

（二）知识产权行为保全的形式要件

形式要件是相对于实质要件而言的。形式要件即法院在作出行为保全时的选择性要件，笔者认为，缺少形式要件，并不必然导致法院无法作出行为保全。根本原因就在于，知识产权行为保全属于实体法范畴，而其实体请求权为绝对权，故只要权利人的基础权利受到侵害，即可以要求排除他人的妨害，使权利状态恢复圆满。但毋庸置疑的是，权利必须和义务对等，故权利人在保护自身权利的同时，不得侵权他人及社会公众的利益。因此，法院在进行行为保全审查时，需要衡量申请人与被申请人之间的利益，以及申请人和社会公众之间的利益，以使得各方利益相平衡。《行为保全规定》第 7 条中的第 2 项、第 3 项、第 4 项均属于形式要件。

四、知识产权行为保全制度适用方法及标准探讨

如前所述，审查是否适用知识产权行为保全涉及实体审查和形式审查，最高人民法院颁布《行为保全规定》对以往知识产权行为保全立法做了比较全面的总结，为人民法院审查诉前和诉中责令停止侵害知识产权行为案件提供了较为明确的指引，但《行为保全规定》缺乏对知识产权行为保全进行准确定性，实体内容和程序内容的混杂，亦对法院适用法律提出了更高的要求，因此在适用该规定时必须要用更深层的法学基础理论作为指导，从而使各项规定之间以及各层级的法律规定之间更好地协调统一。当然，任何法律制度的完善都不可能一蹴而就，知识产权行为保全制度变迁的曲折性、漫长性和滞后性决定了即使是最新的立法，也仍然会具有一定的局限性，大量细节性的规范仍然有待探讨和用新的立法来进行填充。而在此基础上进行更深入的探索，将推动知识产权行为保全制度不断趋于完善。本文亦尝试在该规定的基础之上，对行为保全的适用细节问题进行探讨。

（一）实体权利基础

在实践中，法律明确规定的知识产权权利的权属及边界，并不难判断，这些权利作为知识产权行为保全的请求权基础，也毫无争议。但由于目前关于实体权利的立法尚不充分，在司法实践中对合法利益进行认定时，往往难以

从现行法律中明确找到对应实体权利的规定,如不正当竞争中的经营者利益、商业秘密、商品的包装装潢、未被注册的商标等,这些未被法律明确规定为"权利"的知识产权利益,能否作为知识产权行为保全的请求权基础?笔者认为,当一项知识产权利益存在明确的归属,且能够被第三人知晓,即公众能够感知到权利人的存在,该利益就具备了与权利同等的意义,应当被作为知识产权行为保护的请求基础。

(二)如何认定"难以弥补的损失"

在当前的司法实践中,"难以弥补的损失"似乎被作为采取行为保全最为重要的审查标准,但笔者认为,该观点值得商榷。如前所述,在行为保全实体法性质的背景之下,只要符合了行为保全的实质性要件,法院就可以作出行为保全。因此,首先,需要明确的是,"不采取行为保全措施是否会使申请人的合法权益受到难以弥补的损害"作为形式要件,并不需要必然成立。其次,在认定构成"难以弥补的损害"时,不应机械地采取单一的认定标准。"难以弥补的损害"作为美国禁令制度适用的必要条件之一,如果原封不动地照搬到我国的司法实践中,必将大大增加适用行为保全的困难。① 美国的司法实践中也曾经存在"如果申请人能证明其实体胜诉的可能性,则法院将推定其将遭受难以弥补的损失"的判断标准。② 可见,何为"难以弥补的损害"这个问题本身就极难回答,即使在美国的司法实践中,也只能采取法律推定的方式进行认定。③ 国内有学者认为,"难以弥补的损害"必须是难以用金钱充分弥补的损害,而能用金钱弥补,即并非"难以弥补"。对此,笔者认为,如果仅以金钱作为衡量标准,势必造成绝大多数的侵害必然是可以弥补的,因此"难以弥补的损害"应具有广泛的内涵,如果某种损害一旦发生就难以恢复原状,或者会引起无法用金钱弥补的身心损害,或者即使能用金钱衡量和弥补,但侵权者不具备偿付能力,则将该行为认定为"难以弥补的损害"无不合理。一般而言,商誉的贬损、交易机会的丧失都可以认定为难以弥补的损害。笔者

---

① 刘知函:《知识产权诉前禁令制度研究》,中国政法大学出版社 2018 年版,第 186 页。

② 伍敏欢、王岩:《知识产权侵权诉前禁令的审查标准探析——兼议〈最高人民法院关于审查知识产权与竞争纠纷行为保全案件适用法律若干问题的解释(征求意见稿)〉第七、八条》,载《电子知识产权》2017 年第 4 期。

③ 张广良:《知识产权侵权民事救济》,法律出版社 2003 年版,第 47 页。

认为，在实践中，《行为保全规定》第6条列举了属于“紧迫性”的几种情形，亦可以与是否可能造成“难以弥补的损害”互为映照，从而为认定“难以弥补的损害”提供更明确的参考。

（三）申请人与被申请人之间的利益平衡

《行为保全规定》第7条中列举的审查标准还包括“不采取行为保全措施对申请人造成的损害是否超过采取行为保全措施对被申请人造成的损害”。该条标准体现了利益平衡在知识产权行为保全制度的实际运用中的基础地位。依照利益平衡的原则，被申请人的合法权益也应当受到保护。① 值得注意的是，被申请人的利益应不局限于知识产权方面的利益，其在合法经营的过程中可获得的其他利益也应被纳入综合考量的范畴，如申请人的知识产权给被申请人带来的利益，仅在其综合商业利益中占据小部分，则倾向于不采取行为保全措施。在具体判定时，可以参照双方的市场规模大小、主观恶性、双方对知识产权的使用情况来进行考量，程序保障方面，《行为保全规定》也明确了申请人应该提供相应的担保。目前国内典型的做法是提供现金担保或以现金担保为主的，但从担保的目的及承担担保责任的方式来看，行为保全的担保形式应不限于现金担保，当事人以房产、保险公司出具保函的方式提供担保的，法院亦应当准许；而关于申请人与被申请人之间利益损害的程度比较，则需要进一步给予双方当事人充分发表意见和进行辩论的机会，听取各方意见。例如，被申请人如果明确表示将停止相关可能侵权的行为，便无采取行为保全措施的必要。但该条标准并非绝对，《保全行为规定》第5条“人民法院裁定采取行为保全措施前，应当询问申请人和被申请人，但因情况紧急或者询问可能影响保全措施执行等情形除外”。笔者认为，无法送达当事人或无法与当事人取得有效联系，或者当事人故意逃避诉讼、恶意拖延的，应认定为可以不询问当事人而直接作出保全的情形。

（四）是否损害社会公众利益

知识的产生和传播离不开社会，而知识也为社会发展提供动力，因此，知识产权的保护不应与社会利益相冲突，法院之所以要对知识产权行为保全进行审查，也是为了防止权利人滥用权利给他人或者社会公众造成损害。在探

---

① 冯晓青：《利益平衡论：知识产权法的理论基础》，载《知识产权》2003年第6期。

讨该项审查标准的时候，究竟何为公众利益，是一个无法回避的问题；但是对于公众利益，实难有一个确定的概念。而对于公共利益进行解释，也需要一个绝对中立的主体。如前所述，社会公众利益并非只是知识产权行为保全的实质性要件，关于这一点，不难理解，因为只有一项知识产权行为保全明确涉及了公众利益，该要件才有被审查的意义。一方面，如果法院对每一个案件都要就公众利益是否受侵害进行审查，既无必要，也会增加法院裁决的不确定性。另一方面，对于公共利益的任意解释，也很容易造成公权对私权的侵犯。笔者认为，公共利益作为知识产权行为保全的形式要件，不应随意审查，法院在援引社会公共利益作为裁判标准时，首先应当对相关侵权行为是否对公共利益至关重要进行判断说理，然后再在私权和社会公众利益之间进行平衡。值得指出的是，虽然《行为保全规定》第 7 条第 4 项仅规定应审查“采取行为保全措施是否损害社会公共利益”，但该条规定实际的意义应解释为无论是否采取行为保全措施，均不应该损害社会公共利益，故在适用该条规定时，亦可反向考量，即当不采取行为保全措施会损害社会公共利益时，则应作出行为保全。

（五）小结——知识产权行为保全制度适用路径

通过以上分析，我们可以逐渐厘清解决问题的思路。首先，知识产权行为保全的基础是实体法请求权，申请人向法院申请司法救济之后，法院应对其权利基础进行实质性审查，只要满足了实质构成要件，就具备了作出知识产权行为保全的前提，而形式性要件则只需要根据具体的案情进行选择性适用；其次，在对具体因素的审查时，不应局限于法律条款本身，而应从立法目的和所保护的法益本身出发，对法律条款进行更深层的解读，既要大胆适用，又要避免滥用，在现有的法律框架下，如果法院依照“权利审查—紧迫性审查—利益平衡—程序保障”的路径对知识产权行为保全制度进行适用，在一定程度上可以解决实践中实体与程序相混淆的问题，也能尽量避免发生过度依赖法官的自由裁量权从而产生的适用标准不统一的情况。

结　语

在当前的经济形势下，加强知识产权保护，要求法院必须善用知识产权行为保全制度。一方面，审查过于严格，会提高该制度适用的门槛，致使大多数情况下，申请人无法通过司法途径获得诉前救济，而在知识产权领域，很多时候诉前救济的意义甚至超过了诉讼救济，因此审查标准过于苛刻，不仅与知识产权行为保全的实体性质相悖，也不利于知识产权的保护；另一方面，法院也必须避免该制度的滥用，确保权利人行使其权利时不得与该权利的社会目的相背离或超越应有的界限。现阶段，生长在我国的法律土壤中的知识产权行为保全制度仍只是一棵小小的幼苗，宏观的立法思想、系统化的立法思维和成熟的立法技术，是助其长成参天大树必不可少的条件，而这些皆有赖于社会的进步及法律人士的不懈努力。囿于篇幅，本文仅就现行法律体系下应如何适用知识产权行为保全制度进行了粗浅的论述，但也诚挚希望本文能为法律同人继续深入研究该项制度提供有益的参考。

中国资本市场纠纷解决机制的局限与创新*

——以深圳证券期货业纠纷调解中心的实践为视角

刘晓春　姜婧姝**

内容提要

中国资本市场纠纷具有案情复杂、专业性强、涉及主体多、涉及地域广、社会影响力大等特点。在我国目前法律体系框架下，资本市场纠纷解决机制存在诸多局限，依靠单纯的诉讼、调解、仲裁、行业自律和行政监管机制难以取得解决纠纷的理想效果，亟须探索有效的新机制。深圳证券期货业纠纷调解中心首创“专业调解 + 商事仲裁 + 行业自律 + 行政监管”“四位一体”纠纷解决机制，探索专业调解机构与专业的仲裁机构、证券监管机构以及行业自律组织的协同创新、功能融合，化解了大量的资本市场纠纷，维护资本市场稳定健康发展，具有社会价值、经济价值、法律价值以及市场价值。

关键词　资本市场调解　仲裁　自律　监管　“四位一体”

---

* 本文已发表于《金融法苑》2019 年总第 100 辑。收录于本书时，文字略有改动。

** 刘晓春，深圳国际仲裁院院长、深圳证券期货业纠纷调解中心副理事长，北京大学法学院法学博士；姜婧姝，深圳国际仲裁院助理法律顾问、深圳证券期货业纠纷调解中心秘书长助理，北京大学国际法学院中国法法律硕士、美国法 J. D. 。

一、中国资本市场纠纷类型概况

中国证券市场重建以来,发展迅速,沪深交易所总市值已居全球第二位,仅次于美国。[①] 截至2018年年底,沪深两市上市公司达3584家,总市值43.50万亿元;[②]全国中小企业股份转让系统挂牌公司10,691家,总市值约3.45万亿元;[③]交易所债券市场规模稳步增长,债券品种不断创新;[④]期货与衍生品市场品种总数达到61个,期货市场合计成交30.11亿手,成交金额210.81万亿元;期权市场合计成交3.34亿手(张),成交金额2007.82亿元;[⑤]全国基金管理公司管理公募基金规模13.03万亿元,私募基金管理人管理基金规模12.78万亿元。[⑥] 中国已形成由多层次股权市场、交易所债券市场、期货与衍生品市场、基金市场等多个市场共同构成的资本市场;加之金融创新与资本市场深化改革,资本市场业务不断推陈出新,复杂产品日益增多,专业性越来越强。

中国资本市场的迅速发展,一方面催生了众多中小投资者。从投资者结构来看,中国资本市场上的中小投资者所占比重较大,散户较多。截至2018年年底,A股投资者账户数量共计14,582.73万户,其中自然人投资者账户占总数的99.77%。[⑦] 2018年新入市投资者依然以年轻投资者为主,30岁以

---

① 中国证券监督管理委员会编著:《中国证券监督管理委员会年报(2018年)》,中国财政经济出版社2019年版,第23页。

② 中国证券监督管理委员会编著:《中国证券监督管理委员会年报(2018年)》,中国财政经济出版社2019年版,第23页。

③ 中国证券监督管理委员会编著:《中国证券监督管理委员会年报(2018年)》,中国财政经济出版社2019年版,第26页。

④ 中国证券投资者保护基金有限责任公司编印:《中国资本市场投资者保护状况白皮书(2018年度总报告)》第8页,载中国证券投资者保护基金有限责任公司网,http://cchoya1.qd2009.com/finance/pc/zhuanti/2019bps/001.pdf,2020年4月3日最后访问。

⑤ 中国证券监督管理委员会编著:《中国证券监督管理委员会年报(2018年)》,中国财政经济出版社2019年版,第30-31页。

⑥ 中国证券监督管理委员会编著:《中国证券监督管理委员会年报(2018年)》,中国财政经济出版社2019年版,第33页。

⑦ 中国证券投资者保护基金有限责任公司编印:《中国资本市场投资者保护状况白皮书(2018年度总报告)》第9页,载中国证券投资者保护基金有限责任公司网,http://cchoya1.qd2009.com/finance/pc/zhuanti/2019bps/001.pdf,2020年4月3日最后访问。

下投资者占比 56.2%，新入市投资者平均年龄 31 岁。[①] 新入市投资者、25 岁以下的年轻投资者中，风险追求型占比较总体平均水平分别高出 1.6 个百分点和 5.2 个百分点。[②]《中国资本市场投资者保护状况白皮书（2018 年度总报告）》指出，自然人投资者存在投资专业知识水平不高、风险意识不强、风险承受能力较弱等问题。[③]

中国资本市场的迅速发展，还催生了大量的市场纠纷，包括合同纠纷和侵权纠纷。

中国资本市场合同纠纷主要有以下三大特点：[④]第一，涉及主体多样化。案件的当事人，涵盖了上市公司（发行人）、证券公司、基金公司、结算公司、证券投资咨询公司、律师事务所、会计师事务所、投资者等。第二，涉及证券品种多样化。既有股票，也有国债和公司债券；既有投资基金，也有证券衍生品种；期货合同纠纷也常有发生。第三，纠纷形式多样化。证券的包销和代销、配股与认购、证券委托代理和经纪交易、托管和结算、投资咨询与投资信托、期货平仓与期货实物交割、现券交易和回购交易乃至融资融券交易等行为，都出现了诉讼纠纷。与合同纠纷相比，中国资本市场侵权纠纷更应引起重视。因为侵权纠纷对于中小投资者而言，呈现更强的危害性、复杂性和涉众性。笔者通过对资本市场不同主体的违规或失当行为案例进行归纳分析，主要有以下七类：[⑤]（1）上市公司及其董事、监事、高管的违规或失当行为，主要体现为信息披露违规、虚假陈述、公司治理违规、内幕交易、交易违规、未履行其他职责等情形；（2）上市公司大股东及其实际控制人的违规或失当行为，主要违规类型有信息披露违规、短线交易、敏感期内买卖股票、操纵市场、违规

---

① 《深交所组织开展 2018 年个人投资者状况调查》第 2 页，载深圳证券交易所官网 2019 年 3 月 15 日，http://investor.szse.cn/institute/bookshelf/report/P020190325390811433226.pdf。

② 中国证券监督管理委员会编著：《中国证券监督管理委员会年报（2018 年）》，中国财政经济出版社 2019 年版，第 30 - 31 页。

③ 中国证券投资者保护基金有限责任公司编印：《中国资本市场投资者保护状况白皮书（2018 年度总报告）》第 10 页，载中国证券投资者保护基金有限责任公司网，http://cchoya1.qd2009.com/finance/pc/zhuanti/2019bps/001.pdf，2020 年 4 月 3 日最后访问。

④ 刘晓春：《证券仲裁的制度分析——美国的经验与中国的选择》，北京大学 2011 年博士学位论文，第 174 - 175 页。

⑤ 刘晓春：《证券仲裁的制度分析——美国的经验与中国的选择》，北京大学 2011 年博士学位论文，第 175 - 184 页。

减持解除限售存量股份、违反承诺减持股份、违规担保、占用上市公司资金、内部治理违规;(3)证券公司及从业人员违规或失当行为,主要违规类型有挪用客户资产、违规委托理财、违规提供融资交易、证券公司从业人员内幕交易、发布虚假报告影响证券价格、恶意抬高新股发行价格;(4)基金公司及从业人员违规或失当行为,主要包括背信自建"老鼠仓"、违反谨慎勤勉义务、基金违规营销;(5)其他机构投资者违规或失当行为,主要表现形式包括非法利用多个自然人证券账户,将大额资金分散进行证券交易,通过一致行动或者由同一主体操作,在相对集中的时间段买卖同一股票;(6)证券咨询投资机构及其他中介机构违规或失当行为,主要体现为:证券咨询投资机构虚假陈述、证券投资咨询机构市场操纵、会计师事务所虚假陈述;(7)其他主体违规或失当行为,主要体现为市场操纵、信息披露违规与违规交易股票、内幕交易、集资诈骗、非法经营以及法人非法利用他人账户等情形。

二、中国资本市场纠纷解决传统路径的局限

从上述分析来看,随着中国资本市场的迅速发展,中国资本市场纠纷大量存在,而且越来越多样化、复杂化。中小投资者既可能陷入合同纠纷,也可能面临侵权纠纷;既可能与证券经营机构发生纠纷,也可能与证券市场其他各种主体发生纠纷。

但是,中国资本市场纠纷解决的传统路径,无论是诉讼方式,还是非诉讼方式的行政监管、行业自律,调解或仲裁等机制,各自都存在各种缺陷或局限,难以达到有效保护投资者合法权益的目的。

(一)诉讼方式

中国资本市场诉讼机制一直在调整和完善的过程之中。2001 年 9 月 21 日,最高人民法院颁布《关于涉证券民事赔偿案件暂不予受理的通知》(已失效),要求各地法院暂不受理证券市场虚假陈述、内幕交易、操纵市场的民事赔偿案件。2002 年 1 月 15 日,最高人民法院颁布《关于受理证券市场因虚假陈述引发的民事侵权纠纷案件有关问题的通知》,规定对于虚假陈述民事赔偿案件,人民法院应当采取单独或者共同诉讼的形式予以受理,不宜以集团诉讼的形式受理。2003 年 2 月 1 日起施行的最高人民法院《关于审理证券市场因虚假陈述引发的民事赔偿案件的若干规定》(以下简称《虚假陈述民事

赔偿若干规定》)又增加了人数确定的代表人诉讼的方式。尽管如此,从投资者的角度看,诉讼机制在解决资本市场纠纷方面还存在诸多局限。

局限之一,受理范围过窄。将证券民事诉讼的受理范围仅限于因虚假陈述而引发的民事赔偿案件,而没有涉及内幕交易、非法关联交易、非法操纵市场、“老鼠仓”等其他常见违法或失当行为。①

局限之二,起诉前置条件是对投资者的障碍。根据《虚假陈述民事赔偿若干规定》第6条的规定,投资人提起虚假陈述证券民事赔偿诉讼,应该提交行政处罚决定或者公告,或人民法院的刑事裁判文书。换言之,中国证券监督管理委员会(以下简称证监会)的生效处罚决定或人民法院的刑事裁判结果是提起证券虚假陈述赔偿诉讼的前置程序。这样虽然减轻了投资者的举证责任,但却影响了司法审查的独立性,也使投资者对自己利益的保护要依赖证监会的行政行为。如果证监会不对证券违法行为进行查处,受到损害的投资者便难以获得诉权。

局限之三,法院管辖原则可能对投资者不利。尽管《虚假陈述民事赔偿若干规定》所设置的“原告就被告”管辖原则有其合理的一面,但如果让投资者为了获得民事赔偿而到被告所在地提起诉讼,可能会导致效率低下,成本高昂,甚至受到地方保护主义的影响。

局限之四,损失计算标准对投资者不利。虚假陈述行为人的民事赔偿责任仅限于以投资者因虚假陈述所导致的实际损失为限,而不包括间接损失,影响投资者的救济效果。

局限之五,诉讼时效起算点的规定对投资者不利。根据《虚假陈述民事赔偿若干规定》第5条的规定,投资者对虚假陈述行为人提起民事赔偿诉讼,诉讼时效的起算点为有管辖权的行政机关公布对虚假陈述行为人作出处罚决定之日。若将证监会作出处罚决定之日作为诉讼时效的起算点,其存在的主要问题是:一方面,投资者必须耐心等待证监会作出处罚决定才能起诉;另一方面,如果证监会对证券违法行为不予以查处,受害的投资者便不能获得

① 近年来,随着人民法院立案登记制的改革和《民事诉讼法》等法律的修改,证券民事诉讼的受理范围已有所扩大,包括内幕交易、操纵市场等民事损害赔偿诉讼。

提起诉讼的权利，只有眼巴巴地看着 2 年[①]时效期限逝去。

局限之六，诉讼机制的二审终审制度缺乏必要的效率。而高效率是资本市场纠纷大部分案件当事人的要求。

局限之七，法院判决在域外执行的障碍较大。如果涉及境外当事人，诉讼通常不是解决纠纷的首选。

总之，由于司法解释缺位、法院立案限制、诉讼成本高昂和诉讼机制僵化、中小投资者群体分散、举证调查困难等因素的制约，加上大多数地区的法院积案问题严重、法官的资本市场专业能力可能存在不足等问题，导致在实践中资本市场纠纷缺乏有效的司法救济。

（二）非诉讼方式

1. 行政监管和行业自律的局限

深圳证券交易所综合研究所的统计数据显示，对证券市场违规或失当行为的处理主体主要是行政机关或自律监管机构。[②] 以 2009 年为例，证监会行政处罚 55 宗，证券交易所纪律处分达 41 宗，二者合并占 72.73%，是证券市场违规处理的主流。至于处罚措施，2009 年针对法人最常使用的是罚款（26.76%）、公开谴责（16.90%）、警告（14.08%）、通报批评（12.68%）和责令改正（12.68%）；针对自然人最为常用的依次是罚款（37.86%）、警告（17.86%）、公开谴责（10.71%）。上述数据也反证了证券行政处罚和自律监管在惩治证券违法违规中占主导地位。

笔者认为，证监会的行政处罚和证券交易所的自律监管在中国证券市场上的威慑力对于惩戒违规主体、稳定证券市场发挥了十分重要的作用，但是行政处罚和自律监管解决不了虚假陈述、内幕交易、操纵市场与欺诈等违法行为引发的侵权民事纠纷，没有足够的法律依据来切实维护处于弱势地位的中小投资者的利益，无权裁决侵权人对投资者进行民事赔偿，难以发挥资本纠纷的救济作用。正因如此，资本市场侵权人违规违法的经济成本不高，违法违规和侵权行为频发，屡禁不止。

---

① 根据《民法典》的相关规定，现行普通诉讼时效为 3 年。

② 刘晓春：《证券仲裁的制度分析——美国的经验与中国的选择》，北京大学 2011 年博士学位论文，第 184 - 185 页。

至于证券业协会、期货业协会、基金业协会、上市公司协会等协会的行业自律职能，由于缺乏必要的手段，也难以起到化解市场纠纷、促进民事救济的作用。以中国证券业协会为例，其是依据《证券法》、《证券投资基金法》和《社会团体登记管理条例》的有关规定设立的证券业自律性组织——“证券公司应当加入证券业协会”，但是对于会员机构与投资者之间的纠纷解决，其没有通过自律机制发挥应有的作用。同为非交易所性质的证券行业自律组织，中国证券业协会的作用与美国金融监管局（FINRA）在证券纠纷解决的功能设计方面大有差距。[①] 第一，FINRA 及其前身美国全国证券交易商协会（NASD）建立有自己的仲裁机构，从 1968 年至今，以其高效率、专业化、公正性、权威性和对会员的强大约束力，发展成为美国最主要的证券仲裁组织。但是根据我国《仲裁法》和《证券法》，中国证券业协会没有仲裁职能，《证券法》第 176 条只是规定其“对会员之间、会员与客户之间发生的证券业务纠纷进行调解”。即使是关于调解，也没有资料显示，其调解作用得以有效发挥。第二，FINRA 及其前身 NASD 在争议解决的规则建设方面，一直以来都可以说是不留余力，持续创新，其以《客户争议仲裁程序规则》《业内争议仲裁程序规则》《调解程序规则》三大程序规则为框架的争议解决规则体系，是多年来不断创新完善的结果。其完善的规则体系、有效的立规机制、强大的立规能力、持续的规则创新意识，特别是为中小投资者权益保护为中心的定章立制宗旨，却是中国证券业协会的局限所在。第三，FINAR 及其前身 NASD 一直致力于在证券业内推广仲裁协议，导入仲裁机制，而且作用巨大。一方面，按照美国证券交易委员会（SEC）的规定，要求会员在客户合同中使用标准化、规范化、对投资者权利有倾斜性安排的争议前仲裁条款，目前争议前仲裁条款在美国证券经纪公司的客户合同和业内合同中都普遍使用；另一方面，通过自身章程或规则规定以及会员在注册入会时书面承诺，即使在没有仲裁协议的前提下，也可以要求会员参加仲裁，体现了自愿性与准强制性相结合的价值。与之相比，中国资本市场行业自律组织的差距和局限较明显。

① 刘晓春：《证券仲裁的制度分析——美国的经验与中国的选择》，北京大学 2011 年博士学位论文，第 202－204 页。

2. 调解机制的局限

调解具有自愿性与和谐性等优点，应该成为解决资本市场纠纷的重要方式。但是，我国传统的调解机制在资本市场中的作用微乎其微，主要是因为三个局限。

其一，专业性局限。当前各地设立有人民调解委员会调解民间纠纷。根据《人民调解法》第 14 条的规定，“人民调解员应当由公道正派、热心人民调解工作，并具有一定文化水平、政策水平和法律知识的成年公民担任”。但是，由于人民调解工作主要面向婚姻家庭、邻里等常见纠纷，人民调解员鲜有资本市场专业知识和行业经验，不适合调处专业性要求极高的资本市场纠纷。

其二，中立性局限。《证券法》第 176 条规定，证券业协会的职能包括“对会员之间、会员与客户之间发生的证券业务纠纷进行调解”。据此，证券业自律组织对会员之间、会员与投资者之间的纠纷进行的调解具有法律依据，并在《中国证券业协会章程》中作了规定。[①] 另外，《中国证券业协会证券纠纷调解工作管理办法》第 2 条规定，证券纠纷调解“是指纠纷各方当事人同意，调解组织通过说服、疏导、调和等方式，促使当事人在平等协商基础上自愿达成和解，解决证券业务纠纷的活动”。尽管如此，行业自律组织的调解职能发挥得尚不理想，实践效果并不显著。笔者认为，其中的一个原因是，中小投资者对于行业自律组织的中立性和独立性缺乏必要的信任，可能担心行业自律组织会偏袒其会员，因而缺乏提交调解的意愿。

其三，终局性局限。从可执行的法律效力来看，这是关键性的局限。当事人即使经行业自律组织、人民调解委员会或者其他独立调解组织的调解而达成和解，在中国目前的法律环境下，和解协议书没有可强制执行的法律效力。换言之，如果当事人不履行经调解而达成的和解协议，调解结果付诸东流，当事人还得重新通过诉讼或者仲裁等其他渠道寻求救济，因此难有提交调解的意愿。特别是跨境纠纷，当事人更需要可跨境强制执行的解决结果，传统的调解路径无法满足当事人这一需求，无法成为化解资本市场纠纷的有

---

① 《中国证券业协会章程》第 6 条规定，证券业协会行使的职责包括“对会员之间、会员与客户之间发生的证券业务纠纷进行调解”。

效方式。

3. 仲裁机制的局限

根据我国《仲裁法》第 2 条的规定,“平等主体的公民、法人和其他组织之间发生的合同纠纷和其他财产权益纠纷,可以仲裁”。据此,资本市场平等主体之间的合同纠纷和其他财产权益纠纷,显然具有可仲裁性。而仲裁机构的中立性和终局性,应该是公正、高效、有效解决资本市场纠纷的两大优势。不过,仲裁作为解决资本市场纠纷的机制,也有其自身的局限,主要是导入性局限、专业性局限和独立性局限。

第一,导入性局限。仲裁机构受理仲裁案件的前提是当事人之间存在有效的仲裁协议,但资本市场大量纠纷的当事人之间没有仲裁协议,因而被拒之门外。尤其是侵权纠纷民事赔偿请求,在没有仲裁协议的前提下,难以要求侵权人参加仲裁。缺乏行政监管部门、自律组织与仲裁机构的协同合作,资本市场纠纷难以导入仲裁机制加以解决。

第二,专业性局限。1994 年颁布的《仲裁法》是仲裁制度的基本法律规范,其主要针对商事仲裁的一般性问题作出规定,不可能针对某个特定行业的仲裁机制进行专业化的安排。也就是说,在中国现行仲裁法律框架之下,不可能建立美国那种专门的、独立的证券仲裁机构。在实践中,绝大部分仲裁机构在仲裁员结构和仲裁规则安排方面缺乏必要的专业性以解决资本市场纠纷。

第三,独立性局限。尽管我国《仲裁法》第 8 条规定,“仲裁依法独立进行,不受行政机关、社会团体和个人的干涉”,并且第 6 条规定“仲裁不实行级别管辖和地域管辖”,但是,我国仲裁机构的独立性普遍缺乏更加具体的制度保障。鉴于资本市场纠纷往往具有涉众性强、当事人跨地域覆盖面广等特点,我国仲裁机构独立性的局限导致当事人缺乏对仲裁中立性、公正性和权威性的信任。2012 年,深圳市对仲裁机构进行法定机构立法,[①]确立国际化、

① 《深圳国际仲裁院管理规定(试行)》2012 年由深圳市人民政府根据全国人大常委会的授权制定为深圳经济特区政府规章(市政府令第 245 号),规定深圳国际仲裁院(华南国际经济贸易仲裁委员会)作为不以营利为目的的独立事业法人和法定机构,实行以理事会为核心的法人治理机制,决策、执行和监督相对分离、相互制衡,至少 1/3 的理事必须来自境外。2019 年,深圳市政府对此颁布实施修订后的《深圳国际仲裁院管理规定》。2020 年,深圳市人大常委会通过了《深圳国际仲裁院条例》。

社会化、专业化的法人治理机制，以消除当事人对于地方保护、行政部门干预和内部人控制的顾虑，从而强化仲裁机构的独立性；但迄今为止，全国仅独此一家。

三、中国资本市场纠纷解决机制在深圳的创新探索——“四位一体”

如上所述，中国资本市场纠纷解决方式“各自为政”，未能克服局限性问题，未能形成以投资者权益保护为共同目标的纠纷解决机制，未能为资本市场纠纷解决提供有效的制度产品。那么，如何在现有法律框架之下，突破传统局限，创新组合现有元素，为中国资本市场纠纷解决探索新的路径呢？

从 2013 年开始，深圳经济特区从非诉讼方式不同机制的功能衔接入手，探索“专业调解＋商事仲裁＋行业自律＋行政监管”有机组合，创建“四位一体”的资本市场纠纷解决新模式。这种新模式经过 6 年多的实践和探索，已经稳定成型，并且为稳定资本市场秩序发挥了独特的作用。

（一）“四位一体”创新思路

总体思路如下：以调解为化解纠纷的主要手段，以仲裁作为终局性约束力的支撑，以行业自律和行政监管促进市场导入和诚信约束，整合资源和功能，“四位一体”，在中国资本市场创新中心城市创建纠纷解决新机制。

这一思路参考了美国在证券自律组织内部设立仲裁调解机构解决会员之间以及会员和投资者之间纠纷的模式，[①]又基于中国资本市场的实际情况进行创新，符合中国现行法律制度和相关规则，切合中国资本市场纠纷非诉讼解决的最关键问题——终局性局限。[②]

根据《合同法》（已失效）第 128 条[③]的规定，“当事人可以通过和解或者调解解决合同争议”。《证券法》第 176 条也规定，证券业协会的职能包括“对会员之间、会员与客户之间发生的证券业务纠纷进行调解”。如前文所述，调解达成的和解协议本身仅具有合同的性质，并不具有法律强制执行力。

---

① 刘晓春：《美国证券调解机制及其价值评析》，载《金融法苑》2009 年第 2 期。

② 刘晓春：《证券仲裁的制度分析——美国的经验与中国的选择》，北京大学 2011 年博士学位论文，第 212 页。

③ 2021 年 1 月 1 日起实施的《民法典》不再保留此规定。——编者注

如何解决这一关键问题呢?

将调解与仲裁的功能进行有机结合是可行而有效的路径。《仲裁法》第49条规定,“当事人申请仲裁后,可以自行和解。达成和解协议的,可以请求仲裁庭根据和解协议作出裁决书”。根据《深圳国际仲裁院仲裁规则》(2019年)第49条的规定,当事人可以对其争议自行达成和解,也可向仲裁机构调解中心或其他调解机构申请调解;达成和解协议的,当事人可以请求仲裁庭依照和解协议的内容作出裁决书。[①] 由此可见,由仲裁机构根据经调解达成的和解协议的内容依法作出的仲裁裁决具有可强制执行的效力,而且按照联合国《承认及执行外国仲裁裁决的公约》(《纽约公约》)可以在161个缔约国(截至2019年9月17日)获得承认和执行。

在克服了这个关键性局限的基础上,通过行业自律和行政监管,扩大市场导入的渠道和覆盖面,加大市场主体的诚信约束力度,将有助于资本市场纠纷解决新模式发挥出更大的实际效用,满足资本市场主体的需要。值得指出的是,按照这种“四位一体”的思路,可以以市场化的手段解决市场中的问题,无须改变现行法律制度,无须改变现行证券监管和行业自律体系,无须增加编制和财政投入。

(二)“四位一体”治理机制

基于对上述创新思路的共识,中国证监会深圳监管局(以下简称深圳证监局)与深圳国际仲裁院于2013年1月签订合作备忘录,并共同推动深圳证券期货业纠纷解决中心于2013年9月正式运作。

1. 机构性质定位。深圳证券期货业纠纷调解中心是经政府特别批准在深圳经济特区设立的公益性事业单位法人。作为独立事业法人,不以营利为

① 《深圳国际仲裁院仲裁规则》(2019年)第49条规定:“(一)当事人可以对其争议自行达成和解,可以向仲裁院调解中心或仲裁院认可的其他调解机构申请调解,也可以向仲裁院谈判促进中心申请谈判促进。(二)在仲裁案件审理过程中,当事人根据本条第(一)款规定的方式达成和解协议的,当事人可以请求仲裁庭依照和解协议的内容作出裁决书、调解书或申请撤销仲裁案件。当事人尚未申请仲裁或仲裁庭尚未组成的,如当事人请求依照和解协议作出裁决书或调解书,除非当事人另有约定,仲裁院院长应指定一名独任仲裁员组成仲裁庭,由仲裁庭按照其认为适当的程序进行审理并作出裁决书或调解书,具体程序和期限不受本规则其他条款限制。(三)仲裁院或仲裁庭有权要求当事人作出声明,保证和解协议及相关交易的合法性和真实性,承诺不损害案外人利益或公共利益。仲裁庭对和解协议的合法性、真实性有合理怀疑,或者认为依据和解协议的内容作出裁决书或调解书有可能损害案外人利益或公共利益的,应当驳回当事人关于按照和解协议内容作出裁决书或调解书的请求。”

目的,在中国的法律框架和市场环境下,这是有利于强化机构独立性和公正性的制度安排。

2. 理事单位结构。由深圳证监局作为业务指导单位,由深圳国际仲裁院、深圳证券交易所、深圳市证券业协会、深圳市期货业协会、深圳市投资基金同业公会作为创始理事单位,共建深圳证券期货业纠纷调解中心,从一开始就在治理机制上呈现了"四位一体"的架构安排。证券调解中心理事会依章程独立运作,负责机构重大问题的决策和监督,包括制定争议解决规则和聘请调解员。理事会成员的构成来源,既有仲裁机构代表,也有监管机构和自律组织的代表,还有独立的资本市场知名专业人士。2018 年,上海证券交易所、全国中小企业股份转让系统有限责任公司、资本市场学院、中国证券登记结算有限责任公司深圳分公司、深圳市上市公司协会先后加入并成为理事单位。在治理机构上,证券调解中心已经立足深圳,辐射全国,充分展现了"四位一体"的鲜明特色。

3. 日常办事机构。秘书处全面负责日常工作的执行和管理,包括投诉咨询、立案、调解会议安排、仲裁裁决衔接、对外联络、调解员培训等事务。秘书处人员或者由理事单位委派,或者在市场上招聘,均由理事会决定聘任。证券调解中心的开办资金、日常运作资金和办公场地主要由深圳国际仲裁院和深圳证券交易所等理事单位提供,按照章程也接受其他理事单位的捐赠,财务独立,按照独立事业法人的规定运作。

4. 调解员结构。调解员是证券调解中心的重要组成部分,由各理事单位推荐,由理事会筛选聘请。目前共有调解员 108 名,大部分为全国资本市场的资深专业人士,此外还有在资本市场纠纷解决方面经验丰富的法学教授、仲裁员和律师,要求具备良好的公信力、专业素养、调解能力和职业操守,而且熟悉行业规则和运作模式,能够针对行业特点和专业问题开展纠纷调处及矛盾化解。在地域分布上,调解员主要来自深圳、北京、上海三个资本市场中心城市,其余主要分布在广州、济南、西安等省会城市,此外还有 9 名来自我国香港特区,以利于解决深港通、沪港通和"两地基金互认"背景下的跨境资本市场纠纷。至于行业和职业分布,28 名来自证券公司、28 名来自基金及创投公司、6 名来自期货公司、15 名来自行业自律组织、28 名来自著名律师事务所、3 名来自高等院校。这种分布,不仅调动了行业自律组织和资本市场经营机构的积极性,强化了行业特点和专业性,同时保证"行业外人士"占有一定的比例(29%),有利于提高资本市场纠纷解决的中立性和公信力,增强中小投资者对调解员的信任感。

（三）"四位一体"功能融合

证券调解中心最独特的创新之处是针对中国资本市场的特点和需要,将专业调解、商事仲裁、行业自律和行政监管这四种功能紧密结合起来,形成有效衔接的业务机制。① 根据《深圳证券期货业纠纷调解中心调解规则》②(以下简称《调解规则》),以调解为中心,在业务上形成"四位一体"的流程闭环(见图1),并呈现出四个特点。

特点之一:调解案件导入渠道多。主要有三条渠道:(1)当事人可以直接向证券调解中心提交调解申请;(2)深圳国际仲裁院在办理案件的过程中,可以引导当事人向证券调解中心提交调解申请;(3)行业自律组织和行政监管机构接到投诉后,可以引导当事人向证券调解中心提交调解申请。这三条渠道体现了证券调解中心的开放性,也彰显了行政监管机构、仲裁机构和行业自律组织在调解案件导入机制中的作用。

特点之二:调解案件导入门槛低。主要体现在两个方面。一是申请限制低。《调解规则》第5条规定,"任何一方、双方或多方均可向证券调解中心申请调解"。启动调解程序主要有两种情况:一般情况下,当事人双方或多方共同向证券调解中心申请调解,即启动调解程序;或者一方申请调解,经征得另一方同意,也可启动调解程序。如果对方当事人属深圳市证券业协会、深圳市期货同业协会、深圳市投资基金同业公会会员,且已承诺接受证券调解中心调解的,投资者单方面申请调解即可启动调解程序。③ 鉴于涉及公众投资者的上市公司纠纷具有跨地域性的特点,证券调解中心已开发"在线申请"系统实现网上递交调解申请材料,并借助深圳证券交易所在全国各地网点现有

① 刘晓春:《证券仲裁的制度分析——美国的经验与中国的选择》,北京大学2011年博士学位论文,第174-175页。"独立仲裁机构与行业自律组织相结合,必须通过在职能上的紧密融合和业务上的有机衔接,才能走出一条证券民事纠纷纠纷仲裁解决的新路。"

② 《深圳证券期货业纠纷调解中心调解规则》,载深圳证券期货业纠纷调解中心官网,http://www.sfdrc.cn/Rule/index.html。

③ 根据《调解规则》第4条第2款的规定,"当事人属深圳市证券业协会、深圳市期货同业协会、深圳市投资基金同业公会会员,且已承诺接受调解中心调解的,视为同意按照本规则进行调解"。

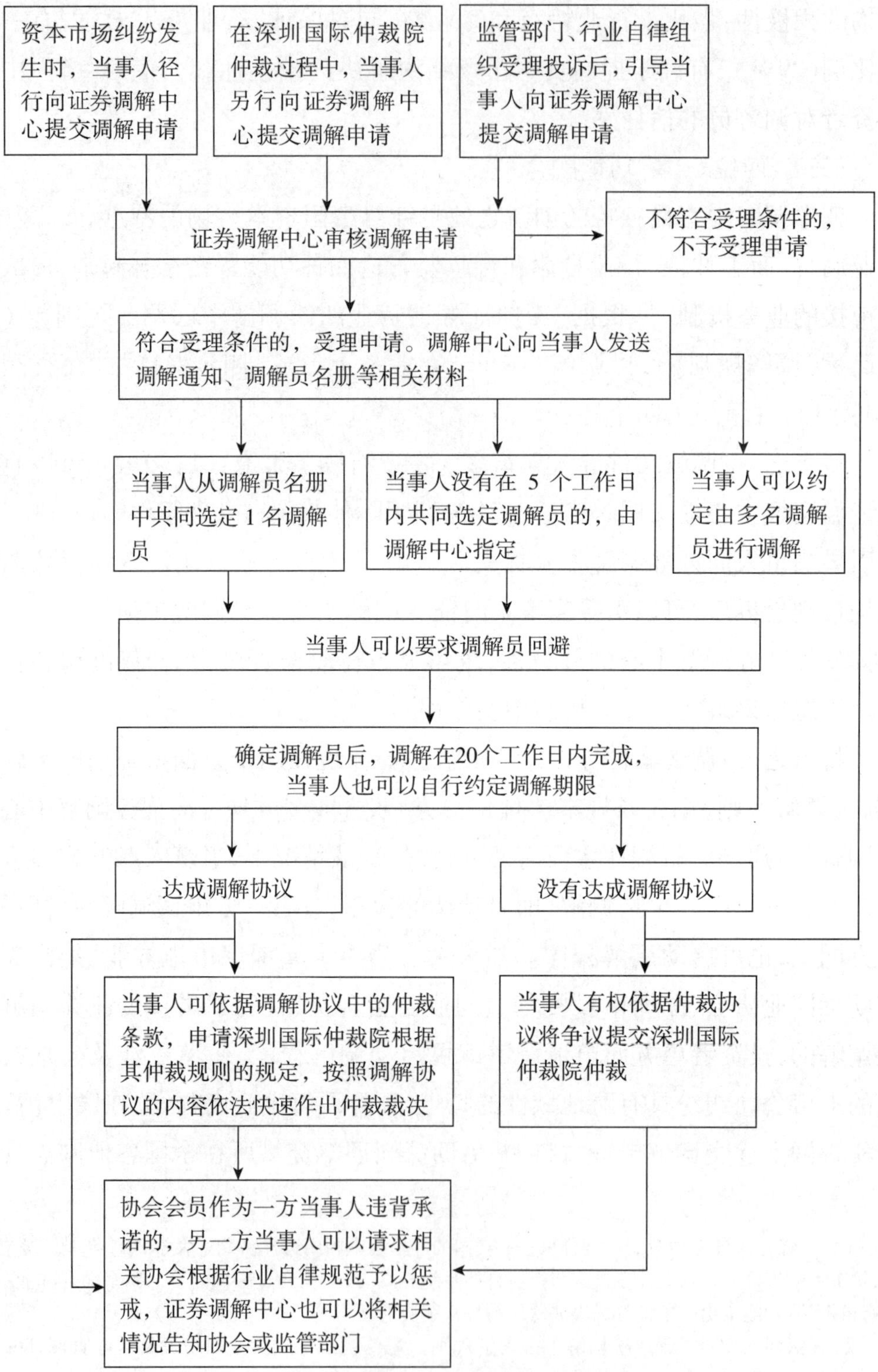

图1　深圳证券期货业纠纷调解中心调解流程

的远程视频会议系统，实现当事人及调解员可在当地就近通过视频会议系统参与远程调解，降低异地投资者申请调解服务的门槛。二是调解费用低。为满足资本市场投资者低成本维权的要求，证券调解中心坚持保护中小投资者的合法权益的原则，受理中小投资者的纠纷调解申请，不收取任何费用。根据《调解规则》第 9 条的规定，中小投资者与行业自律组织的会员之间的纠纷，不收取调解费用。这体现了向中小投资者倾斜的政策安排。为了鼓励行业自律组织使用调解，从行业自律方面促进“四位一体”，《调解规则》第 9 条还规定，行业自律组织的会员相互之间的纠纷，也不收取调解费用。总之，低门槛充分体现了以中小投资者为中心，但不代表证券调解中心在实体问题的处理上要对投资者偏袒，独立、中立、公正是证券调解中心解决纠纷的基本原则。

特点之三：调解结果与仲裁裁决紧密结合。经调解达成和解协议的，当事人可自动履行，也可以申请转化为仲裁裁决。根据《调解规则》第 17 条第 1 款的规定：当事人达成和解协议的，为使和解协议的内容具有可强制执行的法律效力，任何一方当事人可依据和解协议中的仲裁条款，申请深圳国际仲裁院根据其仲裁规则的规定，按照调解协议的内容依法快速作出仲裁裁决。这意味着，经过依法转化为仲裁裁决，和解协议的内容具有在中国以及联合国《承认及执行外国仲裁裁决公约》其他 160 个缔约国得到承认和强制执行的法律效力。各方当事人不能达成和解协议的，根据《调解规则》第 17 条第 2 款的规定，任何一方当事人均有权依据仲裁协议将争议提交深圳国际仲裁院仲裁，当然在没有仲裁协议的情况下可以诉诸法院。

特点之四：调解与监管及自律有机衔接。在“四位一体”的业务流程中，行政监管和行业自律对诚信调解和诚信仲裁具有特殊的促进和保障作用。根据《调解规则》第 20 条的规定，行业自律组织的会员作为一方当事人违背承诺的，另一方当事人可以请求相关行业自律组织根据行业自律规范予以惩戒，证券调解中心也可以将相关情况告知相关行业协会或监管部门。这意味着，如果该会员已承诺要提交调解而违背承诺的，或者不履行和解协议或仲裁裁决书的，对方当事人或证券调解中心可以将相关情况告知行业自律组织或监管部门，列入诚信档案。对于拒不履行或不积极履行和解协议的会员，行业自律组织或行政监管部门可以根据监管规定及行业自律规范予以惩戒。为了促进调解与监管及自律的有机衔接，深圳证监局结合问卷调查和实地调研成果，经多次、广泛征求辖区相关行业协会、经营机构意见，在2014年印发了《关于在辖区建立投资者投诉纠纷处理长效机制的通知》（以下简称《通知》），进一步强化并丰富了投资者纠纷的解决途径。《通知》提出，经营机构对与客户之间不涉及违法违规行为的投诉纠纷承担首要处理责任；深圳证监局设立信访专员，统筹负责信访办理相关工作，对信访投诉人的有关权益赔偿诉求可视情况转经营机构限期办理；支持各行业协会组织会员单位书面承诺落实客户投诉处理首要责任、接受证券调解中心调解并积极履行调解结果，组织相关培训交流活动。

从“深圳证券期货业纠纷调解中心调解流程”可以看出，调解、仲裁、自律和监管紧密结合，充分体现了“四位一体”紧密合作，中国资本市场纠纷解决的深圳创新模式处在一个有机、闭环的流程当中。从案件的导入、受理、调解、仲裁、确认，到最后的履行或惩戒，相关主体在其职能范围内发挥最大的作用，并且形成有机合力。

四、“四位一体”争议解决机制的实践价值

（一）深圳证券期货业纠纷调解中心6年实践的总体情况

2013年下半年，在证券调解中心登记为公益性事业单位法人后，深圳证监局对辖区投资者进行了问卷调查，以摸清辖区投诉纠纷实际情况和投资者解决纠纷的意愿。调查显示，在纠纷解决途径上，投资者普遍不愿意将诉讼作为首选解决途径，只有6.46%的参与调查者认为应首选向法院起诉，而有75.79%的参与调查者表示，无论是否了解都愿意将自己的纠纷提交深圳证券期货业纠纷调解中心解决。[①]

证券调解中心自2013年9月正式运作以来，运用首创的“专业调解+商事仲裁+行业自律+行政监管”“四位一体”争议解决机制，和谐化解了大量资本市场纠纷。截至2019年11月30日，证券调解中心受理纠纷咨询共计4151宗，符合《调解规则》要求而正式受理的调解案件为731宗，当事人遍布中国内地所有省区市；已办结调解案件674宗，其中调解成功554宗，调解成功率为82.2%，和解金额约30.87亿元人民币；申请仲裁确认的调解案件413

① 刘晓春：《深圳首创“四位一体”纠纷解决模式》，载《证券时报》2014年3月14日，第A6版。

宗，转化率为74.5%，涉及金额30多亿元人民币，大量调解通过仲裁赋予了强制执行力。

鉴于证券调解中心在中国资本市场纠纷解决领域的先行先试和独特安排，特别是在2015年中国证券市场剧烈波动期间，证券调解中心为解决大量融资融券平仓纠纷及其他争议所发挥的重要作用，最高人民法院和证监会于2016年出台《关于在全国部分地区开展证券期货纠纷多元化解机制试点工作的通知》，将深圳证券期货业纠纷调解中心纳入证券期货纠纷多元化解试点调解组织。

（二）"四位一体"争议解决机制的典型案例及其价值

案例一：两小时解决纠纷，展现高效率价值

70多岁的张阿姨（化名）在一次交易中，由于券商系统问题，在未按交易所通知要求阅知确认相关风险揭示的情况下，买入某只停牌之后复牌首日的ST股票并亏损。张阿姨认为，该券商营业部没有尽到相关责任，要求券商营业部赔偿她的相应损失，但与券商营业部协商不成，张阿姨一怒之下向深圳证监局投诉。接到该投诉后，经过深圳证监局信访工作人员引导，张阿姨与营业部共同向深圳证券期货业纠纷调解中心提出了调解申请，并在调解员名册中选定深圳证券交易所法律部总监担任调解员。

证券调解中心受理申请后很快就由调解员组织双方进行了调解。由于双方对事实没有争议，但实体诉求差距较大，调解员针对双方实际情况分别耐心地讲道理。考虑到张阿姨年龄较大，调解员就把她当成自己的老大姐谈心，向她讲明投资者应树立风险意识和"买者自负"的道理；对营业部一方，调解员则针对工作中的疏漏和客户适当性管理要求以及卖者有责等方面讲解利害关系。经过1个多小时的耐心调解，双方达成了一致，该券商营业部同意给予张阿姨经济补偿和较高的服务等级，张阿姨同意继续留在该营业部，双方当场签订了和解协议，营业部及时履行了协议。

这是证券调解中心成立后受理的第一宗案件，由行政监管部门导入，由证券调解中心受理案件。基于证券调解中心的独立性和中立性、调解员的专业能力和丰富经验，调解取得了双方当事人的信任，仅用2个小时即及时化解了投资者纠纷，体现了"四位一体"高效率解决纠纷的经济价值。

案例二:初试“网上集团和解”,解决上市公司涉众纠纷

2014年4月,上市公司海联讯因虚假陈述与投资者发生纠纷,涉及全国各地的投资者近万名。证券调解中心作为协调小组成员参与由中国证券投资者保护基金有限责任公司牵头进行的该案投资者利益补偿工作。证券调解中心的具体工作职责为“作为独立的第三方,对专项基金补偿方案实施过程中的专项基金成立、适格投资者信息获取、补偿方案实施等相关环节进行见证及论证;对基金补偿过程中产生的纠纷积极介入调解;参与论证专项基金补偿方案相关内容,并对方案的实施进行支持与协助”。

同年7月,海联讯大股东设立专项补偿基金,证券调解中心参与补偿基金方案的设计和执行。补偿基金方案为上市公司和投资者之间的纠纷提供了和解、调解、仲裁等多种解决方案:如果投资者接受补偿方案,则视为与基金出资人达成和解;投资者不接受补偿方案,则可向证券调解中心申请调解,或者在与基金出资人达成仲裁协议后向深圳国际仲裁院提起仲裁。

在海联讯补偿方案的基础上,证券调解中心的工作人员通过电话或电子邮件说服绝大部分投资者接受了补偿方案。达成有效和解的适格投资者人数达9823人,占适格投资者总人数的95.7%;对适格投资者支付的补偿金额达88,827,698元,占应补偿总金额的98.81%。即便如此,仍有数名投资者不接受补偿方案,向证券调解中心提交调解申请。调解员分别运用电话、远程视频、现场会议调解等多种方式,促成当事人和解,并签署书面和解协议。

该案有四个特点:(1)引入调解机制。引入专业调解及仲裁机构参与,丰富了纠纷解决渠道,包括和解、调解、仲裁等多种解决机制。适格投资者可接受补偿,与基金出资人达成和解;不愿意接受和解方案的投资者,可以向专业的证券纠纷调解机构申请调解;调解不成或不愿调解的,可以在与基金出资人达成仲裁协议后,向专业的仲裁机构申请仲裁;投资者也可依法向有管辖权的人民法院提起诉讼。(2)控股股东责任自负。海联讯专项补偿基金的出资人为发行人主要控股股东,这是中国资本市场上由大股东主动出资运用市场机制补偿投资者的首例。(3)坚持充分补偿。本次专项补偿基金在算法上作了更加合理、可为投资者带来更优补偿结果的安排,更符合“充分补偿”原则。(4)流程更优化。补偿基金运作流程的优化、手续简化,更方便投资者获得补偿,提高补偿效率。补偿基金设置专门网站,主要提供以下服务:第一,供投资者查询基金发布的所有公告文件等基金管理运作的相关信息;第二,基金管理人在完成补偿金额的计算、复核并经审计后,将通过网站发布补偿金额的计算结果,适格投资者可以在注册并登录网站后,查询其补偿金额及其计算方法;第三,适格投资者如果接受补偿金额并自愿达成和解,通过深交所上市公司股东大会网络投票系统,即可确认接受补偿方案并自愿达成和解;第四,投资者可以自愿在线提供其个人信息及有效联系方式,基金管理人将在对投资者个人信息严格保密的前提下,就补偿事宜与其进行沟通联系;第五,投资者可以在线提交有关基金补偿事宜的咨询。

事实上,这种"网上和解"的方式,实现了"集团调解",发挥了"集团诉讼"难以发挥的作用。对于同类纠纷,为了彻底达到定分止争目的,防止达成和解、获得补偿的投资者在事后反悔,可以进一步考虑对接受补偿方案并达成和解协议的部分案件,经当事人在网上申请,由深圳国际仲裁院根据和解协议的内容(补偿方案)作出具有终局约束力和可强制执行法律效力的仲裁裁决,将"网上集团和解"转为"网上集团仲裁",在当事人意思自治的基础上,实现"四位一体"的深入结合,和谐、快速、低成本定分止争。因此,可以说海联讯案例为上市公司集团纠纷的解决提供了借鉴,具有推动争议解决创新的法律价值。

案例三:"四位一体",多元合作,化解上市公司控制权之争

长园集团股份有限公司(以下简称长园集团)与深圳市沃尔核材股份有限公司(以下简称沃尔核材)控制权之争,长期备受市场关注。①

---

① 长园集团与沃尔核材均为深圳辖区上市公司,两家公司股票分别于2002年、2007年在沪、深交易所上市。两家公司有部分业务存在一定的重合,主要涉及热缩及特种功能等方面的材料和设备,在国内这方面业务的市场份额上,两家公司的占比均位居前列,在国际市场上也具有一定的竞争实力。2014年,李嘉诚家族控制的长和投资有限公司卖出长园集团股票后,长园集团的经营管理主要由长期在公司任职的核心管理层主导;沃尔核材实际控制人周某平也从2014年开始,通过沃尔核材及其一致行动人开始逐步增持长园集团的股票,合计持有长园集团股份比例约为24.07%(其中沃尔核材直接持股约7.84%)。2014年,沃尔核材实际控制人与长园集团管理层双方曾因章程修改、委派董事等事宜引发了第一波控制权争夺,在深圳证监局积极协调下矛盾有所缓和,在长园集团董事会换届中,沃尔核材提名董事和监事还进入了董事会和监事会。但双方的矛盾并未完全解决,2017年以来,围绕长园集团法人治理结构、经营发展规划和重大项目投资等问题爆发了第二波争夺,双方通过股东大会提案及质询、影响舆情和反复举报等诸多手段对抗,引起各方广泛关注。长园集团管理层还通过持股平台公司深圳市藏金壹号投资企业(有限合伙)在二级市场增持,并与部分近年来通过资产重组入驻的股东方等签署了一致行动协议,2017年年底合计控制公司24.43%股份。

2017 年 12 月 21 日，在深圳证监局的引导下，双方同意将相关争议提交证券调解中心调解。次日，证券调解中心正式受理该案。受案当日，经由双方当事人选定和证券调解中心指定，作为资本市场资深法律专家、行业专家的 3 位调解员组成调解工作小组调解本案，并确定了 1 位首席调解员。随后，双方分别披露《重大事项停牌公告》，两家公司股票于 2017 年 12 月 25 日开市起停牌。

基于当事人双方的调解意愿和自愿，调解工作小组密切开展调解工作，从防范、化解资本市场风险、上市公司、股东和投资者权益保护的角度，以及成功调解后的法律后果等方面，动之以情，晓之以理，导之以利，前前后后召开了四次面对面的调解会议，并组织了数场“背对背”的会谈，将化解控制权之争的具体方案不断细化，并层层推进。① 2018 年 1 月 9 日，经由双方董事会决议，双方在深圳证监局和证券调解中心的见证下，正式签署《和解协议》。长园集团同意向沃尔核材转让其旗下 F 公司 75% 的股权，交易价格初步预计为人民币 11.9 亿元；与此同时，沃尔核材同意以协议转让的方式向第三方公司溢价转让其持有的长园集团无限售流通股 7400 万股。在本案调解达成和解后，双方向深圳国际仲裁院申请根据相关和解内容快速作出仲裁裁决，以使相关执行条款具有终局法律效力。深圳国际仲裁院根据双方申请，组成仲裁庭，于 2018 年 3 月 23 日依照《和解协议》的内容作出了仲裁裁决。2018 年 6 月 9 日，双方分别发布公告，上述和解事宜正式实施完毕。

本案“四位一体”争议解决机制的各个环节协同合作，和谐化解双方长达 4 年的控制权之争，实现了纠纷双方的共赢：长园集团优化股权结构、负债结构和产业结构，赢得良好的经营环境；沃尔核材更加聚焦热塑管主业。和解公告发布后的复牌首日，长园集团和沃尔核材股价分别大涨 7% 和 4%。这个结果，既提升了上市公司的整体发展质量，也保障了中小投资者的合法权益。本案被誉为上市公司控制权争议解决第一案，展现了“四位一体”机制促成纠纷当事人多赢的市场价值。

---

① 为妥善解决本案及类似纠纷，证券调解中心在其调解规则的基础上，还特别制定了《公司控制权纠纷调解程序特别指引》。

案例四:高效率、低成本,化干戈为玉帛

2014 年,证券调解中心受理了某证券公司营业部员工(离职)私自为投资者操作股票账户案件。该案涉嫌高频交易,致使投资者亏损。早在 2007 年 4 月,投资者与该证券公司营业部的客户经理相识。该客户经理称公司有内幕,能够提前预知股票价格涨跌,只要将股票账户交由他们操作,肯定只赚不赔。投资者遂在该证券营业部开立资金账户交易股票,并同意由该客户经理私下为其操作股票账户。2010 年 5 月至 2013 年 10 月,因该客户经理理财不当,致使投资者股票账户不断发生亏损。待投资者发现问题时,其损失已接近人民币 100 万元。投资者遂要求证券营业部赔偿其股票损失。证券营业部认为,投资者与该客户经理系双方故意隐瞒公司私下进行代客理财;客户经理代投资者进行证券交易并非履行职务或与履行职务相关的行为,且该客户经理已于 2012 年离职,公司不应承担赔偿责任。双方多次协商无果,投资者先后向行政监管部门投诉,并求助网络媒体,均未能解决问题。2014 年 3 月,情绪激动的投资者扬言要炸掉证券营业部,被公安机关拘留 6 日,投资者与证券营业部的矛盾进一步激化,其索赔金额提高到人民币 150 余万元。证券营业部于 2014 年 7 月向证券调解中心提出调解申请。

鉴于该案双方剑拔弩张、积怨极深,且投资者索赔金额较大,调解员并没有急于组织双方会面,而是先采取"背对背"调解的策略,分别约见当事人、做当事人的思想工作。在调解过程中,调解员通过邀请投资者到自己办公室谈心、拉家常的方式,逐步取得投资者的信任,同时讲明道理、解释法律法规,让投资者更客观地认识案件情况以及可能存在的问题。调解员还反复提醒及劝导投资者要避免意气用事。经过调解员专业、耐心的调解工作,双方进一步妥协,差距一步步缩小,并最终于 2014 年 8 月 29 日达成和解并签署了和解协议。2014 年 9 月 3 日,证券营业部依据该和解协议中的仲裁条款向深圳国际仲裁院提交申请,深圳国际仲裁院在 4 个工作日内作出了仲裁裁决,从而固化了调解结果。证券营业部于该裁决作出之日起 3 个工作日内即履行完毕。

回顾本案,当事人双方矛盾激化,证监局和行业自律组织通过传统手段无法有效解决,经证券调解中心的介入,双方由剑拔弩张走向了握手言和,并通过"调解 + 仲裁"的方式彻底解决纠纷。投资者感言:"在投资者维权难、诉讼难、投资者保护难以落实的今天,万万没有想到还有证券调解中心这么好的一个机构,快速、有效、公正地解决了我们奔波了1年多未果的纠纷。"本案体现了"四位一体"机制对于投资者而言高效率、低成本的经济价值和和谐化解矛盾的社会价值。

案例五:创新方式,调仲结合,化解证券公司涉众纠纷

2013年至2015年,某证券公司向投资者代理销售某资产管理计划理财产品,后因产品融资方、担保方违约,产品到期无法兑付本金和分配收益。该案涉全国近400名投资者。

在本系列资管产品代销纠纷爆发后,深圳证监局积极督促该券商寻找独立的第三方争议解决机构解决问题。鉴于该证券公司此前曾有涉及中小投资者的纠纷在证券调解中心得到圆满解决的体验,为维护客户关系,并考虑到涉案投资者损失较重、部分投资者生活困难的实际情况,该证券公司主动寻求证券调解中心及其理事单位深圳国际仲裁院的帮助。

为妥善解决纠纷,证券调解中心和深圳国际仲裁院的相关工作人员多次召开讨论交流会,对本系列案的相关情况进行了详细了解和研究。考虑到本案纠纷争议金额较大、涉及来自全国各地众多投资者、社会关注度高,证券调解中心和深圳国际仲裁院为和解方案的制订、签署和履行提供了参考意见。例如,通过制定统一的"录音+录像"标准流程规范各营业部与投资者签署和解协议的过程,确保当事人身份的真实性、投资者对于和解协议内容的充分了解以及签署和解协议的自愿性,并形成规范合法的证据,以便待和解协议签署后即与仲裁进行对接,固化和解结果,确保案结事了。此外,证券调解中心还派工作人员分赴投资者分布最为集中的华东地区几个城市,向当事人充分讲解调解和仲裁的对接流程、回答投资者的有关疑问,核实投资者身份,帮助达成和解协议。

有部分投资者已长期定居境外或为境外人士,经过深入沟通后,境外投资者对和解方案予以理解和认可,或乘坐最早的航班回国、在机场完成和解协议签署过程,或按照证券调解中心指导的视频签约流程通过视频录音、录像的方式签署授权协议书、授权他人签署和解协议。证券调解中心利用网络视频开展调解会议,既便利境内外当事人,节约办案成本,也为证券调解中心进一步发展远程调解积累了经验。

最后，近400名投资者与该证券公司分别签署了和解协议，和解金额约人民币5.65亿元。为使和解协议具有法律强制力并在全球范围内得到承认和执行（部分投资者为境外当事人），所有投资者与证券公司依据“四位一体”机制的安排，申请对接深圳国际仲裁院的仲裁裁决，以保障和固化双方当事人的合法权益。深圳国际仲裁院依据其《仲裁规则》中的快速仲裁机制，在受理仲裁申请后的1周内即作出仲裁裁决。

本案由深圳证监局引导案件导入，经过证券调解中心调解，并对接深圳国际仲裁院对和解协议内容作出仲裁裁决，使和解协议的内容在国内外具有可强制执行的法律效力，充分彰显了证券调解中心在专业、高效、低成本化解资本市场纠纷方面的优势，这些优势转化为“四位一体”纠纷解决机制的经济价值、市场价值、社会价值和法律价值。

结　语

近年来，多元化纠纷解决机制已成为法律职业共同体共同关注的话题。与普通民商事纠纷不同，依靠单纯的专业调解、商事仲裁、行业自律或行政监管，难以达到化解资本市场纠纷的理想效果。深圳证券期货业纠纷调解中心通过将这四种不同机制的功能有机整合融合起来，形成“四位一体”纠纷解决机制，突破传统局限，创新中国资本市场纠纷解决模式，并在6年多的实践中，以中小投资者权益保护为中心，化解了大量资本市场纠纷，实现了经济价值、法律价值、市场价值和社会价值的统一。这些价值在资本市场纠纷解决过程中通过一个个案例得以实践和实现，为中国资本市场纠纷治理机制的完善和治理能力的提升探索了新路。

逮捕权的归属问题研究

——解构与建构

黄春晓　危建雯　余咏丹*

内容提要

逮捕权的司法改革命题，已经作为国家法治发展规划被提上迫切的议程。当前在围绕逮捕权归属的设计问题上，学术界和实务界存在较大的分歧。本文旨在基于中国国情和现实基础上，建构和解析一个理论扎实、司法可行、循序演进、配套适当并且代表先进刑事诉讼理念的逮捕权归属司改进路和运行图景。

关键词　逮捕权　归属　司法改革

一、引论：现状与使命

在我国现行的刑事强制措施体系中，逮捕无疑是最严苛也是最普遍适用的一种强制措施。由于逮捕涉及对适用对象人身自由的剥夺，因此在某种意义上等同于先行变相刑罚。在无罪推定的刑事诉讼司法理念之下，逮捕等羁押性强制措施的适用应当慎之又慎本是应有之义，但在刑事司法实践中，逮捕的适用率即便呈渐趋下降之势但仍位居刑事强制措施中的最高比率。根

* 黄春晓，深圳市福田区人民检察院一级检察官；危建雯，深圳市福田区人民检察院科长；余咏丹，深圳市福田区人民检察院检察官助理。

据最高人民检察院案件管理部门的数据显示："全国普通刑事案件的批捕率从2005年的91%下降至2016年的77.6%，审前羁押率从2005年的90%下降至2016年的59%。"[①]但是，59%的羁押率仍须考虑大量的危险驾驶罪（醉驾案）的法定不适用逮捕的情形，因此，如果排除该罪名的统计数据，审前逮捕率事实上仍然接近70%。

审前逮捕的比例如此之高，究其原因，主要是刑事司法中基于两个方面的考量，一是办案机关的风险管制因素，二是诉讼程序的流转便利因素。所谓风险管制，指的是办案机关对于犯罪嫌疑人、被告人在案件审查中是否在案、串供、妨害司法、再犯等社会危险性的可能性评判以及控制。所谓流转便利，指的是办案机关在移送、交接、提讯犯罪嫌疑人、被告人的过程中所要办理的手续、实行的措施以及注意的事项上的尽可能简便快捷的程式。正是这两个主要因素的限制加上传统的司法惯例的沿袭，以及诸如价值导向、指标考核、同一标准或者专项行动等个别因素的共同影响，造就了当前刑事案件诉讼中适用逮捕比例过高的司法局面。

逮捕制度设计的核心问题是逮捕权的归属问题、条件问题和程序问题，归属问题属于权利基础，是本质问题；条件问题和程序问题更偏向于立法技术。可以说，归属问题是条件问题和程序问题的基础和前提，条件问题和程序问题是归属问题的表现和延展。因而，从某种意义上讲，解决了归属问题，条件问题和程序问题基本上也就迎刃而解，毕竟条件问题和程序问题涉及更多的是统一性和合理性的问题，而且可以通过及时的修正和新设来解决司法中碰到的新情况、新问题。而归属问题的确立，则关系整个逮捕权运行的基础性和结构性，甚至对于整个刑事司法体例也会造成一定程度的影响和冲击。因此，归属问题的研究和解决，属于牵一发而动全身的命题，需要慎之又慎。本文的论证，着重在归属问题方面进行制度的解构和建构；对涉及的条件问题和程序问题，当然也会顺带解析。

基于目前的全球化趋势、国际法治现状以及司法改革的大势所趋，作为无罪推定理念的应有之义，审前不羁押本应作为刑事诉讼的一项基本制度（如保释制度）。但当前我国刑事司法中，审前羁押率过高是一个应当直面的

① 数据来源：最高人民检察院案件管理办公室。

困境。在法治发展较为前沿的国家和地区,审前羁押率一直都是较低的。“欧盟委员会对27个成员国自1999年至2007年9年间的未决羁押率进行统计,统计表明欧盟成员国未决羁押率通常在10%至30%,超过40%的很少,超过50%的更是少见。”①为此,在逮捕权体例改革尤其是逮捕权归属的核心问题上,学术界和实务界一直进行着较为广泛的讨论、研究和尝试。然而逮捕权归属问题的全盘建构,仍然处于各界纷争尚无定论或各论胶着的举棋不定之中。司法体制改革研究中心对此亦有考究,但是最终仍未提出纲要性文件或者出台征求意见文稿。由此可见,逮捕权改革确属难上之难;对于其是沿袭性的修复还是革新性的重构,是援引成熟的域外体例还是量身定制的独立创设,可谓见仁见智又莫衷一是。但是,在司法改革的使命意义之下,当前的改革方向必当是坚定的和毋庸置疑的。本文正是基于中国国情和现实基础,立足建构和解析一个理论扎实、司法可行的逮捕权归属的司改进路和运行图景。

二、逮捕权归属的历史沿革和纵横比较:权力考古与理念观照

逮捕权自产生起,便被赋予了宪法意义的内涵;在政治学的范畴上,可以将逮捕权归结为国家统治工具。如此,要准确认识逮捕权,理所当然地要回归其宪法意义和政治功能。在世界各国的宪法发展和国家政治发展的进程中,几乎所有的宪法性文件都对逮捕权作出了规定,明确了公民人身自由保护权利,排除了随意逮捕的可能。譬如,《英国人身保护法》规定:非依法院签发的载明缘由的逮捕证,不得逮捕羁押;《法国人权宣言》规定:除非在法律所确定情况下并按照法律所规定的程序,任何人均不受控告、逮捕与拘留;《美国宪法》(第四修正案、第五修正案)规定:任何人不经正当法律程序,不得被剥夺生命、自由或财产;人民的人身、住宅、文件和财产不受无理搜查和扣押的权利不得侵犯;《联合国公民权利和政治权利国际公约》,也将保护人身自由与禁止非法逮捕羁押确认为基本的法治原则,形成了国际共识。

在近代法治的意义层面上,我国从清朝晚期开始,也逐渐西学东渐、“师

---

① 参见陈永生:《逮捕的中国问题与制度对应——以2012年刑事诉讼法对逮捕制度的修改为中心》,载《政法论坛》2013年第4期。

夷长技”式地渗入、融汇近代法治理念，对于逮捕等剥夺、限制人身自由的强制性措施，在宪法或宪法性、政令性文件中作出了规制。譬如，“1908 年晚清政府颁布的《钦定宪法大纲》规定：臣民非按照法律所定，不加以逮捕、监禁、处罚。南京临时政府、北京北洋政府、南京国民政府三个时期的各类宪法性文件中都有公民人身自由不受侵犯，非依法律不得逮捕的内容”。① 中华人民共和国成立后，1954 年第一部《宪法》即对人身自由和逮捕权作出了明确规定：中华人民共和国公民的人身自由不受侵犯。任何公民，非经人民法院决定或者人民检察院批准，不受逮捕。此后，各版本《宪法》也沿袭了 1954 年《宪法》的内容，对人身自由权利保障和逮捕权限定作出了同一的规范。在逮捕权归属问题的现代法治意义层面上，古今中外，权力归属设置林林总总，不胜枚举。从当今国际上主要法系的逮捕权归属来看，由于英美法系和大陆法系刑事诉讼模式的迥异，各国在作为保障国家追诉之必需的逮捕权的设置上，亦有所别。英美法系强调刑事诉讼的抗辩效果，法官居中裁断的当事人主义性质较为显著，因而在逮捕和羁押权的归属上，一般分为有证逮捕和无证逮捕两类。有证逮捕权归属于治安法院的治安法官或者地区法院的司法官，由警察或者检察官在执行逮捕之前事先提出书面申请，经审查确认符合逮捕条件后签发逮捕令，由申请人根据逮捕令执行逮捕。无证逮捕，是指未经上述司法人员的事先批准，在没有逮捕令的情况下进行的逮捕。无证逮捕的权力归属于警察、检察官、其他侦查人员甚至包括公民个人（一般限定为针对现行犯）。例如，“美国的逮捕分为有证逮捕和无证逮捕，从法律上讲，逮捕以有证逮捕为原则，以无证逮捕为例外，但事实上，大多数逮捕是无证进行的”。②

大陆法系强调刑事诉讼中，国家追诉机关的职权效力，因而国家司法机关依职权的审问式诉讼模式色彩较浓，在逮捕权的归属设置上，一般将逮捕权赋予警察和检察官，如《德国刑事诉讼法》第 163b 条第 1 款规定：“警察对其怀疑已经实施了犯罪行为的人可以责令其停止，进行搜查并拘留，以便确定身份。检察官和警察有权命令采取确认身份所必要的措施，包括逮捕、搜

① 韩亚光：《百年中国宪法视野中的人民权利研究》，载《河北法学》2009 年第 3 期。

② 宋英辉、孙长永、刘新魁：《外国刑事诉讼法》，法律出版社 2006 年版，第 176 页。

查和提取指纹和拍照等。此即所谓的暂时逮捕,是指无法官签发逮捕令的情况下的逮捕。"[①]在人权保障的观念和话语之下,大陆法系国家的法律制度对暂时逮捕也做了诸多的限制和监督,以此加强对警察使用限制人身自由的强制措施的监督,减少公权的滥用造成的对公民的人身自由和安全的侵害。例如,《法国刑事诉讼法典》第63条规定:如果存在一个或者多个合乎情理的理由怀疑其已经实施或者试图实施犯罪行为,出于调查的需要,司法警察可以对任何人采取拘留措施,并应当在拘留一开始就通知大审法院检察长。此外,法国还设置了预审法官和"自由与羁押法官",对审判前的先行羁押实行双重的监督。

我国现代的刑事诉讼模式、诉讼原则以及许多主要的内容是具有中国特色的刑事诉讼制度和规则。在逮捕权的归属问题上,我国一直都没有做出革新性的变更,逮捕权由检察院和法院依法行使,司法实践中主要由检察院行使。我国1979年、1996年和2013年《刑事诉讼法》,都明确规定:对刑事案件的侦查、拘留、执行逮捕、预审,由公安机关负责。检察、批准逮捕、检察机关直接受理的案件的侦查、提起公诉,由人民检察院负责。这种逮捕权和公诉权归属合一的体例,渐渐地难以适应当代司法理念之下的司法工作需要,也与国际的通行司法体例不相协调,甚至弊端和困惑显现,因而有关检察权能的体例设计的革新也势在必行。在司法改革不断深入的背景之下,对逮捕权归属的审视和重塑也就摆上了议事日程。

三、逮捕权的本质:权力解构与制衡宗义

准确把握逮捕权的本质问题,有助于认清权力的本身面目和发展趋向,厘定关联问题的来龙去脉和前因后果。这样一来,对于权力的设立、行使以及制约,方才会有清晰的目标和明朗的思路,此便是所谓的"知其然,知其所以然"。否则,在行使权力和监督权力可能会陷入无所适从或者举步无措的凌乱之中。

总体上,当代刑事诉讼理论中,逮捕权是国家追诉主义派生的一项国家权力已达成学界基本的共识。所谓的国家追诉主义,是指通过设立国家专门

---

① 《德国刑事诉讼法典》,李昌珂译,中国政法大学出版社1995年版,第59页。

的机关,代表国家依照法律赋予的职权对犯罪行为发起立案、侦查、检控等各项追诉活动的统称。“这是法国大革命以后大陆法系国家刑事诉讼采取的典型追诉形式,这一追诉形式后为英美法系国家刑事诉讼所吸收,从而成为当代刑事诉讼中占主导地位的追诉方式。”①例如,《德国刑事诉讼法典》第152条第1款规定:“提起公诉权,专属于检察院行使。”②国家追诉主义派生的权力中,侦查权和公诉权处于主导的地位,但逮捕权的存在也是极其重要的,因为逮捕权是侦查权和公诉权的一项重要的强制性保障措施。“刑事诉讼法上的强制措施均为对基本权利之侵犯。”③从这个角度来看,逮捕权是在审判之前最严厉的权力。在权力功能的层面上,逮捕权是为国家追诉服务的,它的存在,对于国家追诉的便利和威慑,起着至关重要的作用。在逮捕必要的考量上,逮捕权本身还具有防止继续侵害危险的功用,毕竟就总体而言,被逮捕人的人身危险性与普通的公民相比,具有相对的高度危险,逮捕即可几乎完全免除这种风险的顾虑。据此,在国家追诉主义以及受害人权益维护的视角之下,逮捕权的存在是不可或缺并且天经地义的。但是,事物具有两面性也是一个无法回避的问题,当我们站在被逮捕人的立场上,又如何为人权保障作出合理的解释呢?逮捕权关系宪法性基本公民权利(主要是人身自由权),关联无罪推定的刑事诉讼理念。在人权保障理念以及无罪推定原则的法治趋势之下,逮捕权自然而然地要面对考问和质疑,为此,国家追诉主义优先与控制逮捕权的泛滥适用成为当前法治情态下的一个矛盾性命题,这也便延伸出逮捕权归属、逮捕条件设置、逮捕正当程序以及逮捕措施救济等诸多问题。

作为国家公权力,逮捕权体现了权威性、震慑性和剥夺性,因而具有权力对权利的侵犯性质。正如孟德斯鸠所指出的那样,“在一个把握绝对权力的国家里,公民的自由是不受关怀的。一切有权力的人都容易滥用权力,这是万古不变的一条经验”。④“在刑事司法活动中,拥有强制措施权力的国家机关在决定和实施这种权力时,由于受各种因素的影响,不可避免地存在侵犯

① 宋英辉、孙长永、刘新魁:《外国刑事诉讼法》,法律出版社2006年版,第26页。

② 《德国刑事诉讼法典》,李昌珂译,中国政法大学出版社1995年版,第15页。

③ [德]克罗思·罗科信:《刑事诉讼法》,吴丽琪译,法律出版社2003年版,第273页。

④ [法]孟德斯鸠:《论法的精神》(下册),张雁深译,商务印书馆1963年版,第154页。

公民权利的现象，如非法羁押、非法搜查、非法扣押等。"[①]为此，权力必须受到监督，必须设置另外的限制手段对这种权力加以制约，方可在国家公权的制裁犯罪与人权保障的法治理念之间取得相对的平衡，这也是现代法治精神的制衡原则的一种司法表达。无罪推定主义正是制衡理论产生的一个刑事诉讼原则，"该原则并非仅仅是指犯罪嫌疑人、被告人是否犯罪最终靠证据来确定，而是旨在确立判决前犯罪嫌疑人、被告人的法律地位，即在判决确定之前不能将其视为罪犯的法律上无罪的诉讼主体地位"。[②] 无罪推定主义的基本含义声明了即便被逮捕的人在未经依法审判确定有罪以前也应当推定为无罪的观念。那么，对于被逮捕而未定罪的人，其基本的人权保障，其所应当遵循的正当程序以及必须为其设置的救济措施，便无可推避地进入法治国家的立法和司法的轨道上。界定逮捕权的归属，设定逮捕的条件、程序以及开辟逮捕的救济路径，是评定一个国家或者地区法治程度的重要标志，是昭示一个国家或者地区人权保障精神的明确依据。由此，无罪推定主义便于国家追诉主义之间产生了衡平效果，立法技术和司法操作以及法治理念等诸问题，便有了讨论、研究和革新的空间。逮捕权的归属问题，当代国际上的立法趋向于令状主义以及拘捕前置主义，前者指在执行强制性措施前，必须由法院或者法官予以判断并签署令状，"当执行强制性措施时，原则上必须向被处分人出示该令状"；[③]后者指对疑犯申请法院或者法官予以羁押之前，应当以合法的拘捕作为前提条件，法院或者法官对于是否羁押实行双重审查，不仅审查拘捕的合法性还要审查羁押的条件性，也就是说，拘捕和羁押是分离的，拘捕之后并不必然要进行羁押。

由此，在权利本位而非权力本位的法理基础上、在权力制衡而非公权扩张的宪政基础、在正当程序而非权力滥用的诉讼基础的框架内，对国家公权力之逮捕权的控制、制约与救济，便成为现代法治的人权保障理念下的应有之义。逮捕权的归属设计，亦当遵循上述法理、宪政以及诉讼法基础，突出强调对逮捕权的控制、制约与救济。我国《刑事诉讼法》及其配套性司法文件

---

① 冯军主编：《刑事司法的改革：理念与路径》，中国检察出版社 2007 年版，第 103 页。

② 宋英辉、孙长永、刘新魁：《外国刑事诉讼法》，法律出版社 2006 年版，第 29 页。

③ 宋英辉、孙长永、刘新魁：《外国刑事诉讼法》，法律出版社 2006 年版，第 39 页。

(司法解释、会议纪要等),业已对逮捕权进行了卓有成效的控制、制约及救济,主要体现在对人权的尊重、对逮捕条件的确定以及对逮捕程序的规范上。然而这些控制、制约和救济距离理想化的目标与图景,仍然有一定的距离。强化人权司法保障,是深化司法体制改革的一项重要任务。逮捕作为最严厉的一种刑事强制措施,直接关系公民的人身自由。“为了充分保障人权,解决逮捕制度存在的突出问题,必须正确认识逮捕的定位,更新司法理念,为推进逮捕制度的完善提供指引。”①因此,对逮捕权尤其是归属问题进行不断的改革和推进也就成为司法改革中顺理成章之目次了。

对于逮捕权的归属设置,当前在理论界和实务界有几种颇为胶着的声音,其中学界主流的改革方式是将逮捕权属从检察机关中抽离出来,由法院以司法审理的方式单独享有,即将逮捕权完全归属于审判机关。他们认为,“逮捕作为最严厉的刑事强制措施,是对公民权利的重大干预,涉及人身自由的宪法权利,唯有经过司法(法官)审理程序决定方可取得正当性,这是《联合国公民权利和政治权利国际公约》设立的专门条款对羁押的司法审查作出明确要求的基本原理”。② 而司法界的改革重心则集中在逮捕权运行中的方式调整上,即改变原有的逮捕权运行的流水式、封闭性、行政化以及逮捕相当于定罪的审查方式,推行审查逮捕的诉讼化转型,即由检察官居中审理,侦查机关与辩护人、犯罪嫌疑人充分参与、相互论辩的司法性审查程序。这也是最高人民检察院《“十三五”时期检察工作发展规划纲要》已经明确提出“围绕审查逮捕向司法审查转型,探索建立诉讼式机制”的改革目标。③ 显而易见,学界的改革目标于当下的司法现状和基础配套而言,似乎过于理想化而略显不切实际,毕竟,逮捕权的归属改革亦属牵一发而动全身之举,一步到位的理想化建构可能会造就一个空中楼阁的徒有其名。司法界尤其以检察机关为逮捕权设置的改革目标:如果作为司改进路上的一个过程目标而非终极目标,看起来是较为理性和稳妥的,但是,这个改革目标仍然具有相当的局限性,因为它是站在不改变逮捕权归属的本质上所作的权宜,没有根本的决心

---

① 孙谦:《司法改革背景下逮捕的若干问题研究》,载《中国检察官》2017 年第 13 期。

② 陈卫东:《逮捕程序司法化三题》,载《人民检察》2016 年第 21 期。

③ 戴佳、徐日丹:《“十三五”时期检察工作发展规划纲要发布》,载《检察日报》2016 年 9 月 2 日,第 1 版。

和广阔的视野。

当前关于逮捕权归属革新命题还有一个有利的条件是,国家监察委的设置解决了职务犯罪(反贪与反渎)案件的侦检同体的困局。即便监察委被赋予了多种机构的合体属性,具备多种权力职能,但在刑事案件侦查的职能上,毕竟无法跳出刑事诉讼的框架。因此,对于此前存在的因检察机关同时行使侦查权、逮捕权以及公诉权、法律监督权而造成的法理上的集权困境,至少现阶段在刑事诉讼中的职能管辖分工上,问题得到了基本解决。

四、我国逮捕权运行的现实情况及利弊权衡:司法解读与数据评析

逮捕权分为决定权和执行权:执行权的归属问题争议不大,一般归警察(包括司法警察)行使,因而逮捕权归属问题的重中之重即是决定权的归属。为此,本文涉及的逮捕权归属问题仅指逮捕决定权。现阶段在我国,根据立法,逮捕权归属于检察机关和审判机关共同行使。大量的司法数据表明,绝大多数的逮捕权是由检察机关批准决定而执行的。审判机关虽然也具有当然的决定权,但适用得极少,因为目前审判机关对于逮捕权的审查,并非一个必经的常规性法定程序,这是源于司法传统惯例以及规则的沿袭,审判机关一般采取不成文的“不提不理”的司法规则,不主动地常规性审查逮捕的必要性等涉及逮捕措施变更的问题。法律规范的成文表达与司法实践的惯例沿袭之间的现实差异,也是当前逮捕权司法改革的一个根本性动因。这种差异性现状,甚至在某种意义上可以说是一种规范与实践的背离或者脱节。《宪法》第 37 条第 2 款规定:任何公民,非经人民检察院批准或者决定或者人民法院决定,并由公安机关执行,不受逮捕。这是逮捕权归属的最高级别的法律依据,并且直接确定了归属的主体机关——检察机关和审判机关。也由此,《刑事诉讼法》第 78 条规定:逮捕犯罪嫌疑人、被告人,必须经过人民检察院批准或者人民法院决定,由公安机关执行。这是根据《宪法》在刑事诉讼中确定的逮捕权归属,属于基本法律级别的法律规范。《刑事诉讼法》第 79 条对逮捕条件作出了具体的规定。最高人民检察院发布的《人民检察院刑事诉讼规则》以及最高人民法院发布的《关于适用〈中华人民共和国刑事诉讼法〉的解释》,属于司法解释的范畴,也均对逮捕权归属予以确认。据此,我国《宪

法》、《刑事诉讼法》以及相关的司法解释赋予或明确了人民检察院和人民法院的逮捕权,规范了逮捕的适用条件以及行使逮捕权的程序,也设置了对逮捕强制措施的监督控制、救济手段等配套性司法体系,完成了逮捕权归属问题的法律上的充分依据。事实上,逮捕权可以由审判机关决定,其引申的含义——法院(或法官)可以最终决定是否对被告人适用逮捕。但这种可期待的最终决定权,却由于种种原因而未能普遍地进入审查、审理流程,这既有司法体制的因素,有现实条件的因素,更应当是司法改革探索与推进的契机。

以下是S市的一些逮捕关联性司法数据①,可以在一定程度上说明在过往以及当前的司法现实中,逮捕权归属及关联设置所处的司法生态。总体来说,这些司法现实有其因历史和现实的必然而存在的固有价值,但在司法改革的大时代背景之下,推进逮捕权改革,塑造更加符合时代潮流和法治精神的司法局面是大势所趋。因此,从这些司法数据中,我们亦可管窥其中的某些弊端与滞后,并以此作为逮捕权归属革新的重要理由。

侦查机关提请批准逮捕犯罪嫌疑人,绝大部分(85%以上)作出了批准逮捕的决定(见图1、图2),其中原因有上述的风险控制和诉讼便利的因素,也有所谓的业务指标考核等非纯粹的法律因素,但更主要的还是受制于司法机关以及司法人员的司法理念和惯例规则。

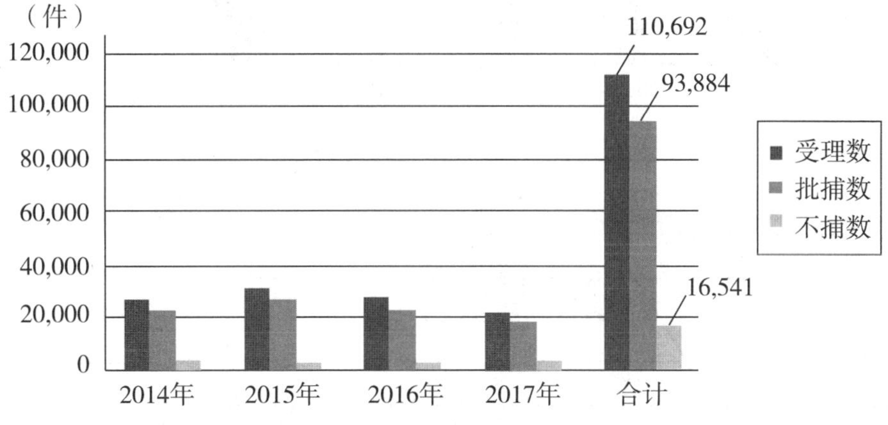

图1　S市侦查机关提请批准逮捕数量及决定逮捕数量对比(2014~2017年)

① 该数据由S市人民检察院案件管理处提供为2014年案件管理系统3.0版本上线以来至今的数据。

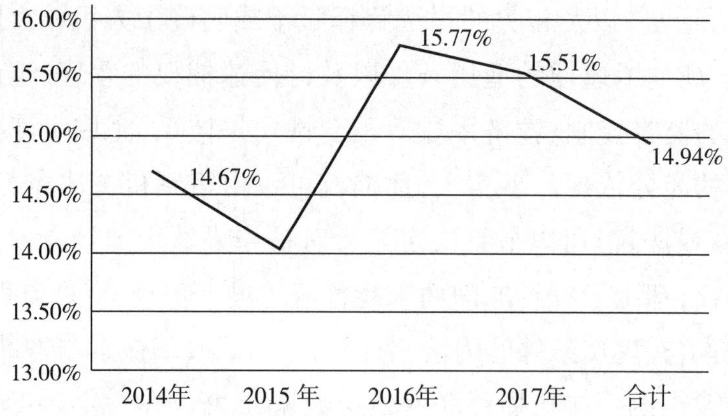

图 2　S 市不批准逮捕比例(2014～2017 年)

从相对不批捕(无社会危险性不捕或称之为无逮捕必要不捕)所占不批捕总数的比例仅为 26% 的事实(见图 3、图 4)来看,更加印证了上述原因的分析和归纳。

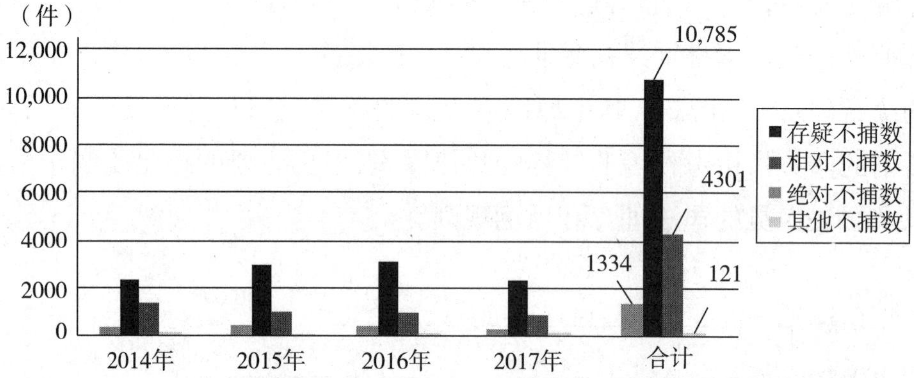

图 3　S 市不批准逮捕构成结构(2014～2017 年)

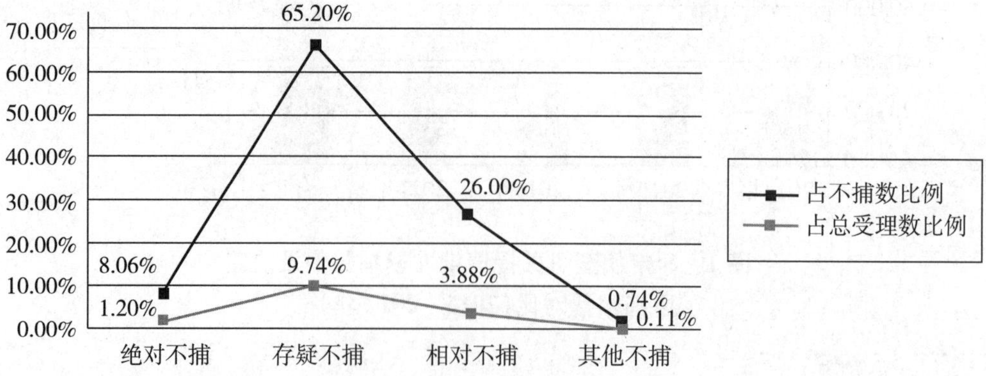

图 4　S 市不批准逮捕情形占提请逮捕案件数量比例(2014～2017 年)

传统的司法认知中,有一个错误的倾向是逮捕就基本上是隐示地宣告了有罪,或者说司法机关是基本认定了犯罪嫌疑人、被告人有罪方才作出了逮捕的决定。从逮捕后被定罪的数据对照(见表1)中,我们似乎可以从中得出这种错误倾向是具有言之凿凿的信心,但这恰恰就是症结之所在。无罪推定的刑事诉讼原则和人权保障的现代法治理念所引申的对犯罪嫌疑人、被告人适用逮捕(羁押)只是一个迫不得已的权宜之计,更不得以审判后果来推导逮捕(羁押)的明智,否则,这便陷入有罪推定的泥潭之中。事实上,从相对不批捕以及侦查机关取保候审后直接移送审查起诉的犯罪嫌疑人、被告人,在提起公诉时被变更为逮捕的人数(见表2)来看,也可以反证不批捕(或者保释)的适应性与适当性。当然,从另外一个视角切入,判决前取保候审的被告人被判处实刑刑罚的比例(见表3)来看,这似乎又是在印证逮捕与自由刑之间的关联性、匹配性甚至必要性,似乎可以据此作为逮捕率居高的有力辩词。不可否认的是,现实的司法实践中确实存在一定程度上的自由刑与逮捕措施匹配适用的司法规则,对于审判期间取保候审的,一般匹配性地适用缓刑或者单纯宣告有罪,如此便更加深了错误倾向的所谓合理性与现实性。这种由判决结果来推导(逮捕)羁押原因的准确性的理由,是有罪推定的立场,忽视了无罪推定原则的真谛和内涵。

表1　S市逮捕人数与逮捕后判无罪人数统计(2014~2017年)

年份	捕后判无罪人数	逮捕的人数
2014年	17	232,572
2015年	28	27,358
2016年	16	23,649
2017年	9	19,305

表2　S市提起公诉时变更为逮捕人数统计(2014~2017年)

年份	提起公诉时变更为逮捕人数
2014年	58
2015年	180
2016年	114
2017年	67

表3　S市判决前取保人数与判处实刑人数统计(2014~2017年)

年份	判决前取保人数	判处实刑人数
2014年	753	670
2015年	968	440
2016年	1573	555
2017年	1589	395

司法实践中,轻微刑事案件占绝大多数,并且大多是一审结案(见图5),即检察机关没有抗诉而且被告人也没有上诉。被告人对自己的罪刑所应承担的刑罚惩戒,绝大多数是服从的,因而也极少有人会采取潜逃的方法回避审判,毕竟,与短期的自由剥夺相比,提心吊胆、处处不便的亡命天涯更加不能被接受。因此,在这个层面上,保释制度(取保候审)有其存在的理由和空间。

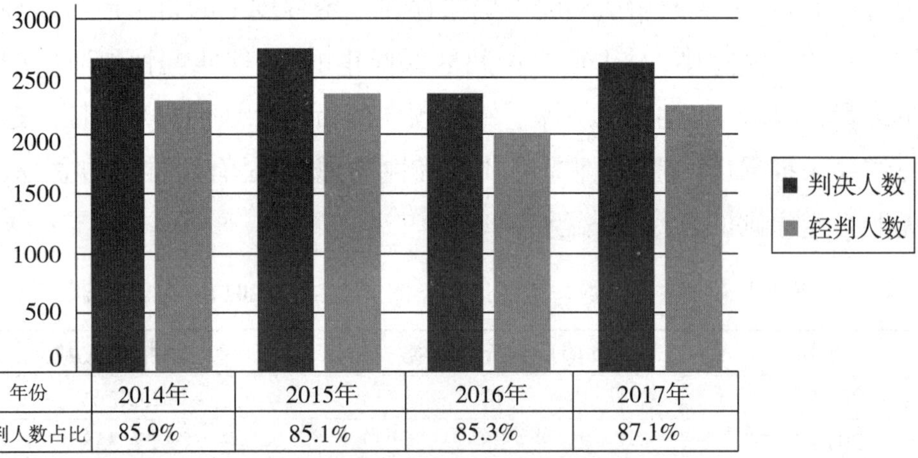

年份	2014年	2015年	2016年	2017年
轻判人数占比	85.9%	85.1%	85.3%	87.1%

图5　S市轻微刑事案件数量占刑事案件总量比例(2014~2017年)

从上述数据分析不难看出,司法的现实状况与预期的法治理想之间,存在一定的距离。逮捕权的归属,已经在某种程度上对这个距离产生了影响。因为在追诉权与逮捕权合一的立法体例之下,难免会造成一种以逮捕的适用来替代追诉便利的变相惩戒的可能。即便在当前检察逮捕制度改革中不断更新司法理念,逐步地推行注重控制犯罪向凸显人权保障的观念转变,试验从检察机关自主主导式审查逮捕转向司法化(诉讼化)审查逮捕的模式转变,强调以犯罪成立为核心的逮捕条件转向以社会危险性为核心条件的评价标准,但这些革新和转变依然在追诉权和逮捕权合一的框架之内,自然而然地受制于单一司法机关整体性的控制,因而至少在长远的理想化目标之中,难以有破局之效。但基于现实的国情,革新的手段亦不可盲目地推进,最佳的路径便是一步一步地立足根基前进。

五、司法改革框架内逮捕权归属的布局与展望:进路建构与图景解析

进路是一个哲学用语,通俗地讲,它指的是一种看待、处置事物的最佳方法。在严格意义上,它并没有一个固定标准或者具体模式,“它所要说明的哲学方法是在正义目标之下,将文本描述为如表面呈现的那样:目标取向的制度规则方案、授权规则、权力与权利、常常通过提及一般的善及原则来表达,并愿意在真相或者最佳解释的自省式探索中自主思考,而这种自主思考必须由一种自省的态度作为指引”。[①] 司法改革的价值取向、目标设定以及路径抉择亦当如此,在自省的进路模式中不断地完善和进展,而不是不择手段、不知轻重或者生搬硬套、盲目跨越。应用哲学进路的最佳方法,对于我们进行的司法改革来说,是要在通往理想目标的道路上不断地自我反省,不断地自我批判,不断地改进方法。为此,在逮捕权的归属问题的研究上,我们致力找寻并科学架设了一条通往建构理想目标的司改进路。

改革是个综合性的话题,必须要考虑配套与关联的因素,否则就将陷入顾此失彼或者慌乱盲目的境地。任何一项制度或者操作的革新,都是依附于整体并影响整体的,因此,每一项改革都不可能是孤立的和自成的,片面地追求某一方面功利效果的改革最终往往难以成就目标,反而会拖累、阻滞整体性的革新布局和全盘谋划。为此,当推行一项改革时,不仅应当基于国情和现实的基础,还应当考量全盘的因素,联动式地、进路式地推行综合性和关联性的各项配套和整体方案,这样的改革才是坚实而稳定、长远而效益的。司法改革亦当如此。当我们在设计逮捕权归属的革新举措的图景时,与其关联的各项制度、配套性司法功能也都要纳入齐头并进的革新范畴,诸如拘留的

---

① [美]索蒂里奥斯·巴伯、[美]詹姆斯·弗莱明:《宪法解释的基本问题》,徐爽、宦盛奎译,北京大学出版社 2016 年版,第 214 页。

存废、国家追诉权的分离、治安案件司法化、保释制度的推进，等等。如此一来，整个刑事诉讼各项制度的革新便可配套性地全面推进，就不会出现此起彼伏的失衡状态或者急功近利的得不偿失。正是基于上述进路的和联动的思维方式，我们在切入逮捕权的归属问题的革新设计时，考量和周全了大量的关联因素，建构出一套循序演进、配套适当并且契合理念的司改进路和图景方略。我们的总体目标，是要建构一个国情和现实基础上的，表达和实践先进刑事诉讼理念和原则的，与国际主流模式相当的逮捕权制度。下文将围绕逮捕权归属的核心问题的革新方案，一并详尽阐明关联问题，并逐次解析涉及的各个关键和要害。

第一步（大致用 5 年，见图 6）：批准逮捕权归属于检察机关；全面推行检察官履职前移，扩大提前介入刑事案件侦查的范围，实质性地同步引导、指导刑事案件的受理、立案和侦查的全程，逐渐磨合侦检合璧，全面推行检察引导侦查的国家追诉一体化模式；决定逮捕权归属于审判机关，试行刑事审判部门在办理案件时，可以先行对公诉机关（及自诉案件的自诉人）或者被告人一方的变更强制措施申请，进行羁押必要性听证（庭前会议式），并在案件实体审查、开庭前作出决定。

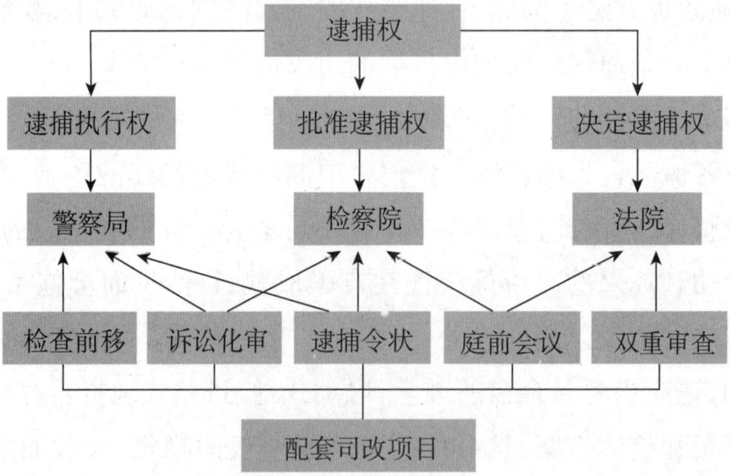

图 6　步骤一之图景解析

关联的配套性构思以及必要的简略解析如下：

1. 国际上的刑事侦查、起诉体例，业已在检察指导侦查上取得较为一致的认同，如法国法律明确规定了检察机关有权对警察机关实施侦查的情况进行监督。2000 年 6 月 15 日，法国第 2000 －516 号法律增加了《法国刑事诉讼法典》第 75 －1 条和第 75 －2 条，规定“在向司法警官下达进行初步侦查指令的情况下，大审法院检察长应当确定期限，在此期限内，侦查工作应当完成。但根据侦查人员提供的证明，此期限可以延长”。“当侦查是按照上级指示进行时，如果侦查开始时间已经超过了 6 个月，司法警官应当将侦查工作进展情况向大审法院检察长汇报。”[①]即便在我国检警体例设计上确立的互相配合、互相监督的组织、职能模式中，也没有否定国家追诉主义之下的侦检一体模式，只是没有以常规用语的方式表达而已。现行《刑事诉讼法》及相关司法解释，对于检察机关的提前介入权，已有明确的法律依据。例如，《刑事诉讼法》第 100 条规定：人民检察院在审查批准逮捕工作中，如果发现公安机关的侦查活动有违法情况，应当通知公安机关予以纠正，公安机关应当将纠正情况通知人民检察院。虽然该法条并没有介入侦查的显明字眼，但监督和纠正的前提便是介入了解和指导督促，因而从条文的寓意引申，提前介入指导侦查权便是不言自明的应有之义。为了令提前介入指导侦查权更加具体并赋予规范性的引用和执行，最高人民检察院在《人民检察院刑事诉讼规则》第 567 条、第 569 条作出了司法解释性效力的具体规定：人民检察院根据需要可以派员参加公安机关对于重大案件的讨论和其他侦查活动，发现违法行为，情节较轻的可以口头纠正，情节较重的应当报请检察长批准后，向公安机关发出纠正违法通知书。这一司法解释将检察机关的介入引导侦查权明确化，为检察机关展开介入引导侦查提供了具体的法律依据。

如前所述，代表国家执行追诉犯罪活动的寓意，是检察与侦查的合璧，当然，侦检一体或者侦检合璧，并不必然排除检察对侦查的监督，实际上，引导和指导的本身亦带有监督的当然含义。

2. 各级法院仍然保留决定逮捕的权力。根据《宪法》和《刑事诉讼法》的规定，人民法院有决定逮捕犯罪嫌疑人、被告人的权力。因此，在《宪法》《刑事诉讼法》修改之前，人民法院的决定逮捕权依然存续，但是可以试行刑事审判部门在办理案件时，可以对公诉机关（及自诉案件的自诉人一方）或者被告人一方的变更强制措施申请，先行简易开庭对羁押必要性进行听证审查，或

① 宋英辉、孙长永、刘新魁：《外国刑事诉讼法》，法律出版社 2006 年版，第 261 页。

者组织庭前会议听取控辩双方的意见后，根据审查的情况作出是否变更强制措施的决定。该审查模式的推行是为以后的有证逮捕权收归法院行使先行试验并积累经验。

3. 履行检察前移提前介入侦查的检察官既行使提前介入职能又办理审查批准逮捕案件或者审查起诉案件。这个阶段的前移检察官，主要是由审查批准逮捕部门的检察官介入，职责包括听取侦查人员关于案件办理情况的汇报，提出侦查意见；审阅案卷证据材料；指导、引导侦查取证以及直接参与、指挥侦查取证；提出强制措施适用建议以及对案件的法律适用发表意见；等等。检察履职前移之后，检察人员对于刑事案件的事实和证据的情况、走向的认识更加直观了，这便为侦查机关作出强制措施适用决定以及为后续的提请批准逮捕工作的衔接，提供了高效与准确的保证。诚然，这种侦查与检察在刑事案件的紧密合作行为，不仅是侦检合璧模式的雏形和磨合，亦可为后续的侦检一体化模式先行试验并积累经验。

4. 检察机关推行逮捕听证审查程序或称逮捕案件诉讼化审查模式。当前的批准逮捕程序以检察机关的书面审查、行政性审批为主，侦查部门的意见以及犯罪嫌疑人、辩护人的意见一般以书面意见为主，难以直接听取更不用说当面辩论，这使检察官难以做到兼听两造，对审查批准逮捕工作的客观公正也形成了一定的限制。2013 年《刑事诉讼法》的修改以及此后相关司法改革，表现出对于批准逮捕的诉讼化尝试，意图在办案组织和程序方面去行政化，逐步解决办案亲历性、判断性、独立性的问题，让检察官真正回到居中处断者的位置。①

5. 保留刑事拘留，极力控制拘留的期限和适用范围，把拘留和逮捕的强制措施趋同对待。试行推行逮捕令状制度，即在执行逮捕之前，先行向检察机关申请取得逮捕令。逮捕令与有证逮捕之逮捕证的区别，在于逮捕令由检察机关作出，而逮捕证则由审判机关作出，逮捕令是当前的批准逮捕决定书向有证逮捕之逮捕证过渡的磨合性权能的文书。

国际上大多国家在有关逮捕的方式的规定上，一般将逮捕分为无证逮捕和有证逮捕，无证逮捕的期限都是短期的，一般在无证逮捕后尽可能短的时

① 孙谦：《司法改革背景下逮捕的若干问题研究》，载《中国检察官》2017 年第 13 期。

间内申请继续羁押或者予以保释。在试验磨合期内,我们可以通过有效司法文件对逮捕令以及逮捕证的羁押期限作出限制,其中逮捕令大致限定为7天以内,相当于当前我国刑事强制措施中的刑事拘留,但不得延长;对于有继续羁押必要的,则按照提请批准逮捕的程序向检察机关提出。检察机关批准逮捕的,属于有证逮捕的情形;有证逮捕的期限则仍然保留2个月的期限。

6. 对于治安案件的立案、侦查和裁决,前移检察官一并进行全面的引导和监督,尤其注重对作出治安拘留决定案件的监督。在国际司法惯例中,个人的一般违法行为或称治安违法行为,涉及人身自由的惩戒、社区矫正的判令或者较大金额的罚款,一般由司法裁决而非行政机关作出处罚,这是避免自查自裁的裁判中立的理念的行之有效的法律适用模式。当前我国的治安处罚及交通处罚,均由行政性质的主管机关集中了调查权、裁决权和复议、复核权,这种法律适用模式对于现代法治的分工、管辖确实造成了一定的背反。当然,在短时间内,酝酿适合国情和现实基础的法院裁决模式,有一定的困难。在大势所趋之下,权宜之策是检察官暂时率先介入,履行治安案件的全面引导和监督职责。这不仅为此类案件的处理避免了全包全揽的诟病,预防侵犯人权的行政行为以及行政人员的腐败渎职行为,也为未来的治安案件司法裁决做了一定的铺垫。

7. 扩大取保候审的适用范围,修改取保候审条件和违反取保候审强制措施的惩戒手段。当前逮捕率居高不下的背景下,个别案件中还存在"先找关系、再找法律"的情况。在现实条件之下,要一举根本改变这种状况确实难以实现,但是,只要设置好取保候审的法律技术,严惩违反取保候审规定的行为,相信这种心态和局面会慢慢地扭转。因此,对违反取保候审规定的,不仅要变更为逮捕,而且要规制为法定的从重处罚情节;或者,直接参照国外的做法,对于弃保潜逃行为另行规定为逃保罪或者藐视法庭罪。例如,美国对"被保释人如果没有按照要求到庭的,除以藐视法庭罪定罪判刑外,司法官可以依法宣告没收原来指定的或者提供担保的财产归国库所有"。①

8. 羁押必要性审查贯穿刑事诉讼全程。羁押必要性审查工作包括办案机关的主动提起以及犯罪嫌疑人、被告人及其辩护人、近亲属提起申请的方

---

① 宋英辉、孙长永、刘新魁:《外国刑事诉讼法》,法律出版社2006年版,第174-175页。

式，贯穿刑事诉讼的全过程，允许在检察机关提起公诉之后至生效判决作出之前，被告人一方仍然可以提起羁押必要性的审查。试行法院双重审查羁押必要性的模式，由刑事案件受理立案部门先行常规审查，而刑事审判部门在审理案件过程中亦可以对羁押必要性进行审查和决定。

第二步（大致用 10 年，见图 7）：逐步推行无证逮捕和有证逮捕制度；有证逮捕的批准逮捕权仍然归属于检察机关，但检察前移介入侦查的检察官与审查批准逮捕的检察官分离；审判机关仍然保留决定逮捕权，深化推行羁押必要性双重审查模式。试行以无证逮捕取代刑事拘留，对于现行犯和重大犯罪嫌疑人犯的抓捕行为，侦查人员可以基于“合理根据”依职权采取，但应当控制在 24 小时以内（除非取得检察机关的继续羁押令状）便提请检察机关批捕或作出取保候审（保释）决定。深化侦检一体化制度和审查逮捕诉讼化模式，对于羁押疑犯的案件，审查批准逮捕的期限缩短为 3 天；对于未羁押的案件，审查批准逮捕的期限为 5 天。

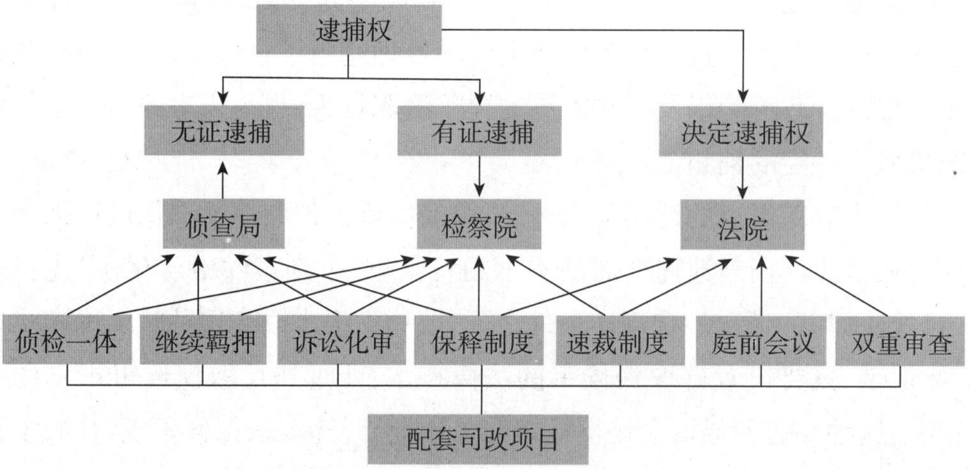

图 7　步骤二之图景解析

关联的配套性构思以及必要的简略解析如下：

1. 逮捕分为无证逮捕和有证逮捕。无证逮捕需要设定适用的情形，期限尽量地缩短，大致限定为 24 小时的期限，且不得自行延长；除非得到检察机关的批准，取得继续羁押令状，方可延长羁押期限最长至 7 天。有证逮捕的期限则保留 2 个月的期限。有效地缩减刑事诉讼的期限，是人权保障的一种表现，因为漫长的诉讼等待对于犯罪嫌疑人、被告的心理恐惧和行动自由以及被害人方的焦灼期待和苦难记忆都是一种煎熬。《美国宪法》(第六修正案)规定,在所有刑事案件中,被告人有权获得迅速及公开的审判。美国联邦最高法院认为,“规定这一权利的目的在于防止被告人在审判前受到过度的、压制性的羁押,把由于刑事追究所带来的焦虑不安和担心降到最低限度,减少由于长期推迟审判而损害被告人自我保护能力的可能性”。此外,要修改现行的逮捕条件,设置有证逮捕的条件和程序,建立社会危险性评价体系和标准。

2. 探索并设置“逮捕前置主义”的诉讼原则。“逮捕产生的法律后果并不必然是羁押,逮捕只是羁押的前提,即所谓的“逮捕前置主义。”①按照现行的诉讼法规和适用规则,逮捕后侦查阶段是否继续羁押,可以由侦查机关自行决定,也可以由检察机关对捕后羁押必要性继续审查并向侦查机关提出建议;在审查起诉阶段,检察机关仍然可以继续对羁押必要性进行审查,决定是否变更强制措施;在法院审理阶段,审判机关也可以对是否继续羁押犯罪嫌疑人进行审查,决定是否变更强制措施。由此可见,虽然我们还没有正式成文提出逮捕前置主义的概念,但逮捕前置主义的精神已经蕴含在现行刑事诉讼体制之中。实行“逮捕前置主义”的理由主要是,“先行实行限制人身自由期间较短的逮捕,在必要情况下进而实行羁押,有助于提高侦查效率和实现司法监控,而且对犯罪嫌疑人实行逮捕后本身存在予以释放的可能性”。②

3. 前移介入指导侦查的检察官和审查批捕的检察官分离,前移介入指导侦查的检察官负责案件的侦查指引和其后的审查起诉;审查批捕的检察官负责案件的逮捕诉讼化审查。前移介入指导侦查主要履行国家追诉的职责,审查批捕主要履行诉讼审理职能。也就是说,代表国家追诉主义的追诉权与代表司法裁决性质的逮捕权开始分离行使,逮捕权的行使进入诉讼化审理的预热阶段。这一阶段的预热和磨合下,权属虽然没有变更,但是权能已经开始分化,逮捕权的诉讼化模式的推行带来了审查模式的革新;但革新不温不火、力道适中,不至于因变动巨大而导致司法上的不适应。这一阶段深化并全面

---

① 徐静村等:《刑事强制措施立法研究》,载徐静村主编:《刑事诉讼前沿研究》(第 5 卷),中国检察出版社 2006 年版,第 5 页。

② 彭勃:《日本刑事诉讼法通论》,中国政法大学出版社 2002 年版,第 86 页。

推行的逮捕诉讼化审查,前移介入指导侦查的检察官对于是否提请批准逮捕提出意见,再由侦查机关向检察机关提请批准逮捕。并且,要求前移检察官谨慎提出提请批准逮捕的意见,尽量控制提请的比例和数量。同时,要根据司法现实谨慎扩大取保候审(保释)的适用比例和数量,探索推行保释制度。

4. 在条件成熟的地区、对特定的人员和特定的罪名,试行保释制度。刑事诉讼中的保释,是指因涉嫌犯罪而被拘押或者逮捕的犯罪嫌疑人、被告人,在不具备逮捕条件或者经审查认为无继续羁押必要的,可以通过提供保证人或者交纳保证金等保证形式,获得释放。保释相当于取保候审,但不等同于取保候审。取保候审只是一种强制措施,它归属于现行强制措施体系,适用条件、范围和规则一般有明确的可操作的规范。一般而言,取保候审是以逮捕的羁押性强制措施为主导的强制措施体系中的辅助的非羁押性强制措施。而保释制度则是原则性和总体性的,它以无罪推定原则为本源,以人权保障和法治精神为导向,并将非羁押作为主导而将羁押作为辅助。“由于保释反映了现代刑事诉讼人权保障的共同需要,并且可以节约国家为羁押人犯所必须支付的财政开支及管理上的自愿,因而逐步为大多国家所认可。”[①]联合国《公民权利和政治权利国际公约》第9条第3款规定,任何因刑事指控被逮捕或者被拘禁者有权要求保释,等候审判的人受监禁不应作为一般原则。

5. 决定逮捕权仍然归属于审判机关,继续深化审判机关的刑事案件受理立案登记部门和刑事审判部门双重的羁押必要性审查和决定逮捕权审查,为有证逮捕权收归法院行使先行试验并积累经验。可以试行另由立案登记部门以听证的模式先行审查羁押必要性问题。刑事审判部门在办理案件时,可以依职权,也可以对检察公诉部门或者被告人一方的变更强制措施申请,通过庭前会议的模式作出是否继续羁押的决定。

6. 取消刑事拘留,保留治安拘留和司法拘留;治安拘留适用于治安案件,司法拘留适用于民事案件和执行案件。

7. 全面推行轻微案件认罪认罚速裁程序,审判机关另行组成审判部门独立审查轻微的认罪认罚速裁案件,以此配套因羁押期限缩短造成的诉讼流程加速,并为此后将审判机关分立为治安法院和地方法院积累经验,以提高司

---

① 宋英辉、孙长永、刘新魁:《外国刑事诉讼法》,法律出版社2006年版,第63页。

法效率,集中司法精力审理重大、疑难、复杂案件。

第三步(前期进路式革新成熟后施行,见图8):无证逮捕权由侦查部门行使,但若须进一步羁押的,必须在短时间(24小时)内向检察机关报告,并申请取得继续羁押令状方可继续羁押,检察机关作出的继续羁押令状期限严格限制,控制在7天以内;有证逮捕权由治安法院的治安法官(司法官)审查批准,侦查羁押期限以2个月为限,需要延长羁押的,应报请治安法院再次审批,再次审批以两次为限。审查批捕的检察官转录为治安法院的治安法官(司法官),原来基层法院的部分法官也转录为治安法院的治安法官(司法官)。地方法院(原基层法院)在审理案件时,根据公诉机关提出的羁押意见或者被告人一方的变更羁押申请,有权审查羁押必要性并作出决定;也可以依职权自行审查羁押必要性,决定是否羁押被告人。据此全面实现有证逮捕决定权(以及提起公诉后的继续羁押令)的审判化模式。

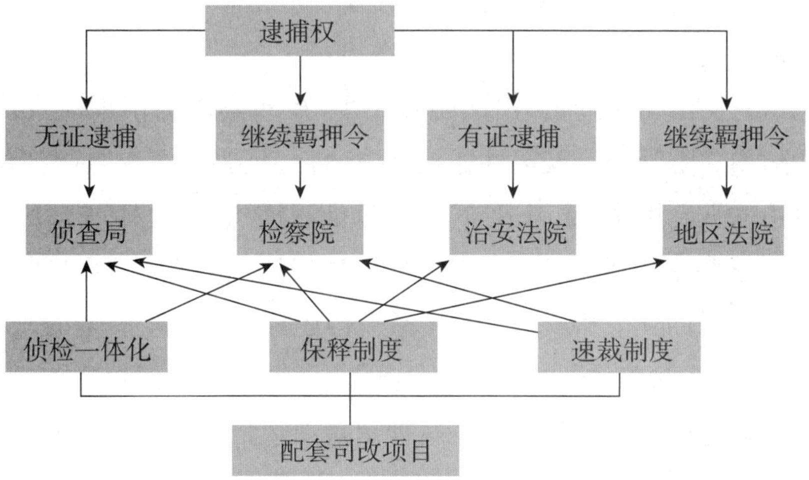

图8　步骤三之图景解析

审查批准逮捕的检察官和审查羁押必要性的法官以及认罪认罚轻微刑事案件的速裁法官组成治安法院(仅在基层一级设立),职权包括逮捕证的批准、治安案件和认罪认罚轻微刑事速裁案件的审理。

关联的配套性构思以及必要的简略解析如下:

1. 修改《刑事诉讼法》,规定无证逮捕的适用条件、情形以及对应的程序等;规定继续羁押令的提请程序、适用条件、期限以及对应的程序等;规定有证逮捕的审查模式、适用条件、期限以及对应的程序等;规定无证逮捕、继续羁押令、有证逮捕的人权保障措施和救济路径。在修改《刑事诉讼法》后，最高人民法院、最高人民检察院就各自职权范围内的规范性内容的具体执行规则制定司法解释。

2. 公安机关按照职能分立为两个职能机构：一个管理行政性事务，包括户籍、出入境、消防、安保等职能，暂称为（行政事务）警察局；另一个负责刑事案件的侦办，职能范围包括当前所称的刑事案件、治安案件以及交通案件等，暂称为（案件）侦查局。检察机关与（案件）侦查局全面衔接，检警一体化办案；检察机关与职务犯罪侦查机关（监察委）也要全面衔接，也实现一体化的办案模式。

3. 对于犯罪嫌疑人、被告人接受指控的治安性质案件以及轻微刑事案件，（案件）侦查局可以直接向治安法院提起诉讼。检察官一般只负责重罪案件（法定刑为3年有期徒刑以上刑罚）以及不属于速裁案件的其他轻微刑事案件的审查起诉。此外，如果侦查局认为案件应当移交检察院的起诉或者检察院认为由其起诉更为妥当的，也可以由检察官审查起诉。

4. 拘留只保留司法拘留，由法院在民事、行政案件的审理以及执行案件的审理中适用。不管是治安案件还是刑事案件，只要是涉及限制被侦查对象的人身自由的强制措施，通用逮捕（包括有证逮捕和无证逮捕）。无论是无证逮捕还是有证逮捕，都要求侦查人员有“合理根据”相信发生了犯罪并且嫌疑人就是实施犯罪的人。因此，法律解释机构还要对“合理根据”作出限定解释，以免滥用逮捕标准，同时要制定对应的救济措施和救济程序。

5. 全面实行逮捕前置主义以及羁押令状主义，全面推行保释制度。

行政“黑名单”的法律属性及其行为规制*

李明超**

内容提要

行政“黑名单”是一种新型的行政处罚措施，其行为模式具有复合性，处罚措施的适用具有特殊性。当前行政“黑名单”行为实施存在重大的法治难题，主要表现为行政“黑名单”行为依据的合法性危机、行为过程的规则缺失以及行为对象的权益保障不足。按照功能主义制度框架下规范主义的行政“黑名单”行为规制路径，应当严格限定“黑名单”列入标准，审慎设定惩戒措施，补强管理程序，建立健全信用修复和信用信息权益保障机制。

关键词 “黑名单” 法律属性 行政处罚 行为规制

“黑名单”作为社会信用管理的一项特别机制，被广泛应用于行政、民事和司法领域。行政领域的“黑名单”制度，一般是指行政机关通过对违反法律法规的行为主体设置“不良行为记录”，以一定方式向社会公布，并对其相关行为或权利予以限制的综合性监管措施。① 虽然中央层面出台了专门的指导

---

* 本文发表于《学术研究》2020 年第 5 期。收录于本书时，文字略有改动。

** 李明超，深圳大学法学院助理教授，硕士生导师，主要研究方向为行政法与行政诉讼法学。

① 范伟：《行政黑名单制度的法律属性及其控制——基于行政过程论视角的分析》，载《政治与法律》2018 年第 9 期。

性文件,但至今尚未出台针对行政“黑名单”的高位阶立法,其法治化程度较低。行政机关推进“黑名单”制度,不仅应当注重其“有效性”,还应当高度重视其合法性和科学合理性。[①] 目前关于行政“黑名单”的理论研究也较为滞后,现有研究主要从两个角度展开:一是现象分析,主要针对实践现状分析行政“黑名单”的特点、类别、功能与规范要求;[②]二是学理分析,主要对行政“黑名单”的功能价值、法律性质、设定依据、规制方式等进行理论上的分析。[③] 本文拟从规范分析的角度切入,在系统梳理行政“黑名单”制度规范的基础上,[④]揭示行政“黑名单”的法律属性及其行为特点,讨论行政“黑名单”行为实施过程中存在的法律难题,进而提出完善行政“黑名单”制度的法治化路径,希冀对行政“黑名单”制度的规范化提升有所裨益。

一、行政“黑名单”的处罚措施属性及其行为特点

虽然学界对于行政“黑名单”的法律属性尚未达成一致意见,但现有研究大都认同行政“黑名单”是一种行政处理行为。至于行政“黑名单”属于何种类型的行政行为,主要有四种观点:一是关注惩戒行为的行政处罚说;二是着眼于公布行为的行政强制说、行政指导说、声誉罚说、公共警告说;三是专注实际效果的类型化说;四是着眼于行政过程论的多阶段行为性质说。[⑤] 总体上,现有研究主要从行政行为形式论和行政过程论的角度对行政“黑名单”的

---

① 杨建顺:《“黑名单”亟待法律规制》,载《检察日报》2018 年 9 月 19 日,第 7 版。

② 代表性研究成果参见胡建淼:《“黑名单”管理制度之“黑名单”不能“黑上”》,载《人民法治》2017 年第 4 期;刘平、史莉莉:《行政“黑名单”的法律问题探讨》,载《法治论丛(上海政法学院学报)》2006 年第 2 期;张家宇:《经济法语境下黑名单制度滥用的法律规制——基于案例的整理与研究》,载《中南大学学报(社会科学版)》2016 年第 4 期;温洪超、王素敏:《旅游黑名单制度的实践困境探讨》,载《南海法学》2017 年第 5 期;等等。

③ 代表性研究成果参见胡建淼:《“黑名单”管理制度——建立和实施“黑名单”要符合法治原则》,载《人民法治》2017 年第 6 期;倪寿明:《公布“失信者黑名单”的三重价值》,载《中国党政干部论坛》2013 年第 12 期;曾祥华:《消费品黑名单制度与人的尊严》,载《江南大学学报(人文社会科学版)》2016 年第 6 期:兰皓翔:《行政黑名单制度研究:一个权利保护的视角》,载《山东行政学院学报》2017 年第 1 期;等等。

④ 本文以“黑名单”为“标题关键词”在“北大法宝”中进行搜索,共获得 205 件制度规定。经过筛选后,现行有效的制度规范共计 91 件,以此作为本文的制度分析样本(搜索日期截至 2019 年 8 月 15 日)。

⑤ 范伟:《行政黑名单制度的法律属性及其控制——基于行政过程论视角的分析》,载《政治与法律》2018 年第 9 期。

法律属性进行探讨,各种学说最大的分歧在于行政“黑名单”是一种行政处罚措施还是一种非行政处罚方式。

《行政处罚法》(2017 年)第 8 条[①]对行政处罚的种类作了列举规定,包括警告、罚款、没收违法所得(非法财物)、责令停产停业、暂扣或者吊销许可证(执照)、行政拘留以及法律、行政法规规定的其他行政处罚。单纯从外在形式标准看,行政“黑名单”并不属于典型的行政处罚措施。那么,其是否属于法律、行政法规规定的“其他行政处罚”? 在行政法学理上,行政处罚与其他行政行为最大的不同在于行政处罚的制裁性与不利处分性。[②] 首先,行政处罚的制裁性建立在违法行为基础之上。行政“黑名单”主要针对行政相对人的“不良行为记录”,而“不良行为记录”的产生主要是因行政相对人违法被追究行政责任或刑事责任的行为。其次,行政处罚的制裁性会对违法行为人的权利产生不利处分。行政“黑名单”的惩戒措施主要包括:(1)取消各类政策性支持;(2)取消有关名誉、称号;(3)取消或暂停资质资格;(4)降低资质等级;(5)取消各类评奖评优资格;(6)禁止从事某些活动。这些惩戒措施具有极强的制裁性,会直接导致行政相对人的人身权、财产权等合法权益受到限制或者剥夺。可见,行政“黑名单”兼具制裁性与不利处分性,属于“其他行政处罚”的范畴。当然,从不同的角度观察,行政“黑名单”还具有指导性、警示性、普法性等特征。但是,这些特征都不是行政“黑名单”的核心特征,其最突出的特征在于其惩罚性。而且,行政“黑名单”是一种新型的行政处罚措施,其行为模式具有复合性,处罚措施的适用亦具有特殊性。

(一)行政“黑名单”行为模式的复合性

相比较一般行政处罚“违法 + 处罚”的行为模式而言,行政“黑名单”的适用呈现一种更为复杂的复合式结构。具体来说:

1. 从行政“黑名单”的适用条件来看,呈现出“违法制裁 + 信用惩戒”的复合结构。根据现有的制度规定,行政“黑名单”主要适用于因违法而受到行政处罚或者刑事处罚的严重违法行为。也就是说,对于同一个违法行为,行

---

① 2021 年修订的《行政处罚法》于本文成稿时还未生效。此处第 8 条对应 2021 年修订后第 9 条。——编者注

② 胡建淼:《“黑名单”管理制度——行政机关实施“黑名单”是一种行政处罚》,载《人民法治》2017 年第 5 期。

为人在被列入行政“黑名单”之前,就已经受到相关法律制裁。然后,该“违法制裁信息”被转化成为“不良行为信息”,进而继续适用行政“黑名单”的失信惩戒措施。事实上,行政“黑名单”惩戒措施的适用是对行为人同一违法行为的再次制裁。但是,这并不违反“一事不再罚”原则的基本要求:一方面,被列入行政“黑名单”的违法行为,因其同时违反了多个没有竞合关系的法律规范,可以依照不同规范给予多次不同种类的处罚;[①]另一方面,行政“黑名单”的惩戒措施不包括财产罚的类型,并不违反《行政处罚法》(2017 年)第 24 条[②]关于“对当事人的同一个违法行为,不得给予两次以上罚款的行政处罚”的规定。

2. 从行政“黑名单”的适用过程来看,其呈现“不良行为信息认定公示 + 联合惩戒”的复合结构。透过行政过程论的视角,可将行政“黑名单”适用过程简化为两个主要阶段:一是不良行为信息的认定与公示阶段。“黑名单”认定机关对当事人的违法行为信息进行甄别认定,将其转化成为“不良行为信息”,并对外予以公示。二是联合惩戒措施的适用阶段。对于列入行政“黑名单”的当事人,有权行政机关可以按照各自职能分工依法采取失信联合惩戒措施。

3. 从行政“黑名单”的适用结果来看,呈现出“声誉罚 + 行为罚/资格罚”的复合结构。行政“黑名单”制定后都要予以对外公开,公布的信息主要包括违法信息和惩戒信息。这些信息的公布属于声誉罚的范畴,其主要处罚的对象是个人的名誉、信誉,信息的公布会对当事人产生精神上的压制,使其迫于舆论压力而不敢再犯。[③] 同时,被列入“黑名单”的当事人还要接受联合惩戒,惩戒措施主要包括行为罚和资格罚两种类型。其中,禁止从事某些活动或项目属于行为罚的范畴;取消各类政策性支持、名誉称号、评奖评优资格等属于资格罚的范畴。

(二)行政“黑名单”处罚措施适用的特殊性

相较一般的行政处罚措施,行政“黑名单”处罚措施的适用有其突出的

---

① 陈无风:《穿行于一罚和多罚之间——论“一事不再罚”原则之内涵》,载《行政法学研究》2006 年第 2 期。

② 对应 2021 年修订后本法第 29 条。

③ 赵旭东等:《黑名单制度》,中国法制出版社 2018 年版,第 242 页。

特点：

1. 处罚与教育并重。《行政处罚法》(2017 年)第 5 条[①]确立了“处罚与教育相结合”的基本原则，但是，在行政机关的日常执法活动中普遍存在“重处罚轻教育”的现象。行政机关的重罚属于被动消极的威慑式教育，主要关注惩罚机制的“镇压”效应，而忽视了惩罚机制可能产生的一系列积极效应，[②]这并不能起到引导公民积极守法的作用。相较而言，行政“黑名单”更加注重教育目的的实现。从其实施过程来看，行政“黑名单”制度设置了信用修复机制，[③]被列入“黑名单”的违法者通过主动纠正失信行为、积极整改违法行为、消除不良社会影响、参与志愿服务或慈善捐助等方式修复信用的，可以提前向“黑名单”制定主体申请退出黑名单。信用修复是一种积极的正向式教育，这不仅使违法者从内心对人性化的执法方式产生感激，更使其从良心上进行自我谴责，可以更好地鼓励违法者主动改正违法行为，更加积极自觉地守法。

2. 处罚措施的法律效果主要面向未来。行政处罚是行政机关针对行政相对人的违法行为结果而做的事后处理。但是，行政“黑名单”联合惩戒措施的适用是面向未来发生法律效力，其并不是对违法行为结果的直接处理，而是对当事人未来从事某些活动的行为能力或者资格的限制。例如，取消各类评奖评优资格是提前取消了当事人参与各类评奖评优活动的资格；禁止当事人从事某些活动，则是提前对当事人参与某些活动的行为能力进行了限制。

3. 处罚措施的适用具有持续性。行政“黑名单”联合惩戒措施的适用在时间上具有持续性，一般与当事人被列入“黑名单”规定的期限相一致。在“黑名单”存续期限内，各行政机关在其职责权限范围内都可以采取相应的惩戒措施；而且，这些惩戒措施对当事人权利或者行为的限制一般会持续到“黑名单”期限届满之日。

---

① 对应 2021 年修订后本法第 6 条。

② [法]米歇尔·福柯：《规训与惩罚》，刘北成、杨远婴译，三联书店 2003 年版，第 24 - 25 页。

③ 代表性制度参见《旅游市场黑名单管理办法(试行)》第 15 条、《福州市信用红黑名单管理暂行办法》第四章、《温州市失信黑名单管理办法》第四章等。

二、行政“黑名单”行为实施的法治难题

当前行政“黑名单”制度建设尚处于摸索阶段，笔者搜集的 91 件制度文本中，有 55 件是以“试行”或者“暂行”命名。虽然行政“黑名单”制度已具雏形，但制度规定较为简略，其中 20 条以下的制度规定共有 73 件(占 80.2%)，制度内容尚需进一步规范化、科学化和精准化。

(一)行政“黑名单”行为依据的合法性危机

公权力主体实施的信用惩戒主要针对不遵循法定义务的失信行为，产生公法上的不利后果。[①] 依法行政在原初意义上，要求行政必须受代表民意的立法机关规则的约束。[②] 但当前的行政“黑名单”制度多数是由行政规范性文件创设的，其面临的首要问题就是与依法行政原则不符。这主要体现在两个方面：

1. 列入行政“黑名单”的法律依据宽泛且法律位阶较低。以信用惩戒为中心的行政“黑名单”制度实际上是对公民违法行为的二次处罚或者限制，[③] 会对公民的自由和权利造成较大的侵害。《立法法》第 82 条明确规定了“法无授权即禁止”的原则，即在没有法律、行政法规、地方性法规依据的情况下，地方政府规章不得设定减损公民、法人和其他组织权利或者增加义务的规范。实践中，对于行政“黑名单”的认定依据，虽然中央部委与地方部门并未形成统一的标准，但大都倾向于采用较宽泛的认定标准，这存在两方面突出的问题：一是违法性标准中“法”的范围过于宽泛，包括了大量的行政规范性文件、行业标准、财经纪律等，在无高位阶法律规范约束的情况下，行政“黑名单”极易被滥用；二是违法性标准多元，严重违法标准与多次违法标准所涵盖的违法行为范围并不相同，多次违法标准包括了严重违法行为和一般违法行为，其适用对象更为宽泛，这种地区间标准的巨大差异会导致“同一违法行为被不同对待”现象的出现，有违公平、公正法律原则的基本要求。

2. 设定与实施惩戒措施的法律依据不明确。行政“黑名单”的惩戒措施

① 王伟：《失信惩戒的类型化规制研究——兼论社会信用法的规则设计》，载《中州学刊》2019 年第 5 期。

② 沈岿：《社会信用体系建设的法治之道》，载《中国法学》2019 年第 5 期。

③ 沈毅龙：《公共信用立法的合宪性考察与调整》，载《行政法学研究》2019 年第 1 期。

会直接限制公民自由和权利的实现，应当依法审慎设定。首先，惩戒措施的设定和实施应遵循不当联结禁止原则的要求，[①]不同的违法行为与其所对应的惩戒措施之间应当有恰当的联结，以避免通过无关且严厉的惩戒措施进行过度规制；同时，要精准把握惩戒实施主体与惩戒行为和惩戒对象之间的密切关系，以防止无事务管辖权的行政机关随意介入联合惩戒。其次，惩戒措施的设定和实施还应遵循比例原则的要求，把握好惩戒措施设定的“轻重度”，使其既能实现惩戒效果又能达到营造良好信用环境激发惩戒主体积极性的目的。但是，现有惩戒措施的设定和实施较为混乱：一是设定依据不明确，绝大部分制度规定未明确设定惩戒措施的法律依据，各种惩戒措施设定的合法性有待商榷；二是实施主体不明确，绝大部分制度规定并未明确每种惩戒措施的实施主体，职权主体不明确使得联合惩戒目的无法有效实现；三是适用条件不明确，每种惩戒措施都有不同的适用对象和适用情形，但现有制度未予以明确规定，极易导致惩戒措施被乱用、滥用。

（二）行政“黑名单”行为过程的规则缺失

行政“黑名单”行为的实施会对违法行为人的自由、财产造成一定程度的侵害，其实施必须遵循正当的法律程序，行为过程在程序上必须满足最低限度的公平。[②] 对于任何行政行为的程序来说，排除偏见、听取意见和说明理由三项要素缺一不可。[③] 虽然现行制度规定对违法行为人的陈述申辩程序以及“黑名单”的信息公开程序作了规定，但相关制度规定较为碎片化，尚未形成完整的行政“黑名单”管理程序。这主要存在三方面的突出问题：一是“黑名单”的列入程序残缺。现有制度尚未对“黑名单”的列入程序作系统规定，特别是行政机关的说明理由程序缺失，这会对行政“黑名单”行为的合法性造成直接影响。二是“黑名单”期限设定混乱，缺乏统一规则。行政“黑名单”的期限规定一般从 3 个月至 7 年不等，各地的期限设定没有统一的规则和标准，不符合程序公正原则的基本要求。三是评估反馈程序缺失。完整的行政“黑名单”管理程序应当包括事后的跟踪、监测、评估机制，以便及时调整制度

---

① 王留一：《禁止不当联结：内涵界定与司法适用》，载《福建行政学院学报》2017 年第 4 期。

② 王锡锌：《正当法律程序与“最低限度的公正”——基于行政程序角度之考察》，载《法学评论》2002 年第 2 期。

③ 刘东亮：《什么是正当法律程序》，载《中国法学》2010 年第 4 期。

内容,但是目前并未有相关制度规定,主要程序的缺失会对“黑名单”后续管理行为的合法性产生重大影响。

(三)行政“黑名单”行为对象的权益保障不足

现代行政必须以尊重人的主体性为前提,以充分保障行政相对人的人尊严与权利。[①] 行政“黑名单”作为一种新型的处罚措施,其适用方式的特殊性及适用期限的持续性,对违法行为人造成的损害往往大于一般的行政处罚措施;因此,应当特别注重对违法行为人合法权益的保障。但是,现有制度对违法行为人权益保障的规定较为缺乏,这主要体现在两个方面:

1. 信用修复机制规定极为简略。信用修复机制允许违法失信人在满足一定条件后恢复正常信用,这契合保护权利人利益、提升行政效率和优化公共秩序的法益目标。[②] 行政“黑名单”信用修复机制的建设应当坚持失信惩戒与教育关爱相结合、违法行为修复与失信信息修复相结合的原则。但是,在现行制度中,只有极个别地方的制度规定了信用修复机制;而且,现有规定也极为简略,缺少对于信用修复的方式、内容和程序的系统性规定,使其“惩罚与教育”并重的制度功能难以实现。

2. 个人信用信息权益保障机制不健全。从世界范围观察,个人信息保护的立法正悄然超越原有的隐私权保护的狭窄范畴而逐步转向个人信息的自决权基础。[③] 个人信用信息具有独立性,兼具人格属性与财产属性。[④] 行政“黑名单”的制定和实施都是以失信信息为基础的,但是,现有制度规定是以失信信息的搜集、认定、发布、运用和管理为中心,而忽视对个人信用信息权益的保障。具体来说,一是个人隐私保护不足,现有制度对“黑名单”信息公开范围和方式的规定不明确,也未建立信用信息查询使用登记和审查制度,违法行为人的个人隐私极易遭到泄露和侵害;二是信用信息更正机制不健全,现有制度中“黑名单”信息异议申诉以及信息变更的制度规定缺失,剥夺

---

① 章剑生:《现代行政法目的的新阐释——基于以人为本的行政理念》,载《求是学刊》2009 年第 6 期。

② 胡元聪、闫晴:《纳税信用修复制度的理论解析与优化路径》,载《现代法学》2018 年第 1 期。

③ 吴旭莉:《大数据时代的个人信用信息保护——以个人征信制度的完善为契机》,载《厦门大学学报(哲学社会科学版)》2019 年第 1 期。

④ 白云:《个人信用信息分类保护研究》,法律出版社 2013 年版,第 16 - 29 页。

了违法行为人申请更正错误信息的权利；三是信用信息侵权责任追究机制不健全，现有制度并未明确规定“黑名单”管理行为导致违法行为人权益受损时的申诉救济渠道，违反“有权利必有救济”原则的基本要求。

三、行政“黑名单”行为规制的法治化路径

行政“黑名单”制度是伴随社会信用体系建设产生的，其制度内容具有明显的功能主义导向。但是，现有制度的规范化程度较低，并未体现“法治原则之下有限政府”的规范理念。法治对于信用有显著的“功能支撑”作用，[①]规范主义控权模式注重规则之于权力的规制效果，强调法律的规则之治。[②] 对当前行政“黑名单”制度的完善应当在功能主义制度框架下按照规范主义的法治路径进行系统建构。

（一）严格限定列入标准

以信用惩戒为中心的“黑名单”制度实际上是对公民违法行为的二次处罚或者限制。[③] 从权利保障角度看，行政“黑名单”的制定必须要有法律依据，应当遵守法律保留原则的基本要求，即在行政权侵害公民自由权利或者对公民课予义务负担等不利益情形时，需要有法律依据。[④] 这里的法律依据应当严格限定在法律、行政法规和地方性法规范畴内。同时，行政“黑名单”的列入范围必须严格限制，并不是所有的违法行为都可以被列入“黑名单”，应当遵循比例原则的基本要求进行分级管理，在认定“黑名单”时要充分考虑违法行为的性质及其后果，避免过罚失当。[⑤] 具体来说，首先，“黑名单”失信惩戒主要针对严重违法行为，各地方行业主管部门应当梳理现行法律、行政法规和地方性法规中的严重违法条款，先行制定地方行业“严重违法条款清单”，在此基础上逐步形成国家统一标准。其次，对于一般违法行为，由于其违法情节和社会危害性较小，即使是在多次违法的情况下，也不应直接将其

---

① 王若磊：《信用、法治与现代化经济增长的制度基础》，载《中国法学》2019 年第 2 期。

② ［英］弗里德里希·冯·哈耶克：《自由与秩序原理》（上册），邓正来译，三联书店出版社 1997 年版，第 201 页。

③ 沈毅龙：《公共信用立法的合宪性考察与调整》，载《行政法学研究》2019 年第 1 期。

④ 翁岳生编：《行政法》（上册），中国法制出版社 2009 年版，第 193 页。

⑤ 罗培新：《遏制公权与保护私益：社会信用立法论略》，载《政法论坛》2018 年第 6 期。

列入“黑名单”，而应当设置警示或者整改机制，将其列入“重点关注名单”予以管理。最后，对于不文明行为等轻微的违法行为，无须列入“黑名单”予以制裁，可由道德舆论予以规制。①

（二）审慎设定惩戒措施

行政“黑名单”惩戒措施的设定应当遵循基本的法律规则。首先，根据《行政许可法》第二章的规定，只能由法律、行政法规设定限制违法行为人从事特定行业或限制任职资格的惩戒措施，也只能由法律、行政法规和地方性法规设定限制违法行为人从事特定项目或限制准入资格的惩戒措施。其次，根据《行政处罚法》（2017 年）第 9 条②的规定，只能由法律设定限制违法行为人人身自由或限制出境的惩戒措施。再次，对于撤销或者取消行政奖励、行政补贴资格的惩戒措施的设定，应当根据行政奖励或者行政补贴的来源依据确定，即由同等位阶的立法或规范性文件予以设定。最后，对于取消或限制从事特定民事活动资格的惩戒措施的设定，应当遵循基本的民事法律原则和法律规范。同时，行政“黑名单”惩戒措施的设定应符合基本的技术标准。一方面，惩戒措施的设定应当具有明确性和可操作性，要明确每种惩戒措施适用的违法行为类型和惩戒对象类型，并明确每种惩戒措施适用的职权主体和相关的程序性要求。另一方面，联合惩戒实施主体应当共同制作联合惩戒目录清单或者联合惩戒备忘录，以明确各自职责权限，防止各自为政或互相推诿。

（三）补强管理程序

程序是对行政行为进行控制的有效方式，③行政“黑名单”管理程序的补强可以有效提升行政机关“黑名单”行为的合法性。首先，应当建立一套完整的“黑名单”列入程序，不仅要充分保障违法行为人的知情权、陈述申辩权，还要明确行政机关的说明理由义务和排除偏见义务，以保障行政程序的公开、公平和公正。其次，要合理设定“黑名单”管理期限，应当在对违法行为类型、行为限制措施类型、行业领域和管理成本等因素进行综合考量和评估的基础

① 胡建淼：《谁有权设立“黑名单”？》，载《紫光阁》2015 年第 11 期。

② 对应 2021 年修订后本法第 10 条。

③ 孙笑侠：《法律程序设计的若干法理——怎样给行政行为设计正当的程序》，载《政治与法律》1998 年第 4 期。

上,在能达到惩戒目的的前提下,针对不同违法行为和违法主体分别设定不同的管理期限,以实行差别化管理。最后,要建立“黑名单”评估反馈程序。一方面,要建立在线追踪反馈程序,通过信用信息平台系统监测被列入“黑名单”主体的违法行为改正情况、惩戒措施义务履行情况、信用修复情况等,并根据在线监测反馈信息,及时调整“黑名单”的适用期限、协调联合惩戒措施的适用、更正相关信息等;另一方面,要建立“黑名单”制度实施后评估程序,通过第三方评估机构评估,对“黑名单”制度实施的效果进行评估,着重就“黑名单”制度的合法性、合理性、协调性、可操作性和绩效性进行评估,发掘现有制度中存在的不足,并在此基础上不断调整和完善制度内容。

(四)健全信用修复机制

违法失信行为是否可以被修复,主要涉及违法行为的严重程度及其社会危害性。其中,多次一般违法行为被列入“黑名单”的可以被修复;严重违法行为但社会危害性较小的可以被修复;严重违法行为且对公共利益或公共安全造成重大危害的不可以被修复。同时,违法失信行为能否被修复还取决于违法行为人的主观意愿,其他任何组织或个人都无法代替其进行信用修复,只有违法行为人有修复意愿时,才能采取一定行动进行信用修复。对于信用修复的方式,主要有两种类型:一是纠错式信用修复方式,即违法行为只对少数人造成影响时,违法行为人按照规定的期限主动纠正违法行为,通过挽回损失、赔偿损失、消除不良影响等方式,能够获得被侵权人谅解或者有效阻止危害后果发生的;二是补救式信用修复方式,即违法行为对公共利益、公共安全造成较大影响或者违法行为后果不能完全消除时,违法行为人不仅应当在规定期限内改正到位,还应当通过参加信用修复专题培训、提交信用报告、参与社会公益服务等方式修复信用。

(五)建立信用信息权益保障机制

信用信息主体对本人信息具有控制权,享有本人信息的知情权、更正权和异议权,这是信用信息公正准确的重要保障。[①] 首先,要明确“黑名单”信息公开的尺度。以同意权开始,以“被遗忘权”收尾的一整套个人数据权利建

---

① 李朝晖:《个人征信中信息主体权利的保护——以确保信用信息公正准确性为核心》,载《法学评论》2008 年第 4 期。

立在“个人信息自治”的理念之上。[①] 个人信用信息是否以及能在多大程度上予以披露，主要取决于公共利益的需要，应当综合考虑违法行为性质、信息的时效性和披露对当事人的影响，不得过度曝光。其次，要建立信用信息查询使用登记和审查制度。公民、法人和其他组织申请查看的“黑名单”数据库信息应当与其自身生活、生产经营活动相关或有其他正当理由，并提交书面申请材料和相关身份证明；查看信息时，应当由保存机关工作人员现场陪同，未经保存机关同意不得擅自复制、翻拍相关数据信息。再次，要建立信用信息更正机制。违法行为人认为“黑名单”信息存在错误、遗漏或者侵犯个人隐私、商业秘密以及其他合法权益时，可以通过书面形式向“黑名单”认定主体提出异议申请，并提交相关证据材料；认定制定主体应当及时对相关证据材料进行调查核实，并将处理结果告知异议申请人。最后，要明确信用信息侵权救济渠道。被列入“黑名单”的违法行为人认为其合法权益遭受行政机关“黑名单”列入、惩戒等管理行为损害的，可以通过行政复议、行政诉讼或行政赔偿等方式寻求救济。

① 刘文杰：《被遗忘权：传统元素、新语境与利益衡量》，载《法学研究》2018 年第 2 期。

司法责任制背景下审判团队建设研究

——“福田模式”的递进与优化

深圳市福田区人民法院课题组*

内容提要

在改革新形势下，如何完善审判团队的组建模式、细化权责范围、优化监管、考核机制，形成高效运行、规范有序、监督有力的审判团队，促进司法更加公正、高效、权威，已成为亟待研究解决的问题。福田法院作为在全国最早探索审判团队工作机制的法院，自2012年以来不断从实践经验中探索总结并优化调整审判团队建设模式，实现从1.0版本至3.0版本的逐步升级，形成了具有实践应用价值的改革经验。本课题通过对改革背景下各级法院审判团队建设的现状进行考察，发现并对当前审判团队建设存在的短板进行分析，提出完善审判团队建设的相关对策，并以福田法院的实践经验为模板，解构新型审判团队建设的相关路径。

关键词 司法责任制 审判团队 “福田模式”

一、命题的提出

当前，司法责任制改革已经在全国各级人民法院普遍铺开，审判团队建

---

* 课题主持人：陈新哲；课题组成员：陈新哲、徐骏、蔡洁伟、杨潍陌、潘胜云；执笔人：徐骏、蔡洁伟、杨潍陌。

设作为落实司法责任制、优化法院人力资源配置、提高审判绩效的关键、有力举措,也不断在全国各级法院得到推行。灵活多样的审判团队建设实践在取得积极成效的同时,反映了改革中存在的一些问题,如组建的客观条件不足、运行中分工不够精细、管理效能不高、考核不够完善、责任追究不够明确等。根据当前的改革形势,确有必要对审判团队建设的理论基础、经验做法和存在的问题与困难进行总结研究,从而提出相关的完善建议。同时,审判团队建设自 2015 年最高人民法院在《关于完善人民法院司法责任制的若干意见》(以下简称《意见》)中提出“探索”到 2019 年在《关于深化人民法院司法体制综合配套改革的意见》中要求“加强、完善”,其已经成为“健全以司法责任制为核心的审判权力运行体系”改革中的关键步骤。[①] 随着审判团队的内涵被不断丰富,审判团队建设在人力配置、动态调整、职责明确、协同分工、监督管理、考核评价等方面也均需要进一步的完善与发展。

(一)审判团队的内涵及特征

“团队”的概念来自西方管理学,一般教科书将其定义为“为了实现某一目标而由两个或者两个以上相互协作的个体按照一定规则结合在一起的组织”[②]。而“审判团队”,则是为团队这一组织作了职业功能的限定。结合最高人民法院在《意见》中及在“司法改革热点问答”[③]中的表述,课题组对审判团队作如下的概念界定:“审判团队是以高效、优质完成审判任务为目标,以法官为主体,配备一定数量的法官助理、书记员及其他审判辅助人员组成的相对固定、密切协作的办案、管理单元。”

从实践中审判团队的制度设计来看,其具备以下几个特征:一是以法官为中心。司法责任制改革是司法改革必须牢牢牵住的“牛鼻子”,是深化司法改革的核心和关键。审判团队建设目的就是要突出法官的主体地位、强化法官的审判性职能,做到“让审理者裁判,由裁判者负责”。审判团队实际是法

---

① 《最高人民法院关于深化人民法院司法体制综合配套改革的意见——人民法院第五个五年改革纲要(2019—2023)》,载中华人民共和国最高人民法院网 2019 年 2 月 27 日,http://www.court.gov.cn/zixun-xiangqing-144202.html。

② [美]斯蒂芬·P. 罗宾斯、[美]戴维·A. 德森佐、[美]罗伯特·M. 沃尔特:《罗宾斯谈管理》,樊登、徐文译,机械工业出版社 2016 年版,第 250 页。

③ 最高人民法院:《“司法改革热点问答”(一)》,载新浪网,http://news.sina.com.cn/sf/2017-04-10/doc-ifyecezv2925746.shtml。

官的办案团队，是以法官为中心开展审判活动的办案团队。二是以高效、优质完成审判任务为目标。成立审判团队的初衷之一即推进审判活动提质增效，团队的组建、运行均需围绕这一目标进行。三是成员相对固定、密切协作。构建团队的意义即在于分工负责，共同协作，从而提高一项工作的完成效率。厘清团队各成员间的职责范围、分工模式，优化团队人员配置，建立双向选择、相对固定的模式可以让团队成员之间沟通配合更为契合，充分发挥团队优势。

（二）组建审判团队的内在逻辑

1. 审判权运行机制改革的应然要求

从历史沿革来看，我国法院组织管理模式脱胎于行政体制，审判权运行呈多主体、层级化、复合式特点。① 这种行政化的审判权力运行机制带来不少弊端，因此自“一五改革”开始，审判权力运行的去行政化一直是改革的重点和方向，审判团队也据此应运而生。一是降低管理层级，使组织管理结构扁平化。将原本从院长、副院长、庭长、副庭长至合议庭的金字塔型管理层级降级，行政管理与司法审判事务相分离，剔除影响审判权独立运行的干扰因素。二是保持审判权的判断属性，审判权力直接下放至审判团队。审判团队以法官为审判权运行主体，弱化院庭长对案件的审批权限，也由法官本人对案件负责。

2. 司法实践的现实需要

司法责任制改革尤其是法官员额制改革之后，原有的庭室架构和审判权力运行机制已不适应新的要求，组建审判团队是审判实践的现实需要。一是有助于缓解人案矛盾。以福田法院为例，自 2013 年 12 月建立新型审判团队后，2014 年至 2019 年受理案件数从 39，934 件增至 134，111 件，6 年增幅达 235.83%；人均结案数由 387 件上升至 790 件，增幅达 104.13%。二是有助

① 参见顾培东：《人民法院内部审判运行机制的构建》，载《法学研究》2011 年第 4 期。所谓“多主体”，即审判活动由法院内多个主体参与，从承办法官、合议庭、副庭长、庭长、副院长、院长乃至审委会，各主体都可以参加审判活动中，并对案件的实体裁判产生不同的影响；“层级化”，即法院内合议庭、庭长、院长以及审委会之间构成类似于行政科层的层级化设置，各层级具有明确的从属关系，并且这种从属关系的效应常常体现在案件的实体裁判过程中；“复合式”，即同一案件在同一审级法院内往往需要经历多个主体和多个层级的复合评价，才能形成最终的裁判意见。

于提高审判质效。审判团队模式能够根据案件繁简程度,设置不同类型的团队,做到简案快办、繁案精审,从而提高审判效率。同时,以法官为核心的审判团队,能够充分发挥团队的集体合力,由法官助理、辅助人员承担大量程序性、辅助性事务,将法官从其他事务性工作中解放出来,投入核心审判工作中,提高案件质量水平。

3. 专业化模式的发展方向

扩大法官在审判过程中的权力,就要求法官的职业化、专业化作为履职保障。团队专业化包含两个方面:一是审判团队的内部成员,法官、法官助理和辅助人员等应当经过专业的司法训练且权责分明、分工明确、各司其职;二是审判团队呈现类型化、专业化特征,能够根据不同专业的审判领域优化审判资源配置,有利于培养专家型法官、为同类案件形成标准相对统一的裁判标准。

二、改革背景下审判团队建设的现状考察

课题组通过对自2015年以来全国各地构建审判团队的一些经验做法进行考察,梳理各地法院审判团队的组建模式、运行机制、考核方式后发现,各地法院在形成了一批具有代表性的审判团队建设经验外,也都遇到了一些共性的问题与困难。

(一)国内审判团队建设的现状考察

1. 组建模式

课题组在调研中发现,各地法院审判团队的组建模式基本上可以分为三类:一是以案定人的方式,即以"1+N+N+X"(各地根据案件数量、类型、繁简程度设置不同的人员配比,一般是以一个法官为中心)的方式组建审判团队。二是以原审判庭的组织结构为框架,即以"N+N+N"的模式重新构建审判团队。这种类型的审判团队一般由3~5名相对固定的法官组成,也能够组成相对固定的合议庭。三是上述两种模式的综合(见表1)。

表1　各地法院审判团队的组建模式

法院名称	组建模式	依据
深圳前海合作区人民法院	1名法官+2名法官助理+N名实习助理与N名兼职助理+1名书记员	《深圳前海合作区人民法院关于全面深化法院内部司法行政管理体制改革的若干规定》①
青岛市中级人民法院	3+2+2或4+2+2模式	以现有人员编制进行人员配比②
上海市浦东区人民法院	以1名法官为核心,配备若干辅助人员的审判团队;也可按照合议制办案要求,组建以3~5名法官为核心,配备若干辅助人员的审判团队	《上海市高级人民法院关于在部分基层法院及中院开展审判团队建设试点的实施意见》

2. 管理及考核模式

与组建模式相对应,各地法院审判团队的管理模式也主要有三种:一是由法官独立地对审判团队进行自主管理,审判团队作为基础管理单元;二是审判团队仍然在原审判庭下进行管理;三是团队长与院庭长共同负责制(见表2)。

表2　各地法院审判团队的管理及考核模式

法院名称	管理及考核模式	依据
江苏省徐州市中级人民法院	团队负责人由院庭长指定产生,或由团队成员推举产生,团队负责人除承担审判职责外,还负责团队统筹、协调、监督、管理等事宜;审判团队是审判绩效考核单元	《江苏省徐州市中级人民法院审判团队工作规则(试行)》

① 唐荣、刘畅:《深圳前海合作区人民法院改革纪实》,载法制网,http://www.legaldaily.com.cn/locality/content/2018-03/08/content_7490602.htm。

② 青岛市中级人民法院课题组:《中级法院审判团队配备问题研究》,载《山东审判》2017年第1期。

续表

法院名称	管理及考核模式	依据
青海省高级人民法院	审判团队是建立在审判庭内或审判庭之间的管理性组织,不是审判组织,也不是法院的内设机构;审判团队内人员相对固定,在充分发挥自我管理的基础上,服从院庭长行政管理,院庭长仍然行使对案件的审判监督权和审判管理权	《青海省高级人民法院关于规范组建审判团队的指导意见》
辽宁省葫芦岛市中级人民法院	将副院长、审委会委员、庭长编入合议庭担任审判长,通过主持庭审或主审案件行使审判权,审判长仅在本合议庭内行使审判管理权	变相审判团队形式①

3. 审判团队运行成效分析

各地法院通过组建审判团队,审判质效均有所提升。课题组通过对比不同法院组建审判团队前后同期结案率、上诉率及发改率,以及通过问卷调查的形式对法官主观感受进行调查,发现审判团队在提升审判效率、提高案件质量、分流法官工作压力上均取得一些实效(见表3、表4)。

表3　三法院组建审判团队前后的绩效对比②

绩效 / 法院	同期结案率	平均审理天数	上诉率/发改率
A	增长31.3%	缩短17.2天	降低5.0%
B	增长29.9%	缩短15天	降低4.1%
C	人均结案同比增加119件	缩短14天	降低1.3%

① 张春和、段莉琼:《审判团队业绩评价机制的结构分析与路径整合》,载《法治论坛》2017年第1期。

② 参见各地审判团队改革的相关报道,详见肖黎明、刘希平:《审判长负责制如何解放“审判生产力”》,载《法制日报》2015年12月5日,第4版;王汉超、张毅力:《河南法院推进新型合议庭制》,载《人民日报》2015年5月13日,第4版;等等。

表4　法官对审判团队组建前后的主观感受①

评价主体	主要评价用语	比例
法官 A	组建审判团队后烦琐的事务性工作减少了，助理分摊了如简单文书撰写等大部分辅助性事务，可以集中精力投入开庭和撰写复杂判决的工作，但同时结案压力也相对增加	76.0%
法官 B（团队负责人）	组建团队后大家效率更高了，法官主体地位得到体现，团队负责人更多是统筹管理团队事务，并不签发法律文书，团队能动性得到提高	56.0%
法官 C（院庭长）	以法官为主体的单兵作战能力显著增强，人均结案量有明显提升。院庭长不再对单独案件审理进行干预，一些专业审判问题由团队长会议或者专业委员会解决。但同时存在对法官审判权行使的监督失控问题，没有形成动态化的监督管理模式	92.0%

（二）国内审判团队建设典型案例评析

1. 中山市第一人民法院的社会化服务与审判团队相结合模式

首先，中山市第一人民法院通过购买社会化服务将一般审判辅助性事务与审判核心事务相剥离，从而将法官从繁杂的工作中解放出来；其次，通过“节点化”工作流程，以信息化手段进行智能管理；最后，通过案由差异化，设置审判团队，从而以“社会化服务”与“专业审判团队”两项改革为抓手，解决案件高增量的难题。主要做法如下：

（1）明确范围。除行使判断权和法律规定必须由法院工作人员实施的工作外，将符合政策和法律规定的全部案件事务分离以购买社会服务解决，如案件信息录入、诉讼引导、档案查询、收案分案等。

（2）细分流程。将案件从进入法院到最后发出判决，细分为一个个流程节点，对每个流程节点制作相应的操作规范。

（3）集约化。由专门部门对接社会服务方，将相关事务集约办理。

（4）组建专业化审判团队。通过购买社会化服务，法官只负责“审、判、写”，即开庭、签发文书、撰写部分判决书等核心审判事务。记录等一般操作

① 课题组就法官对审判团队组建前后的主观感受下发并回收了50份调查问卷，选取其中主要的评价用语为共性因素，统计结果见表4。

性事务外包后，传统的书记员角色已不存在，集体转型为法官助理。法官助理负责“管、核、写”，即管理法官案件事务、审核审判服务结果、撰写大部分判决书和其他文书。保留庭设置，依现有编制和人员情况按“3 名法官 + N 名助理”模式设 33 个审判单元。①

2. 北京市朝阳区人民法院的灵活配置模式

北京市朝阳区人民法院在对案件特征、人员结构、办案饱和度进行深入调研分析的基础上，以“因地制宜”灵活设置审判团队的模式，优化、盘活了审判力量。主要做法如下：

(1) 按照繁简分流的思路，组建“1 + 1”的速裁团队，即 1 名法官固定搭配 1 名书记员，推动“简案快审”。

(2) 按照专业化审判的思路，组建“1 + 1 + 1”和“1 + 2 + 1”的专业化审判团队，促进“类案精审”。

(3) 按照集约化管理的思路，组建“1 + N + 1”的集约化审判团队，实现“事务专办”。针对部分审判庭案件数量多、事务性工作负担重的实际情况，在收案量一万件左右的几个民商事审判庭成立审判辅助工作办公室，即在 1 名法官固定配备 1 名书记员的基础上，在庭室内组建服务审判核心业务、对接各个办案单元的辅助工作专门团队，将大部分审判事务性工作交由该团队统一办理，形成了“1 + N + 1”的集约化审判团队组建模式。②

3. 北京市知识产权法院的专业型自治模式

北京市知识产权法院作为第一批知识产权审判专门法院，结合知识产权案件的类型和特点，结合法官专业特长，组建了 50 个专业化审判团队、其中包括 10 个院庭长综合类审判团队、12 个技术类审判团队、8 个著作权类审判团队、14 个普通商标与竞争类审判团队和 6 个商标速审类审判团队。

(1)“1 + 1 + 1”优化配置。专利类案件虽然案件量较少，但是案件难度

① 参见《广东省中山市第一人民法院：以社会化解决操作性事务推进专业审判纵深发展》，载中国法院网 2017 年 7 月 7 日，https://www.chinacourt.org/article/detail/2017/07/id/2916048.shtml；《PPT + 四分钟动画读懂中山第一法院司法改革模式》，载中山市第一人民法院网易号 2017 年 7 月 12 日，http://dy.163.com/v2/article/detail/CP3MTSQK05149LOB.html。

② 参见《北京市朝阳区人民法院：三种审判团队模式全面释放队伍潜能》，载中国法院网 2017 年 7 月 7 日，https://www.chinacourt.org/article/detail/2017/07/id/2916048.shtml。

大,技术判断难、事实认定难。因此,专利团队依然采用“1 +1 +1”(1 名法官 +1 名助理 +1 名书记员)的常规审判团队模式,但在团队成员的选择上,更倾向于具有技术背景的人员。

(2)“1 +2 +4”速审机制。对事实相对清楚、权利义务关系相对明确、程序简单的如商标驳回复审案件,采用了“1 +2 +4”的速审模式。“1”即一个速审服务窗口,主要用于集中提供速审咨询、立案、排期等工作;“2”即速审准备室和材料交换室 2 个工作室,主要负责证据交换、送达等工作;“4”即 4 个一线速审法官办案团队。

(3)“1 +2 +1”及“1 +2 +2”模式。对于著作权、商标及竞争案件这类难度总体不大、体量又比专利类案件多的案件,通过增加法官助理的数量,团队构成向“1 +2 +1”“1 +2 +2”倾斜,能显著提升此类案件的审判质效。

(4)自治管理、自我完善。该院探索创新司法人员分类自治管理,分别成立了法官自治委员会、法官助理自治委员会和聘用制审判辅助人员自治委员会,实行自我教育、自我管理、自我监督、自我完善。①

课题组通过调研发现,上述中山市第一人民法院、北京市朝阳区人民法院及北京市知识产权法院的团队组建模式在全国各地法院实践中具有一定的代表性和先进性,通过对它们的考察分析基本可以概括出实践中审判团队组建的模式和特点。首先,中山市第一人民法院通过详细梳理各审判流程节点,大量购买社会化服务的方式,将流程性的审判事务剥离出去,节省了法院人力成本,甚至取消了书记员的设置。这种方式在一定程度上可以提高法院审判工作效率,并且便于对案件繁简分流,但其弊端在于审判工作虽是一件流程化、体量化的工作,但各环节间仍具有一定程度上的整体性。过于细分的流程性作业可能带来一些环节衔接上的问题,也有碍对案件的整体性把握。其次,北京市朝阳区人民法院作为近 3 年来案件体量最大的基层法院,其审判团队的构建模式可以为全国基层法院提供一些借鉴。审判团队的组建不拘泥于某一种形式,而是根据案件特征、人员结构、办案饱和度等进行灵

① 参见《简出效率:北京知产法院商标速审团队》,载民主与法制网 2018 年 12 月 10 日,http://www.mzyfz.com/cms/benwangzhuanfang/xinwenzhongxin/zuixinbaodao/html/1040/2018 - 12 - 10/content - 1376341.html;《北京知识产权法院:遵循知识产权审判规律打造专业化审判团队》,载中国法院网 2018 年 8 月 29 日,https://www.chinacourt.org/article/detail/2018/08/id/3476785.shtml。

活配置,如对于速裁团队就取消法官助理,对于案件量多的法庭就设置专门的辅助性团队。这种模式方便灵活,较适合基层法院,但同时它对法院的整体管理水平和科学测算案件数量的能力也提出了较高要求。最后,北京市知识产权法院选择了专业化模式,其可以为专业型审判团队的建设提供一些借鉴,即完全根据案件审理的特点和需求进行人员配置,同时考虑到法官的知识领域、层次等专业化特点。团队内部采取自治管理、自我完善的管理模式,为专业型法官的培育及成长留出一定的空间,便于塑造专家型的法官。

三、改革背景下审判团队建设存在的短板分析

(一)设置不科学、不合理

1. 组建模式粗放

审判团队的组建需要对法院收案数量进行科学预估与测算,同时根据案件和法院人员的实际情况科学设置审判团队。一些法院在组建审判团队时,存在不考虑案件类型、层级和地域的差别,在没有进行科学论证的情况下简单将人员随机组合或仅将原有的审判庭直接更名为审判团队而没有改变原有审判权运行模式。审判团队组建模式的粗放导致审判团队"名存实亡",根本没有发挥出审判团队的制度优势。

2. 人员保障不足

一是部分法院司法辅助人员缺口较大。按照《意见》的要求,审判团队的标准模式为"1+1+1",即1名员额法官应配备不少于2名司法辅助人员,但这一比例在部分法院存在难以实现的客观情况。二是聘用制辅助人员稳定性差,引发案件瑕疵的风险系数高。组建审判团队后,辅助人员的大量缺口是由聘任制法官助理、书记员或者购买的社会服务解决的,这部分人员由于待遇条件差、职业认同感不强、责任意识欠缺等原因,往往流动性较高。审判团队缺乏专业化、稳定化的辅助人员,除了造成培育、管理辅助人员的成本高外,还易带来由于监管不当而引发的司法风险。

(二)内部运行效能不高

1. 团队内成员职责不清

审判团队组建的初衷即是将审判核心事务与辅助性事务区分开来,让法官专注于核心事务。但在实践中,区分审判核心事务与辅助事务的标准却不

明确。一般认为,审判核心事务,是指以判断权和裁量权为主的审判事务,如案件事实的认定、法律的适用等。但我国法官助理除了具有一般辅助人员的角色之外,还同时具有"预备法官"的角色。在一些情形下,法官助理也承担审核、梳理证据材料,归纳争议焦点,撰写文书初稿的任务,这些工作很难说不具有判断权的属性。而关于法官助理与书记员之间的职责分工,有学者认为应当二分为司法技术性工作和纯事务性工作:前者需要具备一定的法学理论和法律专业技能,后者是纯粹的事务性工作。[①] 但是这种区分在实践中仍然难以避免分歧,如诉讼保全工作虽需要一些法学专业知识,但专业性质也不会特别强,书记员也同样可以胜任。法官、法官助理、书记员的职责不清,特别是法官助理与书记员之间常常出现职责交叉的情况,这在一定程度上会影响团队的运行效果,也带来考核和管理上的不便。

2. 团队能动性发挥不足

审判团队建设的内在价值即破除司法行政化,将原本"院长—庭长—副庭长—法官"金字塔型的科层管理结构改为"院—审判团队"或"院—审判庭—审判团队"的扁平化管理结构,降低管理层级,提升团队运行的效率。但审判团队在破除司法行政化的同时,院庭长、审委会等原有设置如何在新型组织结构中发挥功能,团队自我管理、自我监督、自我完善的效能如何能够激发出来等问题,仍需进一步的探索;目前仍存在能动性发挥不足的情况。一是团队管理权限不明。在未将审判团队作为基础考核、管理单元或未对团队负责人配置工作分配权、奖惩建议权时,团队负责人的职能定位被虚化,无法有力调动团队。审判庭长与审判团队负责人之间的职能定位不明确,审判监督管理权与团队管理权界限不明晰,造成多头管理或者团队负责人有名无实的局面。二是部分团队负责人管理能力不足。有的团队负责人不善于管理或缺乏管理的积极性,导致团队成员向心力不足,团队协同性及积极性不够,团队内生动力缺乏。

3. "同案不同判"现象抬头

审判权运行机制改革以前,尽管层层审批凸显行政化色彩,但在审判庭

---

① 李遵礼:《民商事审判团队配置模式研究——以C市Y中院民商事审判工作量的分类与测算为基础》,载《司法改革评论》2017年第1期。

层面可以针对类型案件统一法律适用。组建审判团队后,下发审判权到团队的同时,出现案件审理缺乏统一的监督指导、各审判团队"各自为政"的情形。在团队负责人没有发挥应有作用或专业法官会议制度衔接不畅时,法官之间的知识系统就会缺少交互性、协同性,不同团队之间裁判尺度偏离的风险就会增加。

(三)考核及监督制度不够完善

1. 权责不清导致监督不力

在审判团队的实践运行过程中,由于团队内法官、法官助理、书记员等职责分工及工作权限不够明确,导致审判监督不能发挥良好的效果。一是加在法官身上的把关责任过重。在案件体量庞大的基层法院或审判团队,要求法官对所有的审判事务进行审核把关并不现实,将所有的把关责任均加于法官而缺乏对助理及书记员的监管机制,将导致"管不到,打得到"的情况。二是辅助性事务分工不够明确。无论是以法官自主管理还是统一管理标准的审判团队,由于各团队设置及运行模式不同,暂都无法将审判核心事务与审判辅助性事务进行详细的划分,审判辅助人员的具体工作任务及考核指标也无法细化,这就导致监督及考核难以做到切实到位。

2. 团队任务量测算没有科学标准

以法官为中心构建审判团队,就需要合理测算案件数量及其对应的工作强度,根据测算结果对审判团队进行人员配置并设置一定的基础任务量。但当前,并没有一个统一的、科学的测算标准,尤其是构建繁简分流及专业化审判团队后,不同类型案件之间的工作量折算标准也是实践中争议较大的问题。

四、改革背景下深化审判团队建设的对策分析

(一)以系统性思维设置审判团队

审判团队建设不仅是一个法院内部组织的改革,而且是触及整个司法改革根基性质的变革,与之相关的如审判权运行的机制、司法责任制的落实、人员分类管理与考核等配套制度全部需要更新再造(见表5)。在这种情况下,就不能仅仅把审判团队建设作为如何设立一个办案团队来看,而是要将其设置与定位放到整个法院改革工作中,以系统性思维设置审判团队。

表5　审判权力运行机制的改革系统

要素	员额制改革	审判团队建设	司法责任制	人员分类管理和职业保障制度
功能	法官职业化 精英化	建立法官独立行使审判权的组织机构	确保审判权力依法行使	后备法官培养;人力资本保障
结构	审判权力运行机制的人员基础	审判权力运行机制的容器	审判权力运行机制的安全保障	审判权力运行机制的动力源

1. 审判团队的定位

审判团队的设立打破了原有的管理链条,就需要在整个改革系统中重新考虑审判团队与审判庭、合议庭之间的关系。首先,审判团队并不是法定的审判组织,按照权责相一致的要求,独任庭和合议庭仍是法定承担审判责任的组织。其次,审判团队应是包含在审判庭内的审判业务组织。审判庭在法院具有承上启下的管理功能,其功能的有效发挥是保障法院整体运行质效的前提与基础。在考虑审判团队与审判庭之间的关系时,就必须考虑法官独立行使审判权与院庭长监督管理权之间的张力如何在审判权力运行机制改革系统中达到平衡,即审判庭如何发挥对审判团队的监督管理作用,实现有序放权与有效监督的有机统一。课题组认为,在充分下放审判权力到审判团队的同时,法院需通过审判庭将审判活动纳入监督和管理,但这种监督与管理是动态的、静默的,不以直接干预审判权为方式。审判庭庭长要在行政管理、个案监督、类案平衡、团队协作四个方面履行好监督管理职责:一是基础的办案职责,主动承担难案、要案;二是一般党务、政务、行政管理职能;三是以召集专业法官会议或审判团队负责人会议的方式对个案、类案以及重大敏感案件的裁判标准进行监督;四是协调不同团队之间的协作关系。

2. 通过科学测算设定团队组成

明确审判团队定位后要考虑的就是团队的设定问题,团队设定要求对法院案件任务量进行精准、科学的测算,从而合理配置审判团队的人力资源。首先,根据人案比确定法官和辅助人员配置。结合辖区人口数量、经济指标、辖区面积等客观考量因子构建法院收案情况的预估模型,对法院案件情况有一个基础的预测;然后,通过测算不同类型案件的耗时比,计算出各类案件的耗时均值;将预测的案件数量除以耗时均值再除以法官年合理的办案时间计算得出法官年合理办案数;将智能化辅助审判与购买社会化服务集约化办理辅助事项作为变量,分别测算辅助人员配比不同模式下的审判效率,选取最优的组合。其次,根据主要收案类型组建专业化审判团队,并根据实践情况灵活调整团队配置。

(二)以过程控制论进行监督管理

审判权力的下放并不意味着审判权力的失控,《宪法》《人民法院组织法》都明确规定,“人民法院依照法律规定独立行使审判权”,行使审判权力的主体是人民法院,应当从法院整体的角度来考虑“让审理者裁判,由裁判者负责”。相较责任追究的后果视角监管模式,以过程控制论为理念的监督管理机制更适用于当下的审判团队模式。过程控制的方法就是将“生产”司法判决的整个司法工作流程视为一个个环节的组合,通过对每个环节的动态监控解决产品质量和过程管理的问题。

1. 监督主体与监督范围

合理规范审判权、审判监督权、审判管理权各项职责权力的行使主体和权力范围,以权力清单的形式明确院长、庭长的监督管理职责,避免权力不当行使或监管缺位。院长、庭长通过对审判流程进行检查监督,对案件质效进行检查评估,提示纠正不当行为,督促案件审理进度,统筹安排整改措施,将个案提请专业法官会议或审判委员会议讨论等间接方式监督法官办案。

2. 动态监管模式

一是以信息化为依托,实现对法官履职行为的全流程、静默化监管。依托法院综合业务系统、电子卷宗系统,与考核系统、司法公开平台相对接,实现审判行为全程留痕,强化对案件关键节点的跟踪和实时监控。二是强化案件评查,构建案件质量、庭审、裁判文书“三评查”机制,建立评查委员会,引入第三方进行评查,充分发挥个案评查的事后监督、促进办案规范化、提升审判质效等方面的效能。三是充分发挥专业法官会议对复杂个案及类案裁判标准统一的把控作用。四是对团队工作绩效设置动态、差异化的考核标准。以审判团队整体作为绩效考核的单元,对不同的审判团队、团队内部不同个体设置差异化的考核指标,以相对难度系数作为折算工作量的标准。给予团队负责人设置团队成员职责、考核评价的权限。以信息化考核系统为依托,实时调整各团队的考核指标。

（三）以期望价值理论激发团队内部活力

现代管理学研究认为，影响团队有效运行的因素主要是团队领导、团队成员、团队目标以及内部环境等。有效激发团队内部活力，也要围绕这些因素，从职责划分、目标激励等方面进行。

期望理论认为人们采取某项行动的动力或激励力取决于其对行动结果的价值评价和预期达成该结果可能性的估计，目标价值越重要，实现目标的概率越高，激发的动机就越强烈。① 课题组通过问卷调查的方式，发现审判团队运行中不同团队成员的期望价值，②并针对不同主体采取激励措施（见表6）。

表6　审判团队内部各成员期望目标值

主体身份	需求目标	期望值	需求目标	期望值	需求目标	期望值	需求目标	期望值
团队负责人	带领团队完成审判任务	78.4%	达到一定专业水准，甚至塑造专业审判团队品牌	42.5%	职业晋升、薪酬保障	88.7%	完成个人审判任务	100.0%
法官	完成个人审判任务	100.0%	达到一定的专业化水平	78.0%	职业晋升、薪酬保障	89.6%	培养法官助理成为员额法官	59.5%
法官助理	完成个人审判任务	100.0%	获得法官办案思路、知识、经验等方面的支持	96.3%	职业晋升、薪酬保障	60.2%	晋升为员额法官	78.8%

① 谢萍：《激励：从观念到应用——浅析弗鲁姆期望理论与企业员工激励》，载《法治与社会》2007年第12期。

② 课题组共下发并回收50份有效问卷，期望值是按被访谈人认为本项目标对自己的重要程度及可实现概率相乘后取均值得出的。

续表

主体身份	需求目标	期望值	需求目标	期望值	需求目标	期望值	需求目标	期望值
书记员	完成个人审判任务	100.0%	学习相关法律知识，为今后职业生涯发展做储备	85.0%	职业晋升、薪酬保障	97.4%	晋升为法官助理	67.7%

1. 扩大审判团队负责人的权能

从表6可以看出,团队的负责人具有一定带领团队实现目标的期望,但较小于完成个人审判任务的期望,且需一定的职业晋升保障作为前提。那么若想让团队负责人真正起到在业务上指导年轻法官、带领团队完成既定目标、协助庭长做好监督管理工作甚至将团队带为专业化的优秀团队,一是要适当赋予团队负责人内部资源调配、团队人员职责分工、业绩评价的权限;二是要将对团队的考核评价同步到团队负责人身上,作为评先进、评优的一项内容;三是建立团队成员与团队负责人双向选择及团队负责人竞选机制。

2. 注重法官助理的养成

法官助理这一角色同时承担着辅助法官完成审判工作与成长为合格法官的双重任务。课题组在调查中发现,法官助理对于在工作中获得法官办案思路、知识、经验等方面支持的期望高于其他目标,这充分说明了在团队运行中应更注重对法官助理司法能力的养成。对此,课题组建议:一是充分发挥团队负责人、法官在团队运行中的主导作用,在同一法官助理、书记员岗位清单上可以根据工作实际进行职责微调;二是对一些涉及司法判断权与裁量权的工作,可以让法官助理通过法官授权或在法官指导下完成,如整理案件争议焦点,协助法官办理委托评估、鉴定、审计,协助法官依法调查、收集、核对有关证据、主持庭外调解等。

3. 完善书记员的职业保障

相较法官助理,书记员在团队工作中则更注重职业晋升与薪酬保障。在工作职责方面,可以将书记员作为法官助理的补充;在职业晋升方面,可以考虑将符合一定条件的书记员晋升为法官助理;在职业保障方面,适当提高薪酬水平并制定相应的培训课程。

五、审判团队建设“福田模式”的递进与优化

（一）改革进路

福田法院于2012年即开始探索以审判长负责制改革为突破口的司法责任制改革，在全国最早探索审判团队工作机制，以审判团队模式作为优化法院人力资源配置的实现路径，将要素重组与机制创新相结合，在实践中不断探索总结和优化调整，实现审判团队模式从1.0版本至3.0版本的逐步升级完善（见表7）。

表7　福田法院审判团队建设变革脉络

审判团队建设模式	基本内容
1.0版本——测算合理工作量，解决“需要多少人”的问题，实现人力资源差异化配置	组织开展人力资源优化配置专题调研，按照以案定员、分类测算的指导思想，对全院办案情况进行大数据分析，建立法官员额测算模型。创新性地提出耗时比概念，以耗时比作为测算各类案件合理工作量的基础，计算出法官年合理办案数，进而确定法官年基本任务数。根据不同的审判规律和办案实际需求，确定不同审判领域所需要的辅助人员数量，确立“1+N”办案单元配置模式
2.0版本——建立“形聚神散”模式，解决“如何配置人”的问题，全面落实司法责任制	“形聚”，是指由3个办案单元组成审判团队，使审判团队成为相对固定和常态化的审判资源配置形式；“神散”，是指审判团队内员额法官的审判权责平等，由团队内的独任制法官或者合议庭依法行使裁判权，承担审判责任，不受未参与案件审理的团队负责人和其他员额法官的干预。以“1+1+1+N”模式重组法院人力资源，按照“老中青”搭配的原则，明确团队负责人业务管理职能，将审判团队建设成为审判业务上的自我管理单元
3.0版本——精细化资源配置方式，解决“如何用好人”的问题，提升人力资源使用效益	充分考量审判需求、权力属性、繁简分流、信息化建设等因素，建立以法官为核心的审判团队精细化管理模式。根据辖区司法需求和繁简分流要求，审判团队配置以类案审理专业化为主，每个团队审理案件类型相对固定。以权力属性为依据强化审辅分离，细化职能分工，重新配置审判资源。建立动态考核机制，灵活应对人力需求变化

（二）具体做法

福田法院构建“形神兼具”的审判团队3.0版本具体做法如下：

1.科学测算+合理搭配，推动团队配置科学化

福田法院将定期测算与不定期测算相结合，以不同案件办案耗时比系数的测算方法，通过大数据分析，对全院案件进行分类测算，将人力资源动态调整细化至团队、办案单元和辅助人员的配置，建立差异化的团队配置模式。

采用预估案件总数及类案数量的方法：将一般会影响案件数量的地区生产总值、常住人口数量、人均可支配收入作为自变量，结合福田区金融企业较多及金融业占地区生产总值比较重的特点，加入金融业占比这一变量，建立预估模型，对案件总数进行预测。

采用团队模式配置方法：通过调查分析及数据建模，计算出某类案件的耗时均值；再以法官年合理办案时间相除，即得出该类案件年办案数。某类案件所需法官数量则等于该类案件全年案件数除以单个法官该类案件年办案数。以普通家事案件为例，个案耗时统计如表8所示：

表8　家事案件个案耗时统计

项目	法官A耗时（小时）	法官B耗时（小时）	法官C耗时（小时）
阅卷	1.4	1.3	……
庭审	1.3	1.6	……
诉讼保全	8.0	5.9	……
合议	2.0	1.7	……
调解	6.5	5.0	……
制作文书	2.2	1.6	……
其他事项	4.0	5.0	……

同理，可依据以上计算法官办案耗时的方法计算辅助人员的工作耗时，以法官所需办案数量计算得出所需辅助人员数量。并分情形测算不同类型案件中辅助人员的不同配比模式，进行效率对比，找到最优的团队配置模式。①

① 具体测算方法详见深圳市福田区人民法院课题组：《法官员额制度改革背景下法院人力资源优化配置研究——以深圳市福田法院的实证分析为视角》，载万国营主编：《法官的思维、经验与逻辑：4：司法改革卷》，人民法院出版社2018年版，第3页。

同时,以“老中青”的组合搭配审判团队,即一个审判团队由3名不同年龄、资历、专业能力的员额法官和若干名辅助人员组成,由资深法官担任团队负责人,发挥业务指导和传帮带作用,促进团队内生性发展。

2. 明晰权责 + 优化机制,推动团队运行高效化

福田法院把审判团队改革为审判业务组织,成为业务庭的组成部分,作为解决业务问题、提升业务水平、保障办案质效的平台,不单独作为一级行政管理和审判管理部门。将“1审 + N助 + N书”组建模式定义为基础办案单元,由“1 + 1 + 1”3个办案单元组成审判团队,构建“基础办案单元—审判团队—庭室—分管院领导—院长”管理链条。

制定权责清单,明确裁判权由团队内的独任制法官或者合议庭依法行使,并承担司法责任。细化院长、庭长监督管理权力清单,明晰各层级审判监督、行政管理职责。优化“独任制法官或合议庭裁判—团队内部讨论—专业法官会议—审判委员会”审判权运行机制,突出团队业务自我管理功能,强化专业法官会议统一裁判标准职能,明确审判委员会宏观指导定位。

3. 细分职能 + 突出核心,推动团队履职专业化

根据案件类型及案件特点,福田法院设置每个团队集中办理类型相对固定的1~2类案件,有利于形成规范化的审理模式,提高办案效率。特别是根据类型案件的审判规律,探索简案快办的高效运行模式,节省审判资源。例如,针对金融类案设置了全国首个互联网和金融审判庭,探索建立契合金融 + 科技融合发展新形势的审判机制。制定法官定期轮岗制度,明确办理不同类型案件法官的岗位轮换年限,促进法官专业深耕与全面发展。

明确团队负责人行使团队的业务管理职权,该职权来源于庭长的授权,重在对员额法官进行专业上的指导,帮助员额法官解决审判中的重大、疑难、复杂问题,提高员额法官专业能力和办案质效,督促员额法官高效办理案件,负责召集并主持团队内部法官对案件进行讨论及上报庭长决定提交专业法官会议讨论等程序性事项。对团队负责人的职权设置主要以督促办案、提供专业意见和召集会议讨论案件等程序性职能为主,更多地突出以员额法官为主的办案单元自主管理功能,对团队负责人的考核仍以其个人办案质效等为主要依据;但庭长对其进行履职评价时,应参考团队业绩。

突出办案单元中法官的主体地位,赋予法官对助理、书记员的工作分配

权、人事建议权,建立法官与助理、书记员的双向选择机制,探索内部协作效率最优模式。为促进司法辅助工作标准化规范化,福田法院历经7个月研讨编写了《司法辅助人员工作手册》,进一步细分法官助理与书记员的工作职责,明确每一工作节点的工作步骤、时限、注意事项等,便于辅助人员快速熟悉业务流程。对其他未尽事项,法官应适时对法官助理及书记员进行分工与指导。

4. 动态调整 + 融合科技,推动团队管理精细化

在绩效考核方面,采取年初预估和每季度动态调整模式,设定结案指标计算模型。法官基本结案指标设定采用的主要模型为:法官年基本结案指标 = 法官年合理工作量 ÷ 单件案件耗费时间。对不同类型的案件福田法院采取相对难度系数的方式进行折算,当办案人员调整时,即进行动态指标折算。法官基本结案指标调整采用的主要模型为:法官年工作量恒定 = 调整前法官基本结案指标 × 调整前难度系数 = 调整后法官基本结案指标 × 调整后案件难度系数。据此完成了对全院120个办案单元基本结案指标的设定和调整。同时,按照案件数量发展趋势,综合考量内设机构改革、司法需求、繁简分流、信息化应用等因素,动态调整审判团队数量、人员配置和考核指标,形成灵活应对形势变化的精细化资源配置方式。

在审判管理方面,对传统模式进行信息化变革,以"融 · 智 · 慧"三大平台建设以无纸化办公为抓手、将案件办理全程线上化、实现统计数据的实时系统抓取、监控指标的自动生成、审限和流程管理的自助预警、案件评查的线上办理,以及监督管理和绩效考核可视化、数据化和智能化。

(三)改革成果

福田法院以"形神兼具"为基础理念组建了51个审判团队;其中,普通审判执行团队36个,实行"1审 + 1助 + 1书"配置模式;快调快审快执团队15个,实行"1审 + N助 + N书"多种配置模式。

审判团队建设改革示范效应明显,福田法院入选最高人民法院首次发布的20个司法改革案例,在最高人民法院"羊城杯"新时代深化司法体制综合配套改革研讨会上作专题发言;审判团队的自我业务管理功能进一步强化,绝大多数疑难复杂案件均通过团队内部讨论、专业法官会议予以解决,审委会2017年讨论案件17件,同比减少29.17%,2018年仅9件,同比减少

47.05%;审判团队建设改革效能逐步释放,结案周期平均缩短37%,审执工作各项监控指标持续向好发展。2016~2019年,福田法院受理案件数分别为66,150件、111,942件、126,503件、134,111件,结案数分别为52,664件、92,244件、107,301件、116,978件,连续多年收、结案总量和法官人均结案数均位居全市基层法院之首、全国基层法院前列。

总之,审判团队建设是一项系统工程,需要将其与审判监督管理变革、智慧法院建设等配套改革协同推进,各个法院既要立足自身实际做好科学配置和精细管理,也要充分发挥审判团队的主观能动性促进内生成长,才能在全面落实司法责任制的同时不断地释放审判生产力。

大湾区法治

粤港澳大湾区刑事司法协助机制的构建

张明楷　孙爱军*

内容提要

粤港澳大湾区建设是习近平总书记亲自谋划、亲自部署、亲自推动的国家战略,是新时代广东检察机关服务全面开放新格局的重要着力点。面对涉大湾区犯罪的新情况、新问题,尤其是在《中华人民共和国香港特别行政区维护国家安全法》实施后,亟须粤港澳大湾区司法机关在贯彻"一国两制"方针的前提下,加强区际刑事司法协助的衔接配合。可由广东省司法机关与香港、澳门特别行政区的司法机关经过平等协商,签订内容全面、具体并具有可行性、有效性的刑事司法协助协议。同时通过建立信息交流长效机制、完善刑事司法协助办案机制等,构建新型区际刑事司法协助机制。

关键词　粤港澳大湾区　检察机关　区际司法协助

"区际司法协助,是指一个主权国家内部不同法域的司法机关之间为履

* 张明楷,清华大学法学院教授、博士生导师;孙爱军,广东省深圳市南山区人民检察院党组书记、检察长,二级高级检察官,法学学士。

行司法职能的目的而相互提供便利、帮助与合作的行为，在我国特指内地（大陆）与香港特区、澳门特区、台湾地区相互间的司法协助。”[①]区际刑事司法协助，则是指其中的在刑事司法方面的相互提供便利、帮助与合作的行为。狭义的刑事司法协助，仅包括司法行为的协助，如司法文书送达、调取证据、询问证人等；广义的刑事司法协助，还包括犯罪嫌疑人的相互移送以及对其他法域法院判决的相互承认和执行等内容。我们采用广义的刑事司法协助的概念。

我国区际刑事司法协助产生和存在的前提是“一国两制”的原则与现状；区际刑事司法协助涉及的区域包括内地（大陆）、香港特区、澳门特区、台湾地区四个不同的法域，其中既包括内地（大陆）与香港特区、澳门特区、台湾地区的刑事司法协助，也包括香港特区、澳门特区、台湾地区之间的刑事司法协助。[②] 我们主要探讨的是粤港澳大湾区的刑事司法协助问题。[③]

一、构建粤港澳大湾区刑事司法协助机制的重要意义

除经济利益外，粤港澳大湾区共同发展的最大公约数，还包括地缘心理、法治和文化等众多要素。促进经济发展是粤港澳三地共同利益所在，但经济发展离不开法治的保障。构建加快推进粤港澳大湾区建设的法治保障，有利于在大湾区打造一流法治环境。[④] 而粤港澳大湾区的区际刑事司法协助，则是大湾区建设法治保障的重要内容。只有合理构建粤港澳大湾区的刑事司法协助机制，才能保障大湾区的共同建设与共同发展。

1. 随着《粤港澳大湾区发展规划纲要》的发布，粤港澳大湾区各城市与地区间的经济交往更加密切，三地间的跨境犯罪现象日益突出，以侵犯知识产权犯罪为例，2019 年粤港澳大湾区广东省九市检察机关共起诉侵犯知识产权犯罪 2528 人、金融犯罪 1917 人、污染环境犯罪 1376 人，同比分别上升

---

① 杜磊：《内地与港澳区际刑事司法协助问题初探》，载《江汉大学学报（社会科学版）》2017 年第 3 期。

② 参见徐京辉：《“一国两制”框架下我国区域刑事法律及刑事司法协助若干问题探讨》，载赵秉志主编：《中国区际刑法问题专论》，中国人民公安大学出版社 2005 年版，第 81 页。

③ 当然，其中有关区际刑事司法协助的主体、内容、原则等，也适用于其他区域的刑事司法协助。

④ 参见潘高峰：《构建加快推进粤港澳大湾区建设的法治保障》，载《湖北经济学院学报（人文社会科学版）》2018 年第 10 期。

18.7%、17.8%、2.8%。[①] 跨境犯罪的侦查难度与追逃难度亦同步增长，亟须完善三地间刑事司法协助机制以满足打击犯罪的现实需要。

2.《中华人民共和国香港特别行政区维护国家安全法》（以下简称《港区国安法》）实施后，尤其是该法第55条规定的由最高人民检察院指定有关检察机关行使检察权，最高人民法院指定有关法院行使审判权的情况下，部分案件将会由内地司法机关如广东省司法机关管辖，这必然要求内地与香港特区之间在诉讼转移、异地执行等方面加强刑事司法协助，迫切需要厘清协助流程及对接机制，为粤港澳大湾区刑事司法工作的顺利开展打好坚实的制度基础。

3.目前粤港澳三地检察（检控）机关在刑事司法协助方面多采取个案协查机制，刑事司法协助具有标准不明确、提请程序复杂、效率低等局限，难以适应新形势下打击刑事犯罪的司法需求。面对涉大湾区犯罪的新情况、新问题，需要内地检察机关加强与港澳司法机关的合作，通过搭建全方位的协作平台，构建新型区际刑事司法协助制度，为粤港澳大湾区建设和发展保驾护航。

二、粤港澳大湾区刑事司法协助的主体和内容

与美国纽约湾区、旧金山湾区，日本东京湾区相比，我国粤港澳大湾区的司法协助是统一的单一制国家下的不同行政区域间的司法协助，具有“一国两制三法域”的特点。

（一）粤港澳大湾区刑事司法协助的主体范围

刑事司法协助的主体，是指依法享有进行司法协助职权的有权机关。关于司法协助的主体，笔者赞成“司法机关与其他主管机关论”，认为依法享有相应职权的任何机关，都可以成为司法协助的有权机关。[②] 不能将刑事司法协助的主体限定为法院与司法机关，而应包括监察委员会、人民法院、人民检察院、公安机关、国家安全机关以及司法行政机关。这也是与香港特区、澳门特区的刑事司法体系和司法现状相适应的。

---

① 数据来源：2020年广东省人民检察院工作报告。

② 参见赵国强：《基本法与区际司法协助》，中国社会科学出版社2000年版，第148页。

(二)粤港澳大湾区刑事司法协助的内容

粤港澳大湾区刑事司法协助主要包括以下内容:

1. 犯罪情报信息收集、交流

随着粤港澳三地之间的交往日益密切,跨地区犯罪数量不断增加,任何一个地区的社会治安必然迅速对其他地方的社会治安产生影响。因此,及时、全面掌握犯罪情报信息有助于更有力地预防和打击犯罪。特别是在危害国家安全犯罪、危害公共安全犯罪、网络犯罪、金融犯罪等方面,粤港澳三地应注重收集有关犯罪活动信息,并且进行及时交流。

2. 刑事案件管辖移交

由于粤港澳三地之间的交往频繁,跨地区犯罪不断增加,必然存在管辖冲突。在两个区域以上的公安、司法机关对同一刑事案件都具有管辖权时,为便于刑事诉讼,需要进行管辖协商,在协商之后就存在刑事案件管辖移交问题。

3. 证据的调取、移交

区际刑事司法协助中的调查取证既包括非强制性的调查取证方式,如询问当事人、嫌疑人、证人、鉴定人和其他诉讼参与人,以及进行鉴定、检查勘验等,也包括搜查、扣押及对嫌疑人身体进行强制检查等强制性的调查取证方式,被请求方应依据己方的法律慎重采取强制性措施。在证据移交方面,既包括协助方将调取收集的证据通过司法途径移交给请求方,还包括准许或协助鉴定人、证人以及其他有关人员赴请求方协助调查取证或作证。

4. 协助犯罪嫌疑人的抓捕、执行强制措施和移交

粤港澳大湾区的区域刑事司法协助是我国作为一个主权国家下的内部事务,对犯罪嫌疑人不涉及"引渡"问题,但存在粤港澳三地间犯罪嫌疑人的遣返或移交问题。对于犯罪嫌疑人的抓捕,应由请求方先提出基本的事实证据和法律依据,经协助方审查认为符合协助条件的,依据协助方所在法域的法律在其域内进行缉捕。必要情况下,经协助方同意后,请求方司法工作人员可到协助方域内协助缉捕。在犯罪嫌疑人的移交方面,协助方进一步审查后认为符合遣返或移交条件的,应当对犯罪嫌疑人采取适当的强制措施,由双方协商确定移交的时间及方式。

5. 刑事司法文书的送达

协助的范围包括司法文书和非司法文书。其中司法文书是指在刑事诉讼过程中由司法机关制作或签发的各种法律文件或文书，如传票、出庭通知、判决书、裁定书、决定书等。非司法文书则除上述司法文书以外，还包括与特定刑事诉讼活动有关的各种书面材料，如身份证明、公证文书、信函等。

6. 赃款、赃物的追缴、移交

对于在区际刑事司法协助中涉及的赃款、赃物，仅仅采取扣押、冻结等措施是不够的，更重要的是将赃款、赃物进行跨区域的追缴和移交。一方面，涉案赃款、赃物是指控犯罪的重要证据，其追缴、移交顺畅与否关系诉讼活动能否顺利进行；另一方面，对赃款、赃物的追缴、移交关系能否顺利返还被害人，弥补犯罪行为对被害人造成的损失，修复因犯罪受损的社会关系。因此，粤港澳三地应积极配合，按确立的机制予以追缴和移交。

7. 已决犯的移交和刑满释放者的遣返

符合《港区国安法》第 55 条规定的情况下，由内地司法机关判处刑罚的犯罪等情形，为便于刑事执行和刑满释放者回归社会，均可能涉及区际间的移交和遣返问题。移管时应坚持“一事不再理”的原则，不再对行为人的同一犯罪事实重新进行审理或改变移管方已作出的判决。在具体操作方面，移管双方应就监管场所、代为行刑的费用、行刑结果的通报等具体事项进行妥善协商。

三、检察机关在粤港澳大湾区刑事司法协助中面临的问题与挑战

随着大湾区建设的推进，粤港澳三地间的交往更加频繁密切，不法分子利用各法域间法律体系、法治环境及法律文化的差异，实施偷越边境、非法集资、诈骗、洗钱等多种跨境犯罪活动，危害大湾区和谐稳定。以深圳市南山区人民检察院 2017 年至 2020 年 10 月办理的刑事案件为例，受理审查逮捕涉港澳刑事犯罪案件 60 件 116 人，批准逮捕 53 件 106 人，受理审查起诉 83 件 235 人，提起公诉 69 件 195 人。其中，多宗案件受到大湾区刑事司法协助问题的影响，案件处理时间延长或处理结果变化。

（一）在维护金融安全和秩序方面

随着粤港澳大湾区在金融领域的深度融合和合作发展，跨境双向投资、跨境贷款业务等利用人民币结算业务将不断拓展，也为不法分子提供了可乘之机，以致从事非法资金支付结算业务、非法买卖外汇、洗钱等涉及金融领域犯罪活动日益猖獗。

由于我国内地司法机关与香港、澳门地区的司法组织之间互不隶属、互无审级服从关系，各机关之间也不存在一一对应的关系，缺乏司法组织与金融机构的有效协作，从而严重影响案件办理质量。如黄某峰、王某霞涉嫌妨害信用卡管理案，二人到香港特区、澳门特区等地使用银行卡进行外汇兑换业务，帮助他人非法买卖外汇。要查清犯罪数额，需向香港特区高等法院申请对二人及涉案账户的详细交易记录进行统计，但实践中这种申请最终获得香港特区高等法院支持并签发调查令的甚少。最终对犯罪嫌疑人取现港币的去向、在香港特区及澳门特区与人交易外币等情况难以查明，案件因“事实不清、证据不足”作出不批准逮捕决定。

（二）在打击犯罪保障人权方面

目前在司法实践中，因粤港澳大湾区所属法域、法律文化和制度不同，从而导致三地在具体执法标准和规范上存在差异。特别是粤港澳三地法治水平不均衡，港澳特区对法治规则、人权保障要求较高，对内地法治缺乏足够信赖，因此对待三地之间的刑事司法协助问题的态度和工作力度的不一致，影响了区际刑事司法协助之合作上的相互推动力。[1] 如邱某怀、梁某荣涉嫌抢劫案，邱某怀在得知被害人将从境外走私手机后，伙同他人驾驶车辆拦截被害人的货柜车并实施抢劫。因被抢手机系从境外收集、运送至境内遭抢劫，需调查运输手机的香港公司情况，但由于无法直接到香港特区取证，境外人员也无到境内作证的义务，以致对被害人提供的证据无法核实真伪，本案在证据方面存在瑕疵。

（三）在追逃追赃方面

随着大湾区经济一体化进程的持续推进，以及市场要素的跨区域自由流

---

① 参见赵秉志、陈沛林：《香港惩治黑社会有组织犯罪的刑事司法合作研究》，载赵秉志主编：《刑事法治发展研究报告（2007－2008 年卷）》，中国人民公安大学出版社 2009 年版，第 384 页。

通，不法分子利用粤港澳大湾区出入境政策的便利，将境外当成犯罪的“避风港”，在犯罪后潜逃至境外，并将赃款赃物转至境外账户，以隐匿犯罪资产，逃避监管追查。

由于粤港澳三地间尚未签订统一的刑事司法协助协议，内地与港澳特区间在犯罪嫌疑人的跨境追逃、移交，以及赃款赃物的追缴方面，尚存在司法协助渠道不畅通、配合度不高以及耗时过长等问题。以香港特区为例，不仅对可判处死刑的犯罪嫌疑人或者申请人身保护令的当事人严格限制移交，对于赃款赃物等金融资料的查询也有十分严格的规定，执法机关必须向香港特区高等法院提出申请，而能否获得香港特区高等法院支持具有不确定性。① 如董某等25人涉嫌集资诈骗案中，犯罪嫌疑人以非法占有为目的实施集资行为，为抽逃、转移资金，通过分别在我国香港特区和美国设立分公司的方式，将大批资金转移到境外。由于境外追查涉案资金手续烦琐、效率不高，最终导致部分资金去向无法查清，使案件赃款赃物的追缴面临困境。

（四）在出入境管理方面

由于粤港澳大湾区三地的出入境管理制度日趋便捷，且三地之间存在汇率差价，从而导致充当“水客”走私、偷越国（边）境等犯罪现象凸显。在此类案件中，获取嫌疑人犯罪情况及个人信息等数据的时效性及便捷性在打击跨境犯罪方面占据重要地位。但目前，在跨境犯罪数据获取及分析方面，尚存在缺乏大湾区内部跨境大数据共享平台，运用大数据水平较低、法律专业大数据分析人才匮乏等问题，导致在办理跨境犯罪过程中面临周期长、效率低、取证烦琐等情况。

尽管广东与港澳特区在打击跨境犯罪方面取得一定成效，但在刑事司法协助方面，范围一般局限于跨境涉黑、毒品、职务犯罪等案件，其他大量跨境犯罪的案件无法得到有效抑制。广东与港澳特区尚未达成相互承认刑事司法判决的协议，不利于相互间协助执行异地刑事判决。粤港澳大湾区在金融数据查询制度、证人出庭、证人保护制度等方面差异较大，相互取证与协助也存在诸多“瓶颈”。另外，罪犯移交尚未取得突破进展。一些在广东涉嫌经济

---

① 参见王玄玮：《内地检察机关与香港的侦查协助研究》，载《云南大学学报（法学版）》2008年第4期。

犯罪以及其他犯罪的港澳特区居民，只要返回港澳特区，就基本上不能进行移交，这明显不利于粤港澳大湾区刑事司法协助的展开。①

四、构建粤港澳大湾区刑事司法协助机制的原则

我国区际刑事司法协助产生和存在的前提是“一国两制”方针，构建粤港澳大湾区的刑事司法协助机制，当然必须坚持“一国两制”方针，切实把坚持“一国”原则和尊重“两制”差异有机结合起来。

（一）关于“政治犯不移交”的原则

“政治犯不引渡”原则，不得适用于我国区际刑事司法协助之中，对于犯罪嫌疑人在港澳特区与内地的移交以及港澳特区之间的移交，也不能使用“引渡”概念。首先，香港、澳门特区虽然实行的制度不同于内地，但与内地同属于一个主权国家。其次，政治性的犯罪通常与危害国家安全犯罪相关。以香港特区为例，根据《港区国安法》第55条、第56条的规定，对于香港特别行政区政府无法有效执行该法等严重情况，最高人民检察院指定有关检察机关行使检察权，最高人民法院指定有关法院行使审判权时，必然要求将涉嫌危害国家安全犯罪的嫌疑人进行移交，不能适用“政治犯不移交”原则。事实上，在维护国家主权、领土完整及国家安全方面，中国各法域具有共同的利益基础，只要行为对国家安全及国家利益造成危害或构成威胁，且根据该法域法律管辖确有困难或无法有效执行相关法律时，均不能以涉及政治因素为由拒绝移交。

（二）关于“本地居民不移交”的原则

笔者认为，在我国的区际刑事司法协助中，不能采取“本地居民不移交”的原则。首先，香港、澳门特区虽然采取了不同于内地的社会制度，但其仍然是中国的行政区，其居民仍然是中华人民共和国公民。其次，如果坚持“本地居民不移交”的原则，就剥夺了犯罪地司法机关的管辖权。

（三）关于“双重犯罪”原则

“双重犯罪”原则也不能适用于我国区际刑事司法协助中。如果对于犯

---

① 参见邹平学、冯泽华：《改革开放四十年广东在粤港澳法律合作中的实践创新与历史使命》，载《法治社会》2018年第5期。

罪嫌疑人的移交采取“双重犯罪”原则，必然导致相当多的不能得到移交。特别是在粤港澳大湾区的各种交往越来越密切的情况下，采用“双重犯罪”原则，明显不利于各方打击犯罪，不利于维护内地与香港、澳门特区的社会秩序。

（四）关于属地（地域）管辖原则

随着跨境犯罪日益增多，一地居民在多个法域犯罪、多个法域的居民共同犯罪等，使属地原则变得非常复杂。为解决我国区际刑事管辖权的冲突，笔者建议应坚持有利于刑事诉讼的顺利进行、有利于惩治罪犯的社会效应为原则，综合考虑具体案件的罪行性质、罪行主要部分发生的地方、危害后果发生地、有关证据所在地以及各司法管辖区的利益等，确定以属地原则为基础，由“协商原则”终局决定的区际刑事管辖权冲突解决模式。①

五、构建粤港澳大湾区刑事司法协助机制的路径与方式

“一国两制”的方针决定了粤港澳三地的区际刑事司法协助具有独特性，没有现成的途径和模式可以直接借用，应该严格按照我国《宪法》和两个特别行政区基本法的有关规定，充分考虑粤港澳三地不同的社会制度和法治现状，进行合理规划，建立以内地与港澳特区签订刑事司法协助协议，明确规定各地的对接部门及其职能范围、司法协助事项，并形成全面协议、个案协调、联合办案、争议处理、通例示范的工作发展路径。

（一）签订区际刑事司法协助协议

关于签订区际刑事司法协助协议的模式，存在不同主张。

1. 中央统一立法模式

中央统一立法模式，是指在坚持“一国两制”方针和保持各法域法律制度特点的前提下，由全国人民代表大会或者其常务委员会制定适用于港澳特区的单行法规，以此来规范中国的区际司法协作。② 不可否认的是，中央统一立法模式具有简单、便捷的好处，但目前还难以实行。

---

① 参见成良文：《中国区际刑事司法协助刑事管辖权的界定》，载《现代法学》2002 年第 4 期。

② 参见赵国强：《基本法与区际司法协助》，中国社会科学出版社 2000 年版，第 154 页。

2. 委员会模式

委员会模式的基本内容是，内地与香港、澳门特区分别设立官方性质的综合性机构——“区际司法协助委员会”，由三地的区际司法协助委员会进行区际司法协助事宜。[①] 委员会模式可谓对中央统一立法模式的一种修正，根据两个特区基本法的规定，香港、澳门特区可与全国其他地区的司法机关通过协商依法进行司法方面的联系与协助，但此种模式下，组成内地区际司法协助委员会的最高人民法院、最高人民检察院都不可能是基本法所规定的“全国其他地区的司法机关”，难以认为委员会模式符合两个基本法的规定。[②]

3. 分片模式

分片模式的基本内容是，作为独立的法域，内地与香港、澳门特区可签订区际刑事司法协助协议，协议中将内地的省、自治区、直辖市分成若干个片，每片指定其中一个地区的高级人民法院作为中心机关，负责本片的区际司法协助事务。[③] 诚然，分片模式可能比较符合中国的实际情况。但是，如果有了一个统一的协定，再进行分片就没有必要性。

4. 示范法模式

示范法模式的基本做法是，“由一个全国各法域公认的、有权威的研究机构或类似机构，制定一项关于各法域之间进行区际司法协助的‘示范法’，广泛征求意见，经有关法域有权机关签字后对该法域司法协助行为生效，也可在某法域有权机关签字的同时，对某些条款声明保留”。[④] 但这种模式并不适合粤港澳大湾区。要确定一个公认的、有权威的研究机构或类似机构，是相当困难甚至不可能的。

5. 窗口协议模式

笔者的建议是，对窗口协议模式进行修正，即由广东省司法机关与香港、

---

① 赵国强：《基本法与区际司法协助》，中国社会科学出版社 2000 年版，第 212－214 页。

② 参见司法部司法协助局编：《司法协助研究》，法律出版社 1989 年版，第 328 页。

③ 参见余先予：《内地与港澳地区司法协助方式的选择》，载黄进、黄风主编：《区际司法协助研究》，中国政法大学出版社 1993 年版，第 85 页。

④ 樊成玮：《论中国内地与港澳台区际司法协助的几个问题》，载黄进、黄风主编：《区际司法协助研究》，中国政法大学出版社 1993 年版，第 63－64 页。

澳门特区的司法机关经过平等协商签订刑事司法协助协议,内地其他省、自治区、直辖市不必与香港、澳门特区的司法机关签订刑事司法协助协议,而是将相关案件移交广东省司法机关处理。第一,香港、澳门特区司法机关仅与广东省司法机关签订刑事司法协议,完全符合两个特别行政区基本法的规定。第二,依据粤港澳三地间特殊地缘关系等有利条件,三地间已经具备签订刑事司法协助协议的法律基础、实践基础和社会基础。第三,内地其他地区涉香港、澳门特区的刑事案件,完全可以通过广东省的司法机关处理。[①]

事实上,需要与香港、澳门特区进行刑事司法协助的,主要是广东省公安、检察、审判机关,其他地区的涉港澳案件很少。因此,如果由广东省司法机关与香港、澳门特别行政区的司法机关经过协商签订刑事司法协助协议,由广东省司法机关处理全国各地涉港澳的刑事案件,不仅可以解决粤港澳大湾区的刑事司法协助问题,而且可以解决内地各地区与港澳特区的刑事司法协助问题。

(二)完善刑事司法协助办案机制

1. 完善个案协查机制

内地和香港、澳门特区多年以来在刑事司法协助方面主要是采取的是“个案协查”方式。这种“个案协查”方式虽然比较灵活,但因为缺乏规范化、制度化,难以保证每个案件的协助都顺利进行。目前还不能完全放弃这种“个案协查”方式,而是应当予以完善。应当具体明确其范围,适当放宽审批权限,简化流程手续,并将在职务犯罪办案中积累的经验借鉴到其他案件中,可达成以下共识:地方各级人民检察院办理的案件需请香港、澳门特别行政区有关部门协助的,由所在省、自治区、直辖市人民检察院(或者由广东省人民检察院)审批即可;香港特别行政区廉政公署、澳门特别行政区检察院办理的案件需请内地有关检察机关协助的,与省、自治区、直辖市人民检察院(或者广东省人民检察院)相关机构联系即可;内地检察机关请香港、澳门特区有关部门代为调查取证的,经省、自治区、直辖市人民检察院(或者广东省人民检察院)审批后,由省、自治区、直辖市人民检察院(或者广东省人民检察院)同香港、澳门特区有关部门联系落实即可。

---

① 广东省可在深圳、珠海两地的司法机关内部设立处理涉港澳案件的机构。

2. 探索各方协作机制

随着《粤港澳大湾区发展规划纲要》的出台，粤港澳大湾区的发展建设必将迎来新的机遇，同时，跨境的刑事案件可能会大量出现，2013 年 12 月，最高人民检察院牵头，会同全国人大法工委、最高人民法院、公安部和国务院港澳办与香港特区政府保安局和律政司方面就《内地与香港特别行政区关于刑事司法协助的安排》展开了首轮磋商。2015 年年初，最高人民检察院将修改稿正式转交香港特区政府，并通过国务院港澳办和其他专门形式向香港特区政府表达了继续开展下一轮磋商的意愿。我们期待上述安排早日进入实行阶段。粤港澳大湾区在增进了解、平等协商的基础上，签订区际刑事司法协助协议，构建常态化、规范化的刑事司法协助机制，是对粤港澳大湾区的经济发展、社会稳定都有利的大事。

3. 组建专业化办案组织

一方面，在签订区际刑事司法协助协议的基础上，由粤港澳三方选派代表，组成联合办案组织，协调解决在跨境调查取证、交换犯罪情报信息、送达法律文书和追赃合作等方面的矛盾，保障司法协助顺利开展。另一方面，内地及香港、澳门特区的各级检察机关应当积极探索构建专业化办案组织，该组织应由熟悉三地法律及协助程序的检察人员组成，并定期举办与大湾区公、检、法、司联合专题研修班或理论研讨班，提升办案人员的专业知识和业务技能，确保办案质量和效果。同时发挥专家智库作用，在涉港澳台案件办理中涉及法律适用、证据规则等疑难复杂问题上，聘请熟悉国际金融、知识产权、涉外法律的专家学者、律师、会计师等专业人士组成专家咨询委员会，为办案借智借力。

（三）建立信息交流长效机制

以香港特区为例，《港区国安法》的正式施行势必加深内地司法机关，尤其是广东司法机关与香港特区政府警务处、律政司、法院等司法机关在区际刑事司法协助中的联系。构筑相互兼容的信息交流平台已成为当前粤港澳大湾区司法机关提高办案效率面临的迫切任务。一是应当建立信息资料库。可以参照国际刑警组织战略情报信息处理系统，由相关部门对情报信息进行研究、处理和开发利用，以情况和信息通报的形式提供给各方，以应对新的社会治安形势的挑战。[①] 二是共同建立内部合作的司法信息共享网络平台。将粤港澳三地的裁判文书、执行情况、犯罪情报及前科资料等司法信息录入系统平台,供三地司法机关随时查阅。同时,可将平台扩展至监察机关(港澳特区为廉政公署)、检察机关、公安机关,从而有效推动司法信息的往来与共享。[②]

① 参见王大为、黄慧霞:《论两岸四地刑事司法协助机制创新》,载《中国人民公安大学学报(社会科学版)》2011 年第 3 期。

② 参见邹平学、冯泽华:《改革开放四十年广东在粤港澳法律合作中的实践创新与历史使命》,载《法治社会》2018 年第 5 期。

论香港特区土地强制售卖制度及其对深圳城市更新启示

姚秀兰　杨潮华*

内容提要

香港特区政府于1998年出台《土地(为重新发展而强制售卖)条例》,旨在让已经持有目标地段大部分不可分割份数业权的拥有人,在收购剩余少数不可分割份数业权无果后,可向司法机关提出土地强制售卖申请,通过司法机关颁发的制售卖令收购少数份数拥有人的业权以重建该地段。本文主要通过分析香港特区土地强制售卖制度的内容及相关司法判例,分析其价值及局限性,并在此基础上进一步分析香港特区土地强制售卖制度对深圳城市更新的借鉴意义。

关键词　香港特区　市区重建　土地强制售卖　城市更新

引　言

香港特区《土地(为重新发展①而强制售卖②)条例》(以下简称《强制售

* 姚秀兰,深圳大学法学院教授、法学博士,主要从事法理学及港澳法研究;杨潮华,深圳大学法学院2017级法理学硕士研究生。

① "重新发展"(redevelopment)就某地段而言,是指以新的建筑物取代现在或先前坐落于该地段的建筑物。参见香港特区法例第545章《土地(为重新发展而强制售卖)条例》第2(1)款。

② "强制售卖",是指私人业主在持有某地段法定的多数不可分割份数业权后,以重新发展该地段为目的,向司法机关申请强制收购该地段剩余的少数不可分割份数业权。

卖条例》)建立了允许私人机构通过司法途径强制收购另一私人土地权益的机制。其土地收回模式实际是“私权利 v. 私权利”,这打破了长久以来只能因“公共利益而强制获取私人财产”的法治理念。[①]《强制售卖条例》施行以来,明显提高了私人机构主导的城市更新重建项目的开发速度,缓解了香港特区的土地供应压力。但从施行的社会效果来看,过于重视以土地的再发展促进经济发展,会忽视市区重建过程中弱势群体居住权益保护等社会问题。深圳市的城市更新改造类似香港特区私人机构主导的市区重建,开发商通过“民事协议”方式收购业主业权。但总有无法达成收购协议的业主,常导致更新改造项目停滞,除了影响愿意更新的业主权益外,开发商资本及项目的机会成本损失扩大,造成了另一种形式的不公平。而深圳现有解决城市更新过程中发生的纠纷的方式无法妥善解决矛盾,香港特区土地强制售卖制度确立的市区重建模式及纠纷解决方式和经验对深圳城市更新有一定的启示意义。

一、香港特区土地强制售卖制度的内容分析

香港特区地狭人多,土地及房屋供求长期紧张。为解决土地及房屋供求失衡问题,香港特区政府制定了多种策略,其中最重要的途径就是市区重建,也就是内地城市更新中常用的“旧城拆建”或“旧城改造”。

市区重建需要收集现有业主业权,这其中涉及开发商与业主之间的利益博弈。为解决收集分散业权过程中有法可依、公平公正,平衡不同群体之间的利益,香港特区临时立法会 1998 年通过了《强制售卖条例》,1999 年 6 月开始实施。该条例允许持有目标地段不少于 90% 的不可分割份数业权拥有人通过司法机关强制收购剩余的少数不可分割份数业权拥有人持有的业权,进而加快重建项目的进程。其后,2010 年香港特区政府又发布了《土地(为重新发展而强制售卖)(指明较低百分比)公告》(以下简称《强制售卖公告》)。由此,形成了以《强制售卖条例》为主,《强制售卖公告》附属法例作补充的土地强制售卖制度,其主要内容包括了强制售卖启动条件、土地审裁处颁发强制售卖令的要件等。

---

① Gordon N. Cruden, *Land Compensation and valuation Law in Hong Kong*(3ed), LexiNexis, 2009, p. 205.

(一)启动强制售卖的形式要件

1. 适格的申请主体

根据《强制售卖条例》的规定,向土地审裁处申请颁发强制售卖令的一般主体是持有目标地段[①]不少于90%(含90%)的不可分割份数的业权人,即"多数份数拥有人"[②]。

但自该条例1999年施行至2010年,据香港政府的统计,土地审裁处共受理了65份土地强制售卖申请,其中27份颁布了强制售卖令,[③]发出强制售卖令的比例偏低。究其原因,除了私人机构在谈判、选择重建地段时有所偏好外,主要还是强制售卖申请门槛过高。为此,2010年香港特区政府发布了《强制售卖公告》,降低了强制售卖申请门槛。规定三种类别的地段可适用持有不少于80%不可分割份数的业权人申请强制售卖,即(1)地段上每个单位,均代表多于该地段所有不可分割份数的10%;(2)地段上所建每所建筑物,均于有关日期之前楼龄最少50年以上;(3)地段位于非工业地带,地段上所建的每所建筑物均为工业建筑物,并均于有关日期之前楼龄最少30年以上。[④]

根据土地审裁处的数据,自《强制售卖公告》2010年4月1日生效起至2012年4月,土地审裁处共收到105宗强制售卖申请,相比《强制售卖公告》生效前的1999年6月至2010年3月的65宗,提交土地审裁处的强制售卖申请数目明显增加。[⑤]

之所以设定持有不少于90%和特殊情况不少于80%不可分割份数的业

① 目标地段指政府租契标的的任何一片或一幅地、一个地段的任何分段。参见《强制售卖条例》释义。

② 多数份数拥有人,英文为majority owner,是指已经取得目标地段的足够不可分割份数业权不少于90%的私人单位或个人,并已向或拟向土地审裁处就目标地段提交强制售卖申请的拥有人及继承人。与之相对应的是少数份数拥有人,英文为minority owner,除多数份数拥有人以外的其他拥有人则属于少数份数拥有人,包括在该地段售卖前取得地段不可分割份数业权的所有人及其继承人,但不包括以承按人身份取得该不可分割份数。参见《强制售卖条例》第2(1)款。

③ Roger Nissim, *Land Administration and Practice in Hong Kong*, Hong Kong University Press, 2012, p. 103 – 104.

④ 参见《强制售卖公告》第3条、第4条。

⑤ 参见香港特区发展局档案,综合档案名称:DEVB(PL) – 2 – cl. doxc,"财务委员会审核二零一九至二零年度开支预算管制人员的答复",第16节会议,答复编号DEVB(PL)265。

权申请门槛，一是参考了香港特区《公司条例》中关于公司收购少数股份的相关规定；二是从实践的可行性以及基于公众利益和个别业主的权利之间取得平衡的考虑，立法会大部分议员认为一般情况下不低于90%的不可分割份数和特殊情况下不低于80%不可分割份数是较能接受的。[①]

2. 申请人提交目标地段物业估值报告

根据《强制售卖条例》的规定，符合主体资格的多数份数拥有人须"在申请日前的3个月内拟备符合要求的目标地段内各物业的评估市值的估值报告"。估值报告中的"评估市值"并不完全是通常理解的市场价值。《强制售卖条例》对此并未明确，但规定了"该市值的评估是符合三个说明的：a. 以该物业在空置的情况下作根据；b. 在犹如该地段不会能够作为某项售卖令的申请的标的之情况下作出；及c. 并无顾及该物业或该地段的重新发展潜力"。[②]据此，香港特区房产估值行业及司法机关在实践中逐渐对"评估市值"有了较明确的认定。如2008年Golden Kent International Ltd. and others v. Chan Wan and others案中的测量师在估值报告中认为的，所谓市值，是卖家与买家自愿就有关物业经适当推销后于估值日达成物业易手至公平交易估计金额，是双方在知情及审慎情况下自愿进行交易。该估值不考虑任何重新发展的潜在性的价值，也就是评估行业所通用的"现用价值"（Exiting Using Value，EUV，又称现用值）。此案中，土地审裁处认可了申请人测量师的估值，认为这样的估值符合《强制售卖条例》规定的评估时应考虑的三个因素，而且这也是一般专业估值测量师及市场上所采用的评估市值的基准，也即认可了评估行业的"现用价值"概念。

提交估值报告的意义在于：第一，让法庭判断申请人是否采取合理步骤购买地段的全部份数；第二，让法庭基于此确定售卖后双方的收益分配比例，也就是判断强制售卖过程是否公平、公正、自愿，没有外在胁迫。

3. 特定的通告义务

根据《强制售卖条例》的规定，申请人特定的通告义务是提起土地强制售

---

① 香港特区立法会会议纪要，档案号：CB(1)1356"《土地(为重新发展而强制售卖)条例草案》委员会会议纪要"，1998年2月24日。

② 《强制售卖条例》附表1第1部估值报告。

卖申请的条件之一。

申请人须先将申请售卖的文本送达每一个少数份数拥有人，并根据《土地注册条例》进行注册，还需按《强制售卖条例》附表1第2部中指明的格式，将申请售卖文本分别以中文、英文两种语言在目标地段的每个建筑的显眼处张贴通告，并分别在中文报刊、英文报刊至少各刊登一次申请售卖文本内容。如土地审裁处在审查过程中认为申请人无法将申请售卖文本送达每一位少数份数拥有人的，土地审裁处将就此作明确的指示，在指定的时间刊登通告。确保未成功送达申请文本的每一位少数份数拥有人知悉申请售卖情况，以便在指定时间向土地审裁处确定申索。而刊登通告后，视为申请人已经按规定向少数份数拥有人送达了申请售卖文本。严格的通告程序是为了保障少数份数拥有人的知情权，以便其积极参与强制售卖程序中。

（二）颁发强制售卖令的实体要件

只有符合形式要件的强制售卖申请，土地审裁处才会进行实体审查。根据《强制售卖条例》第4条的规定，实体审查的内容主要包括三方面：少数份数拥有人所持物业的现用价值评估是否公平合理；目标地段的建筑物龄期、维修状况是否应重新发展；申请人是否已采取合理步骤收购地段所有不可分割份数。

1. 少数份数拥有人持有的物业估值须公平合理

《强制售卖条例》第4(1)(a)条规定，土地审裁处须信纳申请人提交的建筑物现用价值系公平合理的估值。如估值有争议的，土地审裁处须先进行聆讯并作出裁定。如果地段内的任何少数份数拥有人无法获寻，土地审裁处也须信纳少数份数拥有人的物业与多数份数拥有人的物业价值相比是公平、合理的，确保有关价值的争议已解决。司法机关主要通过审查评估采取的方法、评估步骤、评估对象范围及价值计算方式等关键因素是否公平合理，进而裁定申请人提交的少数份数拥有人的物业估值是否公平合理。

2. 建筑物的龄期及维修状况确需重建

《强制售卖条例》未对建筑物龄期进行定义。实践中，司法机关对“龄期”的理解是多维度的。在 Intelligent House Ltd. v. Chan Tung Shing and Others 案中，土地审裁处对龄期有相对量化的标准，认可经济学概念“经济寿命”。认为如妥当清理建筑物的成本很大程度超过建筑物的现用价值，则其经济寿命到达尽头。而在 Fineway Properties Ltd. v. Sin Ho Yuen Victor, The Administrator of The Estate of Sin Yat 案中，上诉法庭认为《强制售卖条例》并未体现"经济寿命"的含义或标准，该标准不具有普遍适用效力。但在 2010 年后的判案中，司法机关对龄期的理解大多趋向于综合考虑，不局限于"经济寿命"。更多考虑建筑物的实际状况，从楼龄、设计功能是否符合卫生安全及维修成本等因素综合考虑是否应重新发展。

土地审裁处一般听取结构工程师、建筑测量师等专家证人的建议后对"维修状况"进行分析和认定。从已有的判案①可总结司法机关评判次序基本是：首先，考虑建筑物的维修状况是否对居民生命安全构成危险；其次，考虑建筑物是否到了经济寿命尽头，如维修费用与维修后提升的价值相比是否划算，以及维修费用与修建同类新建筑的费用相比；最后，考虑目标建筑物是否有文物价值或理应重新发展的其他维修状况等，但该因素并不是一个必要的衡量因素。

3. 公平合理收购少数份数拥有人的业权

申请人有义务向土地审裁处证明其已采取公平合理的步骤和方式收购少数份数拥有人的业权。② 司法实践中，土地审裁处判断申请人是否采取公平合理的步骤和方式进行收购，主要通过审查申请人与少数份数拥有人之间要约的次数、报价金额来认定。例如，在 Golden Kent International Ltd. and Another v. Chan Wan and Others 案中，申请人从 2007 年 6 月至 2007 年 11 月共作出 6 次出价，由 400,000 元逐渐增加至 1,080,000 元，第七答辩人的反要约从 4,500,000 元减至 2,800,000 元，但双方仍未达成协议。该强制售卖申请自 2008 年 11 月 7 日开始，经多次协商逐渐与其他答辩人达成购买协议，最后仅剩两位答辩人未与其达成购买协议，而经评估这两位答辩人的停车位的"重建价值"③(Redevelopment value, RDV, 又称重建值)为 326,933 元，申

---

① Top Sail International Ltd. v. Cheng Kai Ming 案(LDCS 18000/2010)、Anling Ltd. and Others v. Hultucktong Enterprises Ltd. and others 案(LDCS 3000/2010)，以及 Best Value International Ltd and Others v. Li Kit Sang Gordon (LDCS 1000/2015)案。

② 香港特区立法会会议纪要，档案号：CB(1)1356，"《土地(为重新发展而强制售卖)条例草案》委员会会议纪要"，1998 年 2 月 24 日。

③ 重建价值指目标地段重建后的潜在价值的估值。

请人的出价为450,000元。显然,申请人要约的次数、步骤及报价金额显示出申请人是在公平合理的、尽力获取不可分割份数业权。

至于申请人提出的要约价格是否公平合理问题,司法机关主要通过物业现用价值和重建价值来判断。根据EUV的估值报告测算出业主持有物业价值占目标地段物业的比例,再根据RDV得出业主拥有的重建值。如申请人的要约报价是高于此重建值的,司法一般会认定其要约价格是公平合理的。如在Bond Star Development Ltd. v. Capital Well Ltd.案中,[①]司法机关对该"公平合理要约条件"做了较明确的解释。认为申请人分别提出了四次要约报价,每次的要约报价都超过了少数份数拥有人所有物业的重建价值的估算,而被申请人仅提了一次反要约,且没有计算依据。申请人的报价已明显超过少数份数拥有人的重建价值,进而认定申请人的要约条件是公平合理的。

此外,收购业权的行为也需规范。为确保收购业权时公平合理,保护少数份数拥有人的权益,香港特区政府在《强制售卖条例》的规定之外,也订立相应行政措施来确保强制售卖制度的实施。如香港特区地产代理监管局就地产代理参与收购业权时,须发出执业通告,列出从业人员应遵循的法律要求和行为准则,其中一项指引明确代理不得滋扰业主,也不得聘请未持有牌照代理人进行游说工作。同时,须提供最新且准确的资料,不能在未经小业主书面许可下,张贴任何有关收购的海报、告示等。

总之,强制售卖申请经审查符合上述形式和实体要件的,土地审裁处才会裁定颁发强制售卖令。

二、强制售卖令的实施及法律效果

(一)强制售卖令的实施

强制售卖令中最重要的内容是目标地段的售卖方式,这实际上也是强制售卖令的实施方式。

根据《强制售卖条例》的规定,售卖令的实施方式分为按协议售卖和拍卖两种。如目标地段的每位少数份数拥有人都可获寻,按照土地审裁处指示中

---

① 该案经过香港特区土地审裁处、上诉法庭及终审法院的审理,对土地强制售卖过程中的多个概念、含义做了解释,并作为有法律效力的判例被后续的案例继续沿用。

的条件,多数份数拥有人和少数份数拥有人达成售卖协议的,经土地审裁处酌情批准后按售卖协议施行。[①] 如无法达成售卖协议,则以公开拍卖的方式售卖地段,多数份数拥有人和少数份数拥有人或者第三人均可竞拍,而拍卖原则是价高者得。

根据《强制售卖条例》附表2的规定,拍卖地段须设定底价,该底价须顾及该地段或该等地段本身的重新发展潜力,且必须获土地审裁处批准。设定拍卖底价的目的在于保护少数份数拥有人的权益。为避免竞拍者互相串通损害少数份数拥有人的权益,即便多数份数拥有人是唯一的投标人,其出价也必须反映地段本身的重新发展潜力,确保少数份数拥有人得到合理补偿,分享地段重新发展的潜在价值红利。

香港特区房地产评估实践中一般将拍卖底价等同于重建值。申请人通常会委托测量师评估目标地段的重建值,并把估价提交土地审裁处审核,少数份数拥有人也可自行委聘测量师并提交其估值报告。土地审裁处会在考虑该地段所评估的重新发展价值之后,批准拍卖地段的底价。如有需要,土地审裁处也可以就重建值的最新估价再召开聆讯,确保业主可分享其物业的潜在发展价值。

(二)强制售卖令实施的法律效果

强制售卖令实施后,直接的法律效果是购买人获得了所购买地段的业权,并应在规定的期限内支付价款,逾期付款售卖令失效。同时购买者应在取得业权次日起6年内或经审裁处批准的额外限期内完成该地段的重建项目。[②]

根据《强制售卖条例》的规定,购买者取得业权之日起,若售卖令中没有指明,任何前拥有人在该地段的所有权利,立即绝对终止。"终止"的法律效力是终局、绝对性的,这样有利于强制售卖令的实施。

至于该地段售卖前的租契,也于购买者取得业权之日终止。这与香港特区《业主与租客(综合)条例》中"买卖不破租赁"原则相违背。[③] 但香港特区

① 参见《强制售卖条例》第5(1)(b)条。

② 参见《强制售卖条例》第5条、第6条、第7条及附表3。

③ 香港特区法例第7章《业主与租客(综合)条例》,该条例明确规定有关业主与租客、保障租住权、终止租约,以及管制与追讨租金等条件。

政府认为,《强制售卖条例》涉及的是城市更新领域,其立法目的是加快市区重新发展步伐,改善市民居住环境,并不是保护租客权益,因此考虑重点应有所不同。[①] 同时《强制售卖条例》还规定,租客应在购买者取得业权之日次日起 6 个月届满后向购买者交回物业,若未按期交回则不能获得半数以上的赔偿,[②]这样以避免专业投机者为谋取不合理的利益而阻碍地段售卖。

三、香港特区土地强制售卖制度的效益与局限

(一)土地强制售卖制度的效益分析

《强制售卖条例》开启了"私权利 v. 私权利"的收地模式,突破了因公共利益征收土地的法律原则。虽然存在一定的争议,但不可否认的是,土地强制售卖制度在缓解土地供应压力及解决建筑物老化方面带来了实实在在的经济效益。

1. 提高了市区重建效率,缓解了土地供应压力

《强制售卖条例》最大的成效是帮助私营机构收集业权,促进重建项目的进展,释放出更多土地资源,缓解土地供应压力。实施前,只要购买目标地段的一个单元,以"守株待兔"行为模式,便可控制整个地段的重建机会。实施后,这种行为的成本和风险大幅提高,即减少了"垄断"或"合法阻挠"的情况。香港特区政府发布的数据显示,2007 年至 2018 年土地审裁处接获的强制售卖申请数量为 279 宗,发出强制售卖令的数目是 97 宗,撤回申请的 16 宗,拒绝发出强制售卖的仅 1 宗。近 5 年通过强制售卖而重建后的建筑面积预计达到 211,065 平方米,极大缓解了香港特区的土地供应压力。[③]

2. 减轻了维修保养负担,市民居住环境得到改善

香港特区大部分私人住宅建筑建于 20 世纪七八十年代。随着建筑楼龄增长,建筑逐渐老化。据估算,到 2019 年,楼龄达 50 年的楼宇会增至 9500

---

① 香港特区临时立法会 CB(1)1353 号文件,档号:CB1/BC/6/97,"《土地(为重新发展而强制售卖)条例草案》委员会会议纪要",1998 年 2 月 16 日。

② 参见《强制售卖条例》第 8(1)b(ii)条、第 11(4)条。

③ 香港特区发展局档案,综合档案名称:DEVB(PL)-2-cl. doxc,"财务委员会审核二零一九至二零年度开支预算管制人员答复",第 16 节会议,答复编号 DEVB(PL)265。

栋。[①] 因为缺乏资源或妥善的物业管理架构,小业主也很难进行维修保养。老化建筑的卫生、安全、配套等既有潜在隐患,也日渐不符香港特区市民日常居住需求。实施土地强制售卖制度后,市区重建明显加快,一定程度上免除了旧建筑长期维修保养的沉重负担,从而减少旧建筑的结构危机及安全风险,也改善了市民居住环境。香港特区发展局的数据显示,2014 年至 2018 年,以土地强制售卖方式启动的市区重建项目共 25 个,有 10 个项目已经开始动工,7 个项目正在完善规划图则,6 个项目处于尚未确定法定图则阶段。这些项目完成后,建筑面积将达到 20 多万平方米,[②]香港特区市民的居住环境将会得到很大改善。

(二)土地强制售卖制度的局限分析

香港特区土地强制售卖虽然取得了一定的经济效益,但从施行的社会效果来看,想要达到"平衡旧区重建与保障私人权益"的两大目标还需要走很长一段路,制度的设置本身还存在一定局限与不足,这些往往也是香港特区各界对强制售卖制度的争议之处。

1. 申请人以拍卖底价购得土地,少数份数拥有人权益未能得到充分保障

根据《强制售卖条例》的规定,土地强制售卖有协议售卖和拍卖售卖两种形式,对于没有达成售卖协议的,就以拍卖形式售卖。拍卖售卖则需要确定拍卖底价。香港特区土地审裁处通常是对申请人的估值报告进行判断后,直接对 RDV 估值作出认定,并非自行委托测量师估价,这样常导致申请人提交的估值报告的 RDV 价格成为拍卖底价。由于申请人已经取得了大部分的不可分割份数,在支付拍卖价款时无须支付自身持有的业权部分的价款,所以在拍卖时很难有其他竞争对手,申请人通常以底价拍得土地。土地审裁处 2014 ~ 2018 年共发出 25 项强制售卖令,22 项均以底价拍卖成交;另外的 3 项中,1 项发出强制售卖令后开发商协议收购了余下业权而取消拍卖、1 项暂

---

① 香港特区立法会文件,档案号:CB(1)452/12 - 16(04),"立法会发展事务委员会土地供应概况",第 3 页。

② 香港特区发展局档案,综合档案名称:DEVB(PL) - 2 - cl. doxc,"财务委员会审核二零一九至二零年度开支预算管制人员的答复",第 16 节会议,第 680 - 684 页。

未拍卖、1 项超出底价拍卖。[①] 即使少数份数拥有人不满拍卖底价提出抗辩，但案例显示其常常都以败诉终结，还需多支付诉讼成本，得不偿失。虽然土地审裁处在审理 RDV 价格时会考虑开发商是否向少数份数拥有人支付合理的对价，并有权重新厘定拍卖底价及专业估价师提供的意见。但法官不会主动调查研究，主要是基于控辩双方提交的资料作出裁决，往往就是认定申请人提交的 RDV 估值为拍卖底价。另外，《强制售卖条例》并未规定考虑合并地段的开发价值。但实践中，开发商常常是并购多个相邻地段一起重建，土地价值将大增，与少数份数拥有人所得赔偿往往不成比例。且补偿的价格虽然以公平的市场价格为基础，然而"市场价格"本身就是个容易产生争议的概念。[②] 大多数个案在没有竞投对手的情况下由申请人以底价购得全部业权，少数份数业权人的议价能力相对弱势，其权益并不能获得充分保障。

2. 单一现金补偿不利于保护居民居住权益

根据《强制售卖条例》的规定，申请强制售卖的地段，只要符合法定要件，香港特区土地审裁处一般会发出强制售卖令。通常是持有大多数份数拥有人的开发商购得地段，少数份数拥有人只能获得售卖地段的收益，而对于受影响的租客也仅由不可分割份数业权人做一定的现金补偿。除此外无须对少数份数拥有人或居民做其他安置，如内地常见的"回迁房安置"或"物业置换"等安置方式。[③] 不可分割份数业权人获取售卖地段的收益或许可以另寻同等住处。但真正居住在旧区的一般为低收入人群的租户，普遍是单身人士、老人及新移民家庭。依据《强制售卖条例》所得的补偿不足以让他们承担新居所的租金，只能租比之前条件更差的住房或搬到偏远的地方。这无疑打破了他们在旧区建立的邻舍或工作网络，生活质量大打折扣。但这种困境并不在政府的帮扶范围内。因此真正居住旧区的人群不但没有享受到重建后的成果，生活质量反而日趋下降，这显然与香港特区政府所说的"市区重建是

---

① 香港特区发展局档案，综合档案名称：DEVB(PL) - 2 - cl. doxc，"财务委员会审核二零一九至二零年度开支预算管制人员的答复"，第 16 节会议，第 680 - 684 页。

② 李爱荣：《征收、拆迁与私有财产的保护：一种以案例为基础的分析》，法律出版社 2012 年版，第 62 页。

③ Borten Ltd. v. Au Yeung Ping Kin and others 案中，有少数份数拥有人提出以其旧物业换取重建后的新物业，但香港特区土地审裁处认为根据《强制售卖条例》，其无权在售卖令中作出这样的指示。

为改善居民的居住环境”的目标有差距。有学者指出，旧区的居民，理应在整个市区重建中受到最大的关注，重建不只是改善社区面貌或运用土地资源，更重要的是改善既有的社会问题。① 香港规划师学会也曾在立法咨询阶段提出，虽然小业主的利益应从更广泛的公众利益的角度来考虑，如重建破旧楼宇和更新陈旧的市区建筑物，但这并不意味着他们的权利可以被不当地剥夺，没有重大的社会福利，任何人都不应该因为重新开发而无家可归或失业。②

遗憾的是，香港特区土地强制售卖制度实施以来，开发商多以地段是否具有较高的重新发展潜力和回报决定是否投资重建，过度注重资本效益。通过市区重建解决既有的社会问题、体现社会公益的这类社会性目标没有得到应有的关注，特别是在处理安置补偿、保障居民居住权方面存在明显局限。

3. 强制售卖地段过度依赖市场选择，不利于建筑物老化问题的解决

私人机构的重建项目选取标准大多以该地段是否有重建的潜力或者回报率等经济指标来决定是否重建，而只要符合强制售卖条例的规定，私人机构一般会收购成功。香港特区土地注册处资料显示，强制售卖成功案例涉及的地段大多以半山区、铜锣湾、大坑及湾仔这些黄金地段为主，亟须重建的破旧社区鲜有人问津。③ 较好地段项目的旧建筑结构良好，暂时还不需要重建，也往往被启动重建，显然是过度依靠市场运作造成的结果。长此以往，建筑物老化的问题无法真正得到解决，通过强制售卖来加快旧区重建进度、解决建筑物老化问题的作用将会弱化。

四、香港特区土地强制售卖制度特点及对深圳城市更新的启示

深圳与香港特区一河之隔，在法律与行政管理体系、市区重建的规模以及土地状况方面都有明显的差异。但从土地所有权和使用权分离的土地制

---

① H. B. Holcomb & R. A. Beauregard, *Revitalizing Cities*: *Resource*, Publications in Geography, Washington, D. C: Association of the American Geographers, 1981.

② 《香港规划师学会就〈土地(为重新发展而强制售卖)条例〉草案的意见书》，档案号：CB(1)974(02)，1998 年 2 月 16 日。

③ 香港特区立法会，《议案辩论参考资料摘要》，“检讨《土地(为重新发展而强制售卖)条例》的运作”，2011 年 10 月 12 日。

度来说,香港特区和深圳都是政府垄断“土地+市场化”出让的模式,深圳的城市更新改造类似香港的市区重建,香港特区强制售卖制度的特点及经验对深圳解决城市更新过程中出现的“拆不动”“谈不拢”僵局有现实的借鉴意义。

(一)司法主导“重建”并引入专业评估人士参与司法裁定,提高裁判公信力

不同于行政征收土地,香港土地强制售卖令是由司法机关裁定是否发出。换言之,地段是否重建由司法机关决定,被申请人有司法上的抗辩权,在司法程序中双方是平等的民事主体。行政机关只有作为“法庭之友”协助法庭提醒可能忽略的合法权益或法庭要求介入才会加入强制售卖程序,而运行过程中对于行政权力的介入确立了清晰的门槛。香港特区强制售卖制度之于深圳城市更新最大的启示在于,立法上赋予司法机关有裁定地段是否重建的权力,并引入专业人士参与司法裁定。

关于赋予司法机关裁定地段是否重建的权力,目前内地的做法可能欠缺可行性,但引入专业人士参与审理城市更新引发的征拆纠纷的做法还是可以借鉴的。从香港特区的经验来看,土地审裁处作为专门处理不动产纠纷的司法裁判机构,有丰富的裁判实践经验。在涉及土地强制售卖案件中,除专业法官外,还有具有相应资质的测量师为土地审裁处的成员。专业测量师在不动产价值评估及建筑物状况的认定方面有丰富的经验和专业的公信力,对物业估值争议的解决有一定优势,有益于司法裁定的公信力,也有益于市区重建的顺利进行。

借鉴香港土地审裁处的经验,深圳司法机关在审理征拆纠纷案件中适当吸收专业评估、测量及工程方面的专家作为专家证人或庭审组成人员,参与审理,有益于提高裁判的专业性和效率。当然评估专家毕竟不是司法专业的裁判者,以往的人际关系或职业经验可能会影响司法的中立和公正性,需要建构规则、制度安排来避免,如回避制度的适用及估值报告的举证、质证程序等,从而提高司法裁定的公信力。

(二)行政权力有限介入,促进城市更新健康发展

如前所述,香港特区土地强制售卖中,行政机关一般不介入强制售卖的操作流程,特别是当事人双方博弈的过程。但由于司法机关不能主动、提前

介入市区重建活动,因此为了有效促进私人开发市区重建的步伐,缓解市区重建过程中的矛盾,维护社会安定,还是需要政府适度介入,做一些与重建项目相关的宣导工作。如香港特区政府推出了调解先导计划、[①]支援长者业主外展服务先导计划、[②]公众教育[③]等。这些宣导工作有助于市民了解强制售卖程序以及相关权益,也能促成当事人双方达成和解,推动售卖程序的顺利进行。

而深圳现阶段城市更新活动中,主要以行政主导为主,行政管理部门对地段是否可启动更新、更新规划、建设经济指标有审批权。且深圳城市更新的规模往往比香港特区大很多,在土地资源匮乏、更新规模大的情况下,不进行必要的行政干预是不符合现实的。在尊重私权利自由运行规律的基础上,保障私权利的自由行使,同时借助于行政机关的适度介入,可以保障社会整体的运转。[④] 深圳可借鉴香港特区强制售卖制度中行政权力适度介入的方式,除细化城市规划、土地管理方面的管理外,行政部门应将工作中心更多放在为民众提供咨询服务和协助方面,充当双方当事人之间的润滑剂,保护小业主合法权益的同时,促进城市更新活动的持续健康发展。

另外,在城市更新规划上应加强政府指导是毋庸置疑的。深圳市人大常委会办公厅 2020 年 7 月 20 日发布的《深圳经济特区城市更新条例(征求意见稿)》中,重点明确了城市更新单元规划应当结合法定图则的各项控制要求进行编制,对项目选取方式做了明确指引,避免过度依赖市场选择的做法,以防出现该重建的没有得到及时启动重建,不急需重建的启动重建的现象,避免资源浪费。

---

① 香港特区发展局设立调解先导计划,协助业主进行自愿性质的调解,目的是就有关已提交或拟提交强制售卖申请在业主之间产生的争议或分歧进行调解,协助业主在资料收集阶段就争议达成和解,达成和解协议对双方均有法律约束力。

② 为协助旧楼宇的长者,香港特区发展局提供外展支援服务,社会工作者向长者讲解物业收购的一般做法和强制售卖的程序,包括咨询、社区教育及个案服务等内容。

③ 香港特区发展局加强有关自愿收购或强制售卖土地方面的宣传和公众教育,让业主加深了解他们在《强制售卖条例》下的权益和保障措施,同时,向市民介绍香港房屋协会辖下 10 个物业管理咨询中心提供的咨询服务。

④ 宋志红:《民事合同抑或行政合同——论国有土地使用权出让合同的纯化》,载《中国土地科学》2007 年第 6 期。

（三）“强制售卖”以协议为基础，节省重建项目效益成本

根据《强制售卖条例》的规定，首先，双方应协商是否同意售卖业权，在持有90%不可分割份数而无法继续收购剩余不可分割份数业权的时候才可提起强制售卖申请；其次，一般情况下双方对收购的要约条件没有争议后才能继续下一步的售卖程序；最后，如双方达成售卖协议的，则按售卖协议购买，无须启动拍卖程序。由此可见，香港特区土地强制售卖制度虽然是“强制售卖”，有“强制性”。但这种“强制性”是建立在经过协商达成售卖协议的基础上进行的，是先有“协议”，后再“强制”。这种模式能避免出现当事人双方僵持而导致重建项目停滞的情况，也有效减少当事人双方的时间、经济成本的消耗。香港特区土地审裁处的数据显示，2007年至2018年，土地审裁处受理强制售卖申请的共279宗，达成协议而撤回的强制售卖申请有16宗，[①]重建项目顺利进行。当事人为此节省了大量的时间和经济成本，降低了重建项目的效益成本。

深圳城市更新活动是“政府引导、市场运作”。在城市更新活动中，政府主要是规划、指导，项目具体根据市场规则开展。借鉴香港特区强制售卖制度的做法，开发商与业主应充分协商，达成法定多数的签约率，只有在多数不可分割份数业权拥有人与少数不可分割份数业权拥有人争议僵持不下时，通过司法裁定解决争议，保护小业主的财产权益，促进城市更新的顺利进行。

结　语

市区重建是城市发展的重要路径之一，私人机构参与市区重建是目前市区重建的重要方式。这一过程涉及不同利益主体的博弈。为消除争议，降低市区重建项目成本，香港特区建立了以协商为基础，以司法为主导的土地强制售卖制度。土地强制售卖制度确立了一套严谨、专业的强制售卖启动程序以及争议解决方式，对于保障少数不可分割份数业权人的权益，促进私人机构主导的重建项目的顺利开展都有积极意义。相较之下，深圳目前城市更新项目也是引入私人机构参与的机制，但在项目启动及争议解决上存在局限，

① 香港特区发展局档案，综合档案名称：DEVB（PL）-2-cl. doxc，“财务委员会审核二零一九至二零年度开支预算管制人员答复”，第16节会议，答复编号DEVB（PL）265。

尤其是现有的争议解决方式无法消除城市更新出现的征拆僵局。因此学习、借鉴香港特区土地强制售卖制度的有益经验,完善现有的城市更新模式以及纠纷解决方式,对于促进城市更新健康发展,维护社会秩序的稳定有重要的现实意义。

粤港澳大湾区中工业园区知识产权检察工作创新研究*

——以深圳龙华区检察院知识产权检察工作为样本

杨时敏　伍孝平　廖　婷　许爱云**

内容提要

《粤港澳大湾区发展规划纲要》明确要求强化知识产权保护以优化区域创新环境，主动增强粤港澳大湾区知识产权法律服务和司法保障能力是检察机关的责任和使命。在粤港澳大湾区背景中，知识产权检察工作也遇到了法律适用难、保护合力未全面形成和内地知识产权保护社会力量不足等阻碍，检察机关应及时应对，精准适用法律，构建多元保护格局，强化法律监督职能，发挥知识产权工作室辐射作用，为粤港澳大湾区知识产权保护贡献检察智慧和力量。

关键词　粤港澳大湾区　工业园区　知识产权　检察工作

---

* 本文为广东省人民检察院 2019 年度检察理论研究课题“粤港澳大湾区背景下知识产权检察工作创新研究”（GDJC201923）的阶段研究成果。本文已发表于《特区实践与理论》2020 年第 4 期。收录于本书时，文字略有改动。

** 杨时敏，深圳市龙华区人民检察院检察长、二级高级检察官，法律硕士，硕士生导师；伍孝平，深圳市龙华区人民检察院检察委员会委员、四级高级检察官，法学硕士；廖婷，深圳市龙华区人民检察院三级检察官，法学硕士；许爱云，深圳市龙华区人民检察院四级主任科员、检察官助理，法学硕士。

一、粤港澳大湾区建设中的知识产权定位

(一)粤港澳大湾区的重要地位

粤港澳大湾区是世界发达的经济区域之一,与美国纽约湾区、旧金山湾区,以及日本东京湾区并肩世界四大湾区。其 GDP 近 10 万亿元人民币,接近纽约湾区水平,是旧金山湾区的 2 倍;进出口贸易额是东京湾区的 3 倍以上;港口集装箱吞吐量是其他三大湾区总和的 5 倍多。① 粤港澳大湾区对中国乃至世界经济发展意义重大,《2017 年国务院政府工作报告》首次提出"粤港澳大湾区城市群发展规划",指出"要推动内地与港澳深化合作……发挥港澳独特优势",自此粤港澳大湾区城市群建设成为国家发展战略层面作出的重要部署。《2019 年国务院政府工作报告》中,粤港澳大湾区与京津冀协同发展、长江经济带并列,成为更高级别的国家战略。

(二)知识产权在粤港澳大湾区建设中的重要定位

知识经济的时代特征是创新发展,创新发展的核心是知识产权。2008 年国务院印发《国家知识产权战略纲要》,大力推行知识产权保护。自此,知识产权作为国家战略发展的地位和重要性不断加强。粤港澳大湾区被定位为"具有全球影响力的国际科技创新中心",其发展离不开创新和知识产权的有力支撑。《粤港澳大湾区发展规划纲要》明确指出,在优化区域创新环境方面,要强化知识产权保护和运用,推动香港、澳门特区融入国家创新体系。粤港澳大湾区 11 个城市各有优势,广州的教育科研、深圳的高科技产业、东莞等周边城市的先进制造业,香港特区的金融和高端服务业、澳门特区的商务服务业,未来这些产业的知识产权日益协同创新发展将成为必然。②

(三)知识产权保护是粤港澳大湾区发展的重要保障

《国家知识产权战略纲要》明确提出,"发挥司法保护知识产权的主导作用"。知识产权司法保护是最严格的知识产权保护。检察机关是法律监督机关,强化知识产权司法保护,是检察机关服务创新发展和粤港澳大湾区建设的应有之义。2020 年,最高人民检察院、广东省人民检察院相继出台《关于

① 谭学文:《粤港澳大湾区海事司法合作的实践与展望》,载《中国海商法研究》2019 年第 3 期。

② 尹怡然:《浅谈粤港澳大湾区建设中的知识产权定位》,载《中国发明与专利》2018 年第 5 期。

充分履行检察职能依法服务和保障粤港澳大湾区建设的意见》，大力发挥检察工作对知识产权发展的支撑和保障作用。深圳作为粤港澳大湾区的核心城市，深圳市检察机关持续推进实施最严格的知识产权司法保护，严厉打击各类侵犯知识产权犯罪，2018 年以来，共受理审查逮捕案件 939 件 1782 人，审查起诉案件 946 件 1716 人；加强与相关部门的协调联动，联合举办“知识产权法律保护进民企”系列活动；广泛开展法律宣传，召开深圳市知识产权法律保护研究中心成立 10 周年纪念座谈会。最高人民检察院批复成立“前海知识产权检察研究院”，南山区人民检察院自主研发“知识产权保护智慧平台”。龙华区人民检察院成立伊始就高度重视知识产权保护工作，积极探索知识产权检察工作创新，在高新企业集聚的工业园区成立知识产权工作室，建立辐射全区的知识产权保护工作机制。市、区检察机关主动增强和延伸知识产权司法服务，形成知识产权保护合力，成为粤港澳大湾区快速发展的重要保障。

二、大湾区中工业园区检察机关知识产权工作室的实践与探索

（一）设立龙华区人民检察院知识产权工作室的背景分析

2017 年 1 月 7 日，深圳龙华正式成为行政区。依托北站高铁枢纽和深圳地理中心的区位优势，龙华区坚实走上发展的高速路，形成电子信息、人工智能、生命健康和时尚创意四大支柱产业，“智造龙华”成为闪亮名片。2019 年，龙华区研发投入 70.17 亿元，同比增长 31%。专利授权量 1.59 万件，增长 18.3%。新增国家高新技术企业 340 家，总数达 2570 家，稳居全市第三。[①] 随着自主创新能力提升，知识产权犯罪不断增加，对高新产业、创新企业的快速成长造成影响和威胁。龙华区人民检察院立足实际，创新知识产权保护方式，全力为创新企业发展保驾护航。

（二）龙华区人民检察院知识产权工作室运行机制

2017 年 4 月，龙华区人民检察院结合区域需求和特点，在科技创新企业

① 龙华区发展和改革局：《深圳市龙华区 2019 年国民经济和社会发展计划执行情况与 2020 年计划草案》，载龙华政府在线 2020 年 3 月 6 日，http://www.szlhq.gov.cn/xxgk/ghjh/fzgh/content/post_6970266.html。

聚集的锦绣科学园设立全市第一家检察机关知识产权工作室，获得辖区高新企业的良好反响。随后，宝能科技园、银星科技园和大浪时尚小镇也成立知识产权工作室，形成了“东有宝能、南有锦绣、西有时尚小镇、北有银星”的保护网，四位一体，实现辖区知识产权保护全覆盖。

知识产权工作室秉持“主动上门服务企业、全面保护知识产权”的工作思路，与园区、企业建立联席会议制度，共同搭建知识产权保护公共服务平台；出台“1 +3”精准服务企业清单，[①]建立服务工作台账；抽调业务骨干，组建知识产权检察业务团队；在创新开发的“智慧龙检”App（公众版）设置“知识产权检察服务”模块，集成法律查询、典型案例分析、线上咨询等功能，升级检企沟通平台；初步打造“工作机制 + 专业团队 + 智慧平台”保护模式，为企业提供有力法律保障、精准法律服务和高效法律推广，着力打造保护知识产权的“龙华检察”品牌。

1. 法律保障

精准打击侵犯知识产权犯罪。与工业园区建立知识产权司法救济快速响应机制，开通案件办理绿色通道；对重大疑难案件注重与被害单位沟通，保证案件质量。如办理的李某某非法制造注册商标标识案入选最高人民检察院 2019 年度检察机关保护知识产权典型案例。有效结合“两法衔接”工作机制，灵活运用立案监督。严格履行诉讼监督，着力强化执行监督。积极推动保护领域延伸。在着力保护企业知识产权的同时，积极向产权领域保护延伸。同时，通过对某一公司的知识产权保护延伸至整个行业的健康持续发展。如在办理两起涉嫌假冒注册商标罪案件中，在案结事了的同时，成功促成侵权方与被害方合作，实现了多方共赢。探索实行法益修复考察期，针对法益侵害不大、易于修复的涉民营经济刑事案件探索实行法益修复考察期，[②]印发《关于对涉民营经济刑事案件实行法益修复考察期的意见（试行）》，保

① 即《工业园区检察机关知识产权工作室工作规则》以及结对联系清单、防范法律风险清单、涉案企业法律救济清单。

② 法益修复考察期指对移送审查起诉的涉民营经济案件，犯罪嫌疑人有修复受损法益意愿的，根据惩罚与教育相结合原则，在法定审查起诉期限内设置法益修复考察期，原则上可对犯罪嫌疑人适用取保候审等轻缓强制措施，由犯罪嫌疑人对被其破坏的法益进行修复，检察机关暂缓起诉，并视法益修复、认罪悔罪态度等情况作相对不起诉处理或提出从轻量刑的建议。

护民营企业持续健康发展。

2. 法律服务

为工业园区企业量身定制法律服务，针对银星科技园“创客空间—创业孵化—成长加速—总部基地”全链条成长模式的特点，在各成长阶段提供知识产权司法保护服务。针对大浪时尚小镇的特点是服装、鞋帽等时尚企业聚集，侧重保护服装企业商标、专利等知识产权，以促进本土自主品牌的建设。定时走访相关企业，提供定点咨询服务。指导辖区内知名企业妥善应对美国国际贸易委员会发起的337调查案件，最终获得胜诉。2020年新冠肺炎疫情防控期间，设立24小时检察官专班制度，助力企业复工复产。

3. 法律推广

开展“龙华检察在行动”系列法治宣讲活动，编印企业法律风险防范宣传手册，强化企业知识产权自主预防和保护。组织案件庭审观摩，起到“审理一案，教育一片，影响一方”的辐射效应。发布典型案例指导，发挥案例的指导、规范、预防和教育作用。阶段性举办有高度、有水平、有影响的知识产权保护论坛，共同探索知识产权保护新路径。发布《工业园区检察机关知识产权工作室工作报告》，及时总结和梳理工作经验和问题，更新工作理念，进一步探索健全和完善工作机制，促进提升保护知识产权工作能力和水平。

三、知识产权检察工作的困境和障碍

龙华区人民检察院在为工业园区提供法律保障和服务过程中，问题和障碍也逐渐凸显。

（一）粤港澳法律适用难

“一国两制三法域”是粤港澳大湾区知识产权法律制度的基本特征，香港、澳门特区的知识产权法律是对回归前的相关法律进行本土化，[①]香港特区主要受英美法系的英国影响，澳门特区主要受大陆法系的葡萄牙影响，这种影响不是单纯的法律移植，是深层次的法律文化继受。而包含深圳在内的广东九市区域适用的是类似于大陆法系的中国特色社会主义法系的知识产权

---

① 滕宏庆、佘锦燕：《粤港澳大湾区知识产权行政保护联动机制研究》，载《中国应用法学》2019年第6期。

法律,各区域的知识产权法律有较大差异,目前能准确适用的专业人才寥寥无几,这为知识产权检察工作的开展和创新增加了难度。

1. 法律制度差异大

内地知识产权单行法有《著作权法》《商标法》《专利法》。于 2021 年 1 月 1 日起实施的《民法典》对知识产权作了概括性的规定,在总则篇中将知识产权确认为民事权利予以保护,同时保留了知识产权各单行法;此外,《民法典》第 1185 条新增侵害知识产权惩罚性赔偿的一般性规定,通过加大侵权行为惩戒力度强化知识产权保护,为知识产权法律独立成篇纳入《民法典》进一步拓展空间。

澳门特区与内地一样,知识产权单行法形式也较为简单,其仅有《著作权及有关权利之制度》和《工业产权法律制度》,[①]但具体内容与内地相比差异颇多。以著作权的保护范围为例,内地明确规定计算机软件为保护对象,澳门特区对于计算机软件能否成为保护对象仍有争议,而且澳门特区不仅保护作品,也保护作品的名称。相比之下,香港特区的知识产权法律更为详细和全面,其针对版权、商标、专利、外观设计、商品说明、集成电路的布图设计和植物品种保护分别制定条例,有些还相应具体制定了规例或规则。[②] 我国《民法典》第 123 条规定知识产权客体包括植物新品种等 8 类,[③]但内地没有对作品、商标和专利之外的客体专门制定法律,《植物新品种保护条例》等法规的效力等级较低。2019 年,全国法院共受理涉植物新品种案件 38 件,[④]集成电路布图设计发证 6614 件,同比增长 73.4%,[⑤]现有制度已经无法满足植物新品种或集成电路布图设计等的保护需求。值得一提的是,香港特区和澳门特区的知识产权法律均没有关于惩罚性赔偿的规定,如何实现知识产权惩罚性

---

① 详见澳门特别行政区政府经济局官网,https://www.economia.gov.mo/zh_CN/web/public/pg_laws_regulations,2020 年 10 月 27 日最后访问。

② 详见香港特别行政区政府知识产权署官网,https://www.ipd.gov.hk/chi/intellectual_property/ip_laws.htm,2020 年 10 月 27 日最后访问。

③ 香港特区知识产权客体包含商品说明;内地的知识产权客体不包含商品说明,但包含地理标志和商业秘密。

④ 最高人民法院《中国环境资源审判(2019)》,2020 年 5 月发布。

⑤ 《2019 知识产权主要数据发布:主要指标稳中有进知识产权质量效益持续提升》,载国家知识产权局官网,https://www.cnipa.gov.cn/art/2020/1/15/art_53_118039.html。

赔偿适用于港澳互认互通的问题亟待解决。

总体来看,粤港澳三地知识产权法律不仅在宏观的法律体系上存在差异,微观的条文细则也千差万别。目前,内地只有《涉外民事关系法律适用法》的三个条文涉及涉外知识产权冲突调整,且均为民事领域,而知识产权检察工作主要立足于刑事案件的办理,法律制度差异大、缺乏相应的涉外法律调整。这样的局面既给创新主体寻求知识产权保护造成了不确定性,也影响了涉港澳知识产权检察工作的开展。

2. 专业人才缺乏

科技进步催生知识产权保护,内地的知识产权立法和司法随着信息技术发展和产权保护意识的提升而逐步完善,相应的知识产权研究人员和从业者也正是经过不断的理论学习与经验积累才逐步掌握这个部门法的适用的,但粤港澳知识产权法律分属三个法系,理解与适用有更大难度。为适应知识产权专业性强的特点,审判机关设立了知识产权法院或法庭,如广东省设立了知识产权法院;并确立"三审合一"机制,由固定人员集中办理知识产权民事、行政和刑事案件。而检察机关至今没有知识产权检察院,龙华区人民检察院设立了知识产权业务团队专门办理知识产权案件,但办案组检察官有限,还需同时办理普通刑事案件,缺少足够的精力进行知识更新,对三地不同法律的掌握还不全面。放眼全国,研究比较粤港澳知识产权法律的学者和实务工作者有限,笔者于 2020 年 5 月 15 日在中国知网输入"粤港澳""知识产权"两个关键词检索,结果只有 26 篇相关研究成果。现有的专业人才难以满足粤港澳大湾区知识产权检察工作顺利开展的需求。

(二)保护合力未全面形成

1. 粤港澳司法协作明显缺位

一方面,粤港两地于 2003 年成立了粤港保护知识产权合作专责小组,通过情报交流、联合行动等方式加强执法、调查研究等方面的交流与合作,这为粤港澳的协作提供了先进经验;但澳门特区没有加入,而且双方成员只有广东省市场监督管理局、广东省公安厅、香港特别行政区知识产权署和双方的海关等行政机关,没有检察院等司法机关的参与。另一方面,粤港澳三地涉及知识产权司法协作的单位多且杂,如广东省主要参与单位有检察机关、法院、公安机关等,香港特区有警务处、律政司等,未理顺对应关系,也缺乏专门的知识产权司法协作机构，容易造成司法协助"一对空"或"一对多"现象。深圳检察机关办理的一些案件关键证据在港澳地区，却因为粤港澳司法协助渠道不畅通等障碍无法获得关键证据，导致案件得不到良好的处理结果。

2. 内地协同保护机制有待完善

行政机关、司法机关、工业园区及企业自身等主体有保护知识产权的一致目标。2019 年 11 月，深圳市知识产权"一站式"协同保护平台启动，该平台整合知识产权行政保护、司法保护、行业保护、纠纷多元化解等资源，集维权保护、纠纷化解和宣传培训等功能，为知识产权的协同保护创设了良好局面，但由于该平台成立时间较短，功能尚未充分发挥，未完全将知识产权保护的触角延伸至辖区各企业。龙华区人民检察院知识产权工作室注重与工业园区及企业联系，与观澜海关、市场监管局等五个部门积极磋商建立长效协作机制，但深圳其他区没有良好的协同保护机制，企业、行政机关、司法机关、园区管理方等主体各自为政的局面仍然存在，信息未共享，资源未有效整合。

（三）内地知识产权保护社会力量不足

1. 第三方机构管理亟须加强

司法实践中，无论内地还是港澳特区，企业或个人遇到知识产权纠纷时首先会寻求律师事务所或知识产权代理公司等专业服务机构。这些第三方机构的确为企业提供一些保护服务，但不同于香港特区知识产权专业服务具有的优势，内地的第三方服务机构在运行中存在一些问题。一方面，这些机构缺乏完备的自律监管制度，水平参差不齐，企业和个人对此无法辨别，而且这些机构提供的法律服务常与企业支付的费用相挂钩；若企业支付的费用未达到预期，服务就难以保证，可能出现取证不及时等现象，导致企业知识产权无法得到充分保护。另一方面，企业过分依赖第三方机构，自身没有投入知识产权保护中，未能充分意识知识产权保护的重要意义，无法及时提升知识产权保护能力和水平。结合龙华区人民检察院办案实际，笔者发现知识产权代理公司举报已成为知识产权案件的主要来源，而代理公司假装客户找人生产侵权产品，再向公安机关报案进行打假的引诱犯罪等现象时有发生，并有增多的趋势，值得警惕。

2. 保护知识产权意识较薄弱

《香港市民保护知识产权意向调查 2018 年报告》显示，多数受访者能联想到知识产权正确的术语或概念,如版权/盗版(48.2%)、商标/冒牌(23.1%)等,而且80%以上的受访者能在不同情况识别各个购买或售卖行为是否侵犯知识产权,96.1%的受访者认为知识产权在香港特区非常有需要受保护。① 内地与之形成鲜明对比,龙华区人民检察院知识产权工作室经与园区负责人及企业代表交流发现,部分企业的知识产权保护意识薄弱,对享有的权利、维权所需的程序和具体途径较模糊,而这些基本都是集成电路、生物医药等科创领域对知识产权保护需求较大的创新企业。究其原因,一是大部分企业将精力集中于研发、生产,无暇顾及知识产权保护工作;二是现有的环境缺乏健全的普法维权教育机制,难以有效改善企业和社会知识产权保护意识薄弱的问题。

如上所述,在粤港澳大湾区背景下,知识产权检察工作存在诸多掣肘。香港特区知识产权的立法、司法等各项工作与内地和澳门特区相比更为全面,值得内地借鉴,也需要在今后工作中进一步平衡和协调。

四、知识产权检察工作的突破与创新

香港、澳门特区拥有高度自治权。高度自治在知识产权领域的体现则是内地、香港特区和澳门特区建立了相互独立的知识产权法律制度,并且香港特区和澳门特区有独立的行政管理权和司法权。当下,粤港澳大湾区发展战略正逐步落地,克服法律制度差异等阻碍以适应粤港澳知识产权协作需求变得更加迫切。检察机关应及时应对,找准切入点和发力点,为粤港澳大湾区建设提供优质的法律服务和司法保障。

(一)推进法律精准适用

1. 联合出台法律规范

《粤港澳大湾区发展规划纲要》明确提出"不断丰富、发展和完善有利于激励创新的知识产权保护制度"。为了全面加强粤港澳大湾区知识产权保护领域的合作,可以大刀阔斧推进知识产权法律制度的统一,无论是国际合作

① 米嘉道资讯策略有限公司:《香港市民保护知识产权意向调查2018年报告》,载香港特别行政区政府知识产权署官网,https://www.ipd.gov.hk/eng/promotion_edu/survey/ipr_report_pub_2018.pdf,2020年10月27日最后访问。

还是区际协作都证明统一的法律规范是区域经济发展的重要保障,如欧盟的发展历程就是破除差异、统一欧盟成员国私法规范的过程,[①]统一粤港澳知识产权法律是符合国际惯例的方向性实践;参照对内地、香港特区和澳门特区均生效的国际条约如《巴黎公约》出台一部适用于内地与港澳的新知识产权法,同时原有知识产权法律制度予以保留,由各地建立相应的协调适用机制;[②]立足内地、香港和澳门现有的知识产权法律出台协调适用的司法解释、条例;等等。

广州市黄埔区和开发区于2019年11月制定并施行《推进粤港澳知识产权互认互通办法(试行)》,虽然该办法的内容主要是关于港澳知识产权在内地的政策扶持,并未涉及港澳特区知识产权在内地的认定、跨境争议的解决依据和路径等具体法律适用问题,但该办法为粤港澳知识产权法律制度的互认互通提供了新思路。深圳可以充分运用特区立法权,出台深港澳知识产权协作条例,推动内地与港澳法律制度的衔接。通过在知识产权法律适用标准上达成共识,推动粤港澳三地行政执法和司法审查等知识产权法律适用标准的统一,实现同案同罚,为创新主体营造和谐稳定的营商环境。[③]

2. 建立知识产权专家库

为提升涉港澳知识产权案件办理和法律服务的专业化水平,可以借鉴深圳前海法院引入专业人士作为人民陪审员[④]或广州知识产权法院引进香港、澳门特区居民调解员[⑤]的做法,成立港澳知识产权专家库,聘请相关知识产权专业人员担任检察机关的专家咨询委员或特约检察员,召开区际司法制度比较研究会议,有效发挥专家的法律咨询、政策研究、技术调查和技术鉴定等作用,进一步提高办理涉港澳疑难复杂案件的能力。

---

① 肖玉杰:《论粤港澳大湾区府际合作治理中的知识产权协调机制》,载《知识经济》2020年第3期。

② 李广辉、张晓明:《粤港澳知识产权法律制度研究比较》,载《粤港澳经济》2009年第6期。

③ 滕宏庆、佘锦燕:《粤港澳大湾区知识产权行政保护联动机制研究》,载《中国应用法学》2019年第6期。

④ 肖波、刘畅:《深圳前海法院助力粤港澳大湾区发展》,载《人民法院报》2019年9月18日,第4版。

⑤ 《广州知识产权法院出台意见探索引进港澳籍调解员参与调解》,载广州知识产权法院官网2019年9月17日,http://www.gipc.gov.cn/front/content.action?id=379c1a11d60847cd8cd1985a50260fcb。

3. 打造专业化办案力量

专业人才不仅是提高知识产权案件办理水平的重要保障,更是全面加强知识产权检察保护的直接力量,对于知识产权检察工作至关重要。检察机关必须建立一支高水平、专业化的知识产权办案力量。一是引进专业人才,招录和选拔具有知识产权专业背景和丰富办案经验的人员充实知识产权检察队伍;二是提升办案能力,根据知识产权案件专业化、智能化和隐蔽的趋势特点,通过专项培训、实务交流等方式加强办案人员调查取证、证据分析与运用等方面的能力,提高对知识产权法律法规的理解和运用;三是加强理论研究,用好前海知识产权检察研究院,对知识产权犯罪中的新情况、新问题,组织专门力量加强对新型案件的法律适用实务性和前瞻性理论研究,结合办案经验提升研究深度和精准度,并让理论研究服务知识产权检察工作,更好地引领、促进检察实践。

(二)构建多元保护格局

1. 粤港澳加强司法协作

粤港保护知识产权合作专责小组的工作已有成效,在此基础上澳门特区可以积极加入,此外三地均引进检察机关的参与,建立粤港澳大湾区知识产权司法行政联席会议机制,促进重大案件的线索通报、案件移送和信息共享;运用现代科技搭建粤港澳知识产权保护平台,与知识产权政府服务平台和交易平台相联通,既加速知识产权申请的在线审查和批准确权管理,便利知识产权成果的快速转化和信用建设,又利用信息技术如区块链不可篡改、不可逆和不可追溯的特性对创新主体享有的知识产权进行存证,一旦出现侵权纠纷并进入诉讼等司法环节,粤港澳知识产权保护平台存证模块提交的相关数据经正式审查后自然成为电子证据,真正化解"举证"难的问题,提升争议解决效率。[①] 此外,针对紧迫性、规模性的知识产权案件,灵活推进个案协查,进行不定期会晤,共同商定办理方案。通过上述举措有效打击跨区域、链条化的知识产权侵权行为,提升案件办理质效。

---

① 滕宏庆、佘锦燕:《粤港澳大湾区知识产权行政保护联动机制研究》,载《中国应用法学》2019年第6期。

2. 内地推广一站式保护机制

知识产权保护是一个复杂的系统工程，从知识产权自身来讲，涉及专利、商标、版权、植物新品种、商业秘密等领域，其保护的权利内容、权利边界等都有各自的特点；从保护手段上来讲，知识产权保护涉及注册登记、审查授权、行政执法、司法裁判、仲裁调解等多个方面，这就客观上要求我们加快构建行政和司法两条途径优势互补、有机衔接的保护模式。首先，深圳各区相关职能部门可以以市知识产权"一站式"协同保护平台为参照，建立区级协同保护平台，为企业等提供更高效便捷的知识产权服务。其次，可以借鉴四川省成都市人民检察院的做法，联合海关、知识产权局等签署战略合作框架协议，在专项行动、信息共享、技术支持、个案会商等重点领域增进司法行政协作配合，形成协调、顺畅、高效的知识产权大保护工作格局和工作合力。最后，共同出台意见有效衔接行政执法和司法审查标准，行政机关执法中收集的材料和认定的事实与依据是认定知识产权刑事犯罪的重要证据，为了避免执法者滥用公权，更好地打击犯罪和保障权利人利益，应该统一行政执法和司法审查的裁量标准。[①] 多部门、全方位的协力合作可以为知识产权的充分保护打下坚实基础。

（三）强化法律监督职能

检察机关是国家的法律监督机关，要有效充分发挥法律监督职能，多途径了解和掌握社会各经济主体尤其是企业的知识产权情况和服务需求，切实提高挖掘案件的能力，加大知识产权保护力度。一是通过知识产权刑事案件畅通行刑衔接，派员提前介入案件侦查、监督立案，规范、引导执法行为，重点监督行政机关"以罚代刑"，防止"该立不立""有罪不究"。二是加强与知识产权行政主管部门、审判部门的沟通，精准监督知识产权行政主管部门不作为或违法作为的情形，及时审查知识产权案件的生效民事、行政判决，依法通过检察建议或抗诉程序，做到有错必纠，消灭深圳检察机关办理涉港澳民事、行政监督案件的空白，共同促进依法行政、公正司法。三是重点监督新能源、互联网等关键领域的知识产权保护问题，不断提高知识产权保护的效果。知

---

① 滕宏庆、佘锦燕：《粤港澳大湾区知识产权行政保护联动机制研究》，载《中国应用法学》2019年第6期。

识产权保护点多、线长、面广，既要统筹协调，综合施策，又要抓住关键，着力监督和解决知识产权保护面临的突出问题，提高保护的效果，切实为粤港澳大湾区建设营造良好法治环境。

(四)规范服务机构管理

为了更好发挥第三方服务机构的政策咨询、知识产权代理、法律维权等功能，要逐步建立知识产权服务机构行业的各项标准，如价值评估、研发融资、维权咨询等，通过建立行业服务标准，规范第三方服务机构的规范运作，提高服务效率和质量。要发挥行业协会的作用，通过自律监管推动行业的健康规范发展，为有需求的企业和个人在选择合作伙伴时提供更便捷可靠的参考依据。① 要发挥香港特区专业的知识产权服务机构的带动作用，鼓励粤港澳共建专业服务机构。② 要加强检察机关与第三方服务机构之间的交流，作为提供专业服务的第三方机构，其有比较丰富的信息资源和雄厚的专家队伍，检察机关在办理疑难复杂案件时可以及时与服务机构保持沟通，了解服务机构的意见，并在交流中引导服务机构合法取证，既促进第三方服务机构规范健康发展，规范专业的第三方机构，又更有效地服务知识产权检察工作，实现双赢、共赢。

(五)发挥工业园区检察机关知识产权工作室辐射作用

在工业园区设立检察机关知识产权工作室，及时为企业提供专业化、精细化的知识产权法治服务，是检察机关服务保障优化营商环境的具体体现。龙华区人民检察院知识产权工作室工作制度日益完善，业务力量逐渐壮大，今后应继续优化知识产权检察工作的方式，健全落实《工业园区检察机关知识产权工作室工作规则》，充分发挥知识产权工作室的辐射作用，推动工业园区、企业的交流，扩大影响力，以点带面提升辖区其他企业的知识产权保护力度。山东济宁高新开发区人民检察院、浙江乐清市人民检察院也有在园区或企业设立知识产权检察室、工作站的先进经验，粤港澳大湾区内地九市可以将其作为样本，根据实际需求在工业园区或企业探索建立知识产权检察服务

---

① 丁可：《我国知识产权服务机构现状及发展对策》，载《法制博览》2016 年第 23 期。

② 《粤港澳大湾区发展规划纲要》，载国务院港澳事务办公室官网，https://www.hmo.gov.cn/xwzx/dwq/201902/t20190227_20430.html。

阵地,精准助力企业保护和运用知识产权,紧抓粤港澳大湾区发展带来的机遇。

(六)加强法治宣传推广

知识产权保护工作的开展离不开企业和个人等社会各界的参与,加强宣传推广,提升社会公众的知识产权守法和维权意识,才能让保护理念深入人心。香港特区有非常丰富的经验可供学习,其在特别行政区政府的知识产权署官网设置了“推广及公民教育”专栏,提前发布各项知识产权活动信息供广大市民报名参加,召开研讨会、展览会等,并面向学生举办系列讲座,通过多举措、深层次的普法宣传提升居民的知识产权保护意识。虽然检察机关更多是通过案件受理“被动”提供知识产权保护,但在今后工作开展中,可以更频繁地主动“走出去”,如发布知识产权典型案例,推动以案释法工作常态化,结合办案在微信公众号等平台进行法治宣传,适时召开知识产权讲座,为知识产权检察保护知识的传播和推广发挥不可或缺的作用,切实提高科创企业等社会各主体知识产权守法和维权意识。

网络平台治理的地方立法研究

罗　彤*

内容提要

随着网络平台治理成为社会治理转型中越来越重要的议题，我国地方立法在网络平台治理领域进行了逐步探索。本文将网络平台治理地方立法的发展历程分为三个不同阶段，从中总结地方立法的特征。从社会治理现代化视角来看，未来地方立法推进网络平台治理的主要路径在于构建多元协同治理模式，推动政府部门协同监管，合理强化网络平台主体责任，厘清网络平台与其他主体的法律关系。

关键词　网络平台　平台治理　地方立法　多元协同治理

随着互联网产业的快速发展，网络平台治理成为社会治理转型进程中越来越重要的议题。网络平台治理的核心在于与网络平台相关的各种规则的制定与实施中的权力分配以及相关义务和责任分配。① 从社会治理法治化的视角来看，唯有探索性、反思性的立法实践可以为如此复杂的规制与治理任

* 罗彤，深圳市司法局立法和规范性文件审查三处中级法律专务，中国政法大学法学学士及法律硕士，北京大学经济学学士。

① 周学峰、李平主编：《网络平台治理与法律责任》，中国法制出版社2018年版，第34页。

务提供稳健而灵活的制度依据。[①] 如何通过立法构建与时俱进的网络平台治理机制，值得深入研究。

近20年来，不少地方立法在网络平台治理领域进行了各类尝试。本文通过梳理相关地方立法经验，大致分析出网络平台治理地方立法的发展脉络、特征，为下一步地方立法的探索提供思路对策。需特别指出的是，关于地方立法的范围，由于不少地方以政府规范性文件形式对当地网络平台治理进行规制，因此，本文所称的“地方立法”既包括地方性法规和地方政府规章的制定，也包括有关政府规范性文件的制定。

一、网络平台治理的地方立法历程

经梳理相关文本，本文将我国网络平台治理地方立法的发展历程大致分为三个阶段。

（一）2000～2008年：以信息服务类平台为主的单边代理式治理

总体来讲，网络平台治理地方立法在第一阶段的主要特征是以信息服务类平台治理为主，建立“政府—平台—供方”的单边代理式治理模式。

以2000年《互联网信息服务管理办法》的出台为起始点，各地据此开展了有关互联网信息内容监管的立法活动，如《北京市网络广告管理暂行办法》《贵州省互联网信息服务管理暂行规定》《浙江省广告管理条例》《北京市信息化促进条例》等。在这一阶段，相关立法文本很少使用“平台”或“平台经营者”等概念，更多使用“互联网信息服务提供者”等主体概念。但结合其制度内容可知，有关互联网信息内容、互联网信息服务提供者的规制实际上是关于信息服务类平台的治理规则。从供需匹配的角度来看，此类平台所连接的供方一般为广告商、新闻媒体、上传信息的普通用户等信息提供者，需方一般为不特定多数的信息获取者，主要针对网络平台所传输、存储、传播的具有一定开放性的信息内容进行治理。

从治理手段上看，地方立法遵循了国家立法所确立的“政府—平台—供方”的单边代理式治理思路（见图1），即政府管平台，平台代政府管供方，由网络平台履行对供方所传播信息的注意义务，承担审查责任，发现其业务平

① 苏宇：《信息科技前沿的地方立法》，载《地方立法研究》2019年第3期。

台上存在违法信息的，要及时阻断、保存记录并报告主管部门。[①] 在这种治理思路下，地方立法对网络平台设置的义务大致分为两种：一是具有公共性的“准执法者”义务，如事前主体审查公示、事中监控、事后阻断关闭等管理要求；二是违法信息保存和报告等有关“辅助执法者”的义务。这种单边代理式治理思路一直影响有关信息类平台治理的地方立法进程，并在后续阶段进一步强化，如 2011 年《北京市微博客发展管理若干规定》的微博实名制管理等制度是加强这种治理思路的一个缩影。

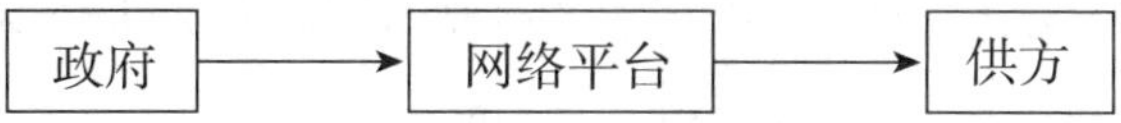

图 1　单边代理式治理模式

（二）2008 ~2015 年：以电商类平台为主的三角式治理

2008 年后，有关网络平台治理的地方立法进入了以电商类平台治理为主的阶段，强调“平台—供方”“平台—需方”“供方—需方”的三角式治理结构。

此阶段，随着以《网络商品交易及有关服务行为管理暂行办法》为标志的国家立法出台，[②]各地开展了大量围绕电子商务或网络交易平台的立法项目。从 2008 年《上海市促进电子商务发展规定》等先行先试开始，《无锡市网络商品交易及有关服务行为管理暂行办法》《上海市工商行政管理局第三方网络交易平台经营管理办法》《深圳市网络交易合同规则》《深圳市网络经营者交易信用信息管理办法》《杭州市网络交易管理暂行办法》《厦门市网络交易经营者信息公示办法（试行）》等诸多立法文件陆续出台。

有别于前一阶段，此类网络平台的治理逐渐趋于体系化。除了“网络平台”的主体概念在立法上得以确立之外，基于网络交易的法律关系，“平台—供方”“平台—需方”与“供方—需方”的三角式治理结构也在地方立法中逐渐浮现（见图 2）。相比于前文所述的单边代理式治理，这种三角式治理结构具有以下特征：

---

① 王融：《中国互联网监管的历史发展、特征和重点趋势》，载《信息安全与通信保密》2017 年第 1 期。

② 2010 年出台的《网络商品交易及有关服务行为管理暂行办法》是国内首部专门规制网络交易行为的部门规章。

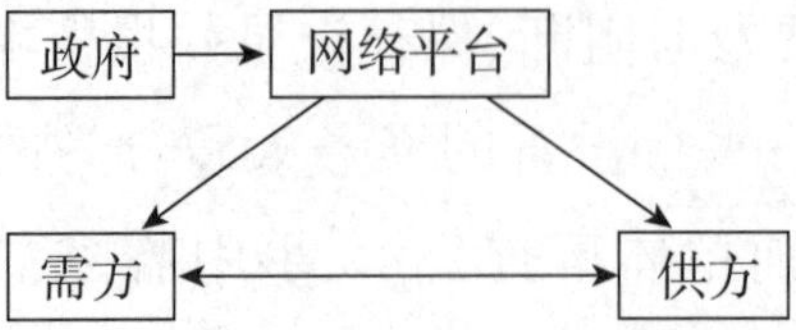

图 2　网络平台的三角式治理模式

第一，网络平台的角色有所拓展：不仅是准执法者和辅助执法者，也是准立法者[①]和准司法者；不仅管供方（卖方），也管需方（买方）。如《无锡市网络商品交易及有关服务行为管理暂行办法》规定网络商品交易平台服务经营者应建立健全网络平台交易规则制度；《深圳市网络交易合同规则》规定网络交易平台应及时妥善处理买卖双方的纠纷。第二，通过设置信用披露评价、交易风险警示等制度，供需双方之间也形成相互监督机制。例如，《杭州市网络交易管理暂行办法》明确鼓励第三方网络交易平台经营者为交易当事人提供公平、公正的信用评价服务，对平台内网络交易经营者的信用情况客观、公正地进行采集与记录，建立信用评价体系、信用披露制度、交易风险警示制度。

（三）2015 年至今："互联网 +"时代的网络平台治理

步入"互联网 +"时代后，随着国家立法及社会舆论对平台治理的大力关注，关于平台治理的地方立法数量相比之前成倍增长，"平台治理"的概念也正式写入一些地方政策文件之中。[②]

在适用领域上，现阶段的地方立法多数围绕新型"互联网 +"平台进行规制。一是根据国家上位法进行本土的细化，如根据《网络预约出租汽车经营服务管理暂行办法》《食品安全法》等分别对网约车（互联网 + 出行）、食品安全（互联网 + 食品）等领域进行地方立法；二是根据当地情况对各项"互联网 + 产业"进行精细化规制，如《广东省旅游条例》《广东省民宿管理暂行办法》等规定了网络旅游平台、网络民宿平台等内容。

---

① 此处的"法"可理解为软法，是网络平台为维持平台内交易秩序稳定而自行设定的约束供需方行为的相关规则。

② 例如，《大连市人民政府关于加快构建大众创业万众创新支撑平台的实施意见》规定：强化平台内生治理作用。依托平台企业的商业模式和信息化优势，加强对平台生态圈内从业机构和用户的动态管理。鼓励平台企业利用平台积累的用户评价数据，规范其在内容管理、平台规则、事中监测、网络安全等方面的责任和义务，提升平台治理效果。

相比单边代理式治理和三角式治理，其治理结构进一步多元化、协同化（见图3）。一方面，在社会信用体系建设的大环境下，部分地方制定了有关公共信用信息公开的法规、规章及规范性文件，[①]间接推动了社会公众参与网络平台治理，通过信誉机制加强公众对网络平台、供需双方等治理对象的外部监督作用。另一方面，由于不少“互联网+产业”平台的供需方为本地经营者和本地消费者，平台也往往会在本地设置分支机构，因此，网络空间开放性与地方立法地域管辖之间的矛盾在此类平台治理的过程中有所缓和，使该产业的地方行业协会也得以在平台治理中发挥行业自律作用。例如，《深圳市网络预约出租汽车经营服务管理暂行办法》规定市出租汽车行业协会应当建立网约车经营者和驾驶员不良记录名单制度，加强行业自律。

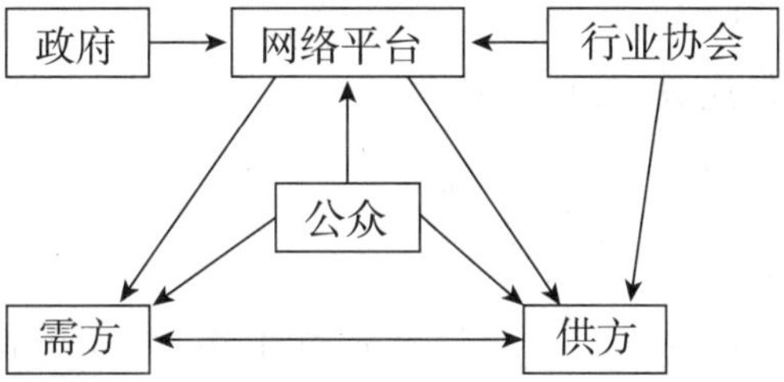

图3 “互联网+”时代的网络平台治理

与此同时，现阶段的地方立法还反映了“政府—平台—供方”的代理式治理模式的进一步强化，将更多监管责任转移至网络平台，试图通过强化政府管平台、平台管供方的途径来实现“互联网+”平台的治理目的。[②] 以《深圳经济特区食品安全监督条例》为例，尽管平台不直接参与某行业的生产经营活动，但该条例将网络食品交易第三方平台定性为食品生产经营者，同时设置了平台先行赔付等制度，进一步强化了此类平台的义务和责任。

二、网络平台治理的地方立法特征

经梳理有关地方立法发展历程可见，我国网络平台治理领域的地方立法呈现以下特征。

---

① 如深圳市于2017年颁布了《深圳市公共信用信息管理办法》。

② “互联网+”平台往往具有较强的社会性与公共性，相关立法可能更关注社会安全、社会稳定等方面的价值因素。

（一）紧跟国家立法步伐，整体慎重推进

从整体来看，大部分与网络平台治理相关的地方立法是对国家有关上位法的细化，可见国家立法对地方立法的巨大推动作用。地方立法主要集中在电子商务、信息服务以及食品、网约车等领域，这些领域都有对应的国家上位法。而对于上位法尚未提及的特殊平台类型，鉴于地方立法权限等因素，地方不轻易立法，整体进程较为慎重。

以深圳立法进程为例。2014 年深圳市人民代表大会（以下简称市人大）和政协委员提案建议以地方性法规的形式颁布互联网借贷平台（P2P）行业管理办法[①]，但近年来，有关立法项目未被列入政府立法工作计划当中。此外，深圳市政府也曾试图先行先试，在提请市人大审议的《深圳经济特区知识产权条例（草案）》中创新性设置了有关网络平台在知识产权保护方面的注意义务、知识产权纠纷解决机制等内容，[②]但 2018 年出台的《深圳经济特区知识产权条例》并未保留相关制度内容。

（二）强调地方针对性，局部予以创新

在细化国家上位法的基础上，不少地方也重视当地的特殊性。相关地方立法对当地的互联网企业、平台经济及相关产业发展情况有清晰的认识，也设计了若干有针对性的措施。

以杭州为例，由于电子商务产业发达、本土网络交易平台企业发展迅猛，其往往更早意识到网络交易平台治理存在的问题。如关于平台内交易规则制度，有关《杭州市网络交易管理暂行办法》的官方政策解读指出："由于通过平台交易的商品或者服务包罗万象，交易情势瞬息万变，第三方网络交易平台会根据实际情况不断修订平台服务规则。在实践中，平台服务交易规则修订如果缺乏公开性可能会引发社会问题。"[③]对此，在国家立法确立的公开、连续、合理原则下，为保障平台用户的信赖利益，《杭州市网络交易管理暂行

① 参见莫莉、古美仪：《深圳发布全国首部 P2P 立法提案，建议加强监管》，载搜狐网 2014 年 1 月 24 日，http://business.sohu.com/20140124/n394136782.shtml。

② 参见深圳市人大常委会办公厅：《关于〈深圳经济特区知识产权保护条例（草案）〉公开征求意见的公告》，载深圳人大网，http://www.szrd.gov.cn/szrd_zyfb/szrd_zyfb_tzgg/201910/t20191016_18331474.htm。

③ 杭州市人民政府法制办公室：《关于〈杭州市网络交易管理暂行办法〉的政策解读》，载中国杭州政府门户网，http://www.hangzhou.gov.cn/art/2015/11/6/art_1092213_395159.html。

办法》进行了创新性规定,要求网络交易平台制定或者修改平台服务规则应当事前征求用户意见。

(三)治理主体多元化,治理方式协同化

无论是国家自上而下的引导,还是地方针对性的自行探索,更深层次的特征在于,地方立法对网络平台治理的推进反映了对单一的传统行政监管模式的突破,具体表现为以下两点。

1. 治理主体多元化

相比传统的行政规制,地方立法推动网络平台治理主体走向了多元化,除行政监管部门外,网络平台被赋予了越来越多重的治理角色,互联网行业协会、传统产业行业协会、社会公众以及平台上的供需双方等主体也都参与其中,既利用网络平台在治理上的资源和技术优势,也发挥其他主体的治理作用。

2. 治理方式协同化

有关地方立法内容逐渐强调多元主体之间以合作更多、互动性更强的方式参与网络平台治理,协调不同的利益和行动。① 平台信用互评、平台信息公开以及社会公众共同参与制定平台交易规则等制度的确立有助于推动平台秩序的共建、平台生态的共治以及平台资源的共享,形成动态的协同式治理格局。

三、网络平台治理地方立法的未来思路

经梳理可见,现有地方立法经过近20年探索,形成了宝贵的实践经验素材,为推动网络平台治理和走向社会治理现代化打下了必要基础,值得深省。前文总结的立法特征表明,受制于上位法框架和地方立法权限,网络平台治理地方立法能否进一步根据地方特色进行突破创新,在很大程度上有赖于国家的授权支持。但本文认为,即使不考虑这一理想化思路,仍有必要在现有权限范围内进一步探索网络平台治理的地方立法。

相对于国家立法,地方立法具有制定周期短、立法后评估可操作性强等天然优势。从"治理"本身的角度来看,规制法着眼于治理效果,不仅要关注

① 宋华琳:《政府规制中的合作治理》,载《政治与法律》2016年第8期。

规制立法的规则制度内容，也要关注相关规则制度的现实运作状况，[①]这就需要及时地进行立法后评估。从网络平台及整个网络生态的发展角度来看，网络平台的规制需要更灵活的地方立法给予试验、调整和磨合的空间。

更重要的是，网络平台治理看似局部治理，实际涉及互联网时代整体社会治理现代化转型问题。深入推动网络平台治理的地方立法进程，不仅关系各地在未来网络前沿领域的法治化进程及竞争力，更关系在互联网时代如何构建共建共治共享的社会治理格局的问题。总之，在未来，地方立法仍具有广阔的作为空间。

符合现代化社会治理体系要求，是未来进一步推动网络平台治理地方立法的立足点。在思考未来之路的过程中，有必要系统地探讨何为符合现代化社会治理体系要求的网络平台治理模式，以理论为指引观察实践，进而指出未来地方立法推动网络平台治理的具体对策。

（一）网络平台多元协同治理模式的理论探讨

1. 规制法中的多元协同治理模式

从社会治理体系现代化的视角来看，市场规制法中的"治理"是相对于"管制""管控"等概念提出来的。有学者指出，"我国经历了从'经济管制'到'经济管理'再到'经济治理'的形态演变。经济治理相对于经济管理而言，虽然只有一字之差，却体现出观念和体制的变革，其中最鲜明的变革之一就是实现了政府自上而下的单向度管控到政府和市场主体的共同治理"。[②] 从管制走向治理，就是从单一的"政府命令—控制"式的规制模式走向政府与社会主体的多元协同治理模式。

相比传统管制模式，多元协同治理体系表现为多主体协同互动的网络（见图4）。治理主体既包括政府机构，也包括各类社会主体，如监管对象自身、行业协会等第三方独立机构、公众、行业专家等。在治理手段上，多元协同治理注重于减少控制式的事前准入手段，强调事中监管、事后惩戒，加强公众参与监督、行业自律约束、企业自身规制等，通过信誉机制、联合奖惩机制

① 宋华琳：《政府规制中的合作治理》，载《政治与法律》2016年第8期。

② 张文显：《张文显教授在"经济法中的法理"学术研讨会上的书面致辞》，载华南理工大学门户网站，http://www2.scut.edu.cn/law/2019/0420/c12389a315068/page.htm。

等将多种治理手段联系在一起，形成动态的、协同的治理格局。

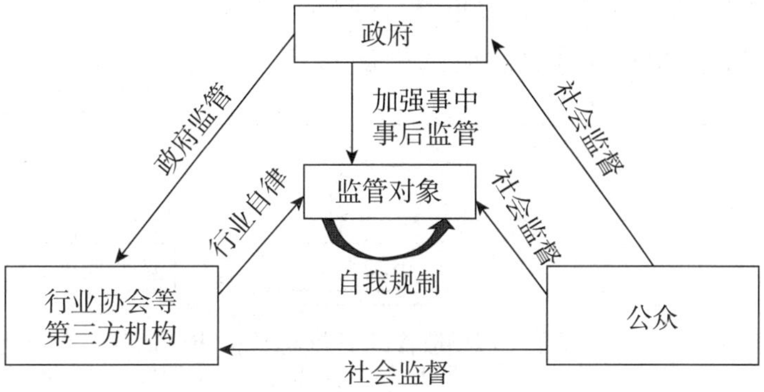

图4　规制法中的多元协同治理模式

2. 网络平台的多元协同治理模式

在互联网新时代，网络平台多元协同治理模式是多元协同治理模式在网络平台生态圈的运用。网络平台为供需双方交易等活动提供场所，由此联结形成“供方—平台—需方”及其他相关主体的关系网，加上网络基础设施等非主体要素，构建了网络平台生态圈。网络平台多元协同治理模式，就是发挥网络平台生态中多种行为主体的治理作用，共同建设互联互通、共治共享的网络生态环境的过程。①

相比一般规制法中的多元协同治理模式，在网络平台的多元协同治理模式中，有关“多元协同”的内涵进一步丰富（见图5）。一是在治理主体上，网络平台治理有赖于多业务、多行业监管部门形成监管合力；此外，网络平台、互联网和相关产业的行业协会、第三方专业机构以及供方（包括信息内容提供者、商品服务经营者等）、需方（包括网络读者观众、消费者等）、社会公众等多种社会主体也参与了治理。二是在治理结构上，以网络平台为核心，分成内部治理和外部治理，前者主要涉及平台与供需方通过协商、评价等机制形成互相监督和平衡，后者主要通过政府、行业协会、社会公众等主体通过包容审慎的分类分级监管、行业自律、信用监管等多种治理手段形成外部约束力。三是在网络平台法律定位上，网络平台充当多重角色，其本身既是监管

① 熊光清：《中国网络生态之治：问题与对策》，载《哈尔滨工业大学学报（社会科学版）》2019年第3期。

对象,接受政府、公众、行业协会等主体的监督,也是供需方的准监管者,同时作为技术和信息资源中心,还协同配合政府、公众、行业协会等主体参与治理,在多元参与主体之间扮演协调的枢纽角色。

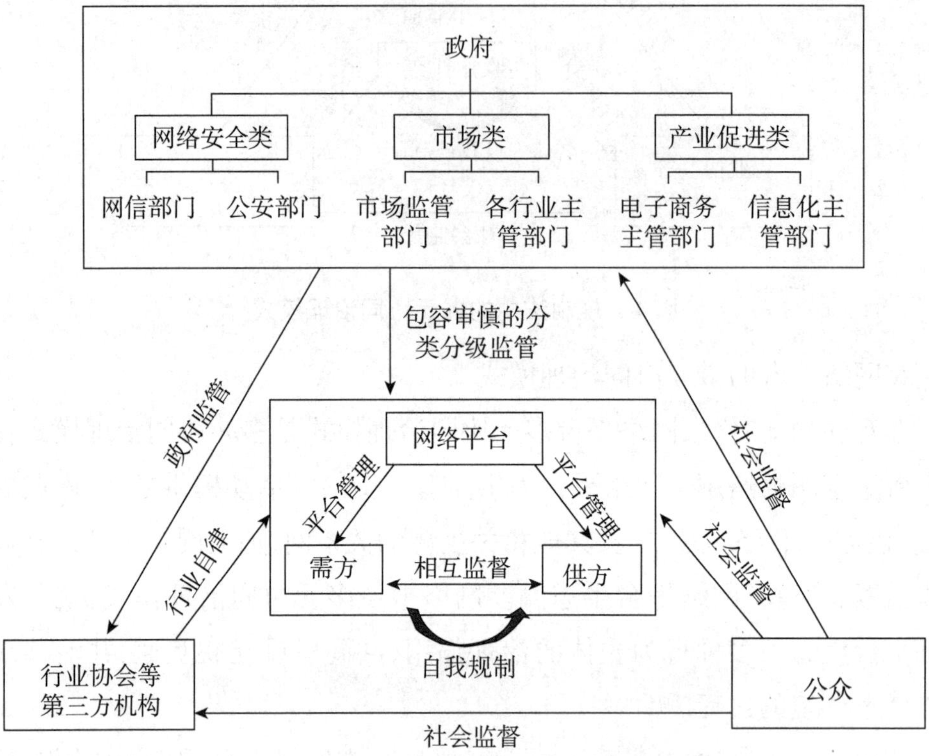

图 5　网络平台的多元协同治理模式

(二)优化网络平台多元协同治理模式的地方立法对策

将上述理论探讨与地方立法实践现状进行比照可见,各地立法体现的治理主体多元化、治理方式协同化的方向有利于实现网络平台多元协同治理目标。然而就整体而言,现有地方立法仍处于局部转型阶段,尚未构建系统的现代化治理模式,导致存在政出多门、多头管理,网络平台法律定位不清等问题。比如,在网络平台定位方面,有的法规将网络食品交易第三方平台归属于食品生产经营者,容易造成与供方定位的混同。此外,大部分地方立法对于大多数平台仍简单化地延用“政府管平台、平台管用户”的单边代理式治理思路，这种做法因缺乏权威性和中立性而受到了质疑，[①]也未能充分挖掘平台的枢纽角色，为多元主体参与治理提供支持。

基于此，在共建共治共享的社会治理现代化大环境下，为建立健全网络平台多元协同治理模式，建议各地立法进行以下几个方面的探索。

1. 推动政府部门协同监管

随着网络平台相关业态的快速迭代和融合发展，“一事进一门”的传统管理理念面临越来越多挑战，受制于每个特定政府部门的职能权限、专业壁垒，由单个部门直接管理网络平台新兴事务并不科学；因此，如何统筹协调各类监管部门参与网络平台治理，提高治理效率，成为相关地方立法工作中亟待考虑的首要问题。对此，比较妥当的思路是根据各地“三定”方案和议事协调经验，通过各领域系统性的综合立法确立牵头部门，统筹多部门协同监管、聚集行业协会等社会治理力量，汇成治理合力，解决政出多门、多头管理的问题。具体来讲，牵头部门一是在各部门及社会力量之间扮演协调、平衡的枢纽角色，协调各方进行网络平台治理；二是为各类主体发挥治理作用提供服务支持，对接网络平台信息和技术资源，建立健全部门协作机制和信息数据共享机制，为多主体参与网络平台治理提供组织、信息、技术、经费等多方面的保障；三是会同各监管部门探索“一站式”的网络平台审批备案、日常管理监测和公共服务。

2. 强化网络平台主体责任

为充分发挥多元主体参与网络平台治理的作用，有关地方立法需要在厘清网络平台多重法律定位的基础上，结合各类型网络平台的特性，合理强化其在社会治理中具有公共性的主体责任。一是对于具有技术和资源优势的网络平台，突出其在平台内部治理中自主协调平衡供需方利益的主导地位。由于“协调意味着以协商、对话等平等、柔和的方式完成信息的交换与处理，而非以强制、权威性的命令维护集体的行动”，[②]建议相关立法结合当地实际，在网络平台规则民主协商制定机制、网络平台多元化纠纷解决机制等相对更

① 王融：《中国互联网监管的历史发展、特征和重点趋势》，载《信息安全与通信保密》2017 年第 1 期。

② 魏小雨：《现代社会治理中的多元主体共治网络》，载《黑龙江社会科学》2019 年第 2 期。

有弹性的具体制度上进行创新。二是通过立法推动网络平台积极配合协助当地政府部门、公众、行业协会等主体参与治理，利用其信息资源中心地位和网络技术优势为多元主体发挥治理作用提供支持，如推动网络平台健全平台信息管理制度，提高信息收集、记录、公开和传播的效率，协助提高政府监管效率和公众辨识能力。

3. 厘清网络平台与其他主体的法律关系

新时代下，地方立法结合各地实际厘清网络平台相关法律关系，对推进网络平台多元协同治理具有重要意义。一方面，随着人工智能、大数据、网络直播等新产业、新业态的快速发展，网络平台与政府、用户等其他公私主体之间的法律关系越来越复杂。例如，2020 年新冠肺炎疫情中推行的“健康码”深入卷入了政府、互联网平台、用户、电信运营商等诸多公私主体，各主体之间的法律关系以及个人信息和隐私保护等义务和责任如何在上述主体之间界定，直接影响多方参与的社会治理现代化推进；[①]对此，不少地方政府已在突发事件应对中探索出一定的经验，建议以此为契机，通过地方立法加以固化，探索出值得全国推广的模式。另一方面，近年来，由于网络平台与平台内经营者等其他主体存在共同利益链等因素，网络平台泄露用户个人信息、制定不利于用户的格式条款、用户维权难等问题屡屡出现，暴露了网络平台作为以营利为目的的私人主体在中立性上的客观短板，平台内的合同关系及共同侵权情形日趋复杂。为此，各地可以消费者权益保护、网络交易等领域现有地方立法为基础，进一步通过立法厘清网络平台与用户的法律关系，建立完善用户权益保护机制，细化网络平台义务和法律责任，为网络平台不法行为套上“紧箍咒”，净化平台环境，提升治理效能。

① 王融：《“健康码”折射政务服务数据规则》，载《检察风云》2020 年第 11 期。

透过司法适用看地方立法

——以深圳经济特区的劳动立法为例

马文涛*

内容提要

法律的生命在于实施,对地方法规而言,更是如此。司法适用作为法律有效实施的重要途径,对法律价值的实现具有重要意义。然而,在实践中,地方法规的司法适用频率普遍偏低。本文以深圳经济特区的劳动法规为切入点,以中国裁判文书网、北大法宝网的相关裁判文书为研究样本,全面考察深圳经济特区劳动法规的司法适用现状,据此分析地方立法的"成败得失",并在此基础上提出提高地方立法质量的合理化建议。

关键词 地方法规 司法适用 劳动法规

一、现状考察:深圳经济特区的劳动法规及其司法适用

(一)深圳劳动立法概述

深圳是改革开放的先行区,在发展社会主义市场经济的过程中,劳动关系也随之发生了巨大变化。劳动关系关乎每一位劳动者、每一个市场主体的切身利益,所以,处理好劳动关系不仅是发展经济的需要,也是维护社会和谐

---

* 马文涛,深圳市罗湖区人民法院法官助理。

稳定的要求。国家层面的第一部劳动立法《中华人民共和国劳动法》(以下简称《劳动法》)颁布于1994年;对于调整劳动关系至关重要的《中华人民共和国劳动合同法》(以下简称《劳动合同法》)则颁布于2007年,而此时改革开放已推进近30年。可见,在深圳快速发展的进程中,和谐劳动关系的形成,不可能仅依赖于国家立法。通过梳理深圳的地方法规,可以发现,深圳市人民代表大会及其常务委员会利用自身的经济特区立法权以及设区市的地方立法权,立足本地实际情况,先后制定了一系列劳动法规,有效填补了上位法的空缺,一定程度上促进了深圳经济特区劳动关系的和谐。本文选取部分具有代表性和典型性的地方法规作为研究对象(见表1)。

表1　深圳市出台的劳动法规一览

法规名称	颁布时间	修订情况	是否废止
《深圳经济特区劳动合同条例》(以下简称《劳动合同条例》)	1994年8月4日	1997年7月15日第一次修订 2004年6月25日第二次修订	2009年5月25日废止
《深圳经济特区工伤保险条例》(以下简称《工伤保险条例》)	1994年1月26日	2000年1月11日修订	2004年1月1日废止
《深圳经济特区劳务工条例》(以下简称《劳务工条例》)	1993年6月22日	1994年3月16日第一次修订 1998年2月13日第二次修订 2004年6月25日第三次修订	2009年5月25日废止
《深圳经济特区企业员工基本养老保险条例》(以下简称《企业养老条例》)	1998年10月27日	2000年12月22日第一次修订 2006年7月26日第二次修订	2012年10月30日废止
《深圳经济特区欠薪保障条例》(以下简称《欠薪保障条例》)	1996年10月29日	2008年4月24日第一次修订 2019年4月26日第二次修订	现行有效
《深圳经济特区和谐劳动关系促进条例》(以下简称《和谐关系促进条例》)	2008年10月6日	2019年4月26日修订	现行有效
《深圳经济特区社会养老保险条例》(以下简称《社会养老条例》)	2012年11月29日	2019年11月13日第一次修订 2020年12月30日第二次修订	现行有效
《深圳市员工工资支付条例》(以下简称《工资支付条例》)	2004年10月28日	2009年10月21日第一次修订 2019年8月22日第二次修订	现行有效

（二）劳动法规的司法适用频率

为较为全面地考察深圳经济特区劳动法规的司法适用情况，笔者以各劳动法规的名称作为关键词在中国裁判文书网检索相关裁判文书，①由于部分劳动法规已被废止，但中国裁判文书网收录的大多是近年公开的裁判文书，因此对于已废止法规的考察，不能仅看检索结果的绝对数，还需要根据中国裁判文书网中相应时间段的裁判文书总量进行对比观察。通过检索结果（见表2）可以看出，整体上，深圳经济特区的劳动法规在司法实践中的适用情况是较为可观的。

表2　深圳市劳动法规司法适用

法规名称	施行期间	施行期间收录的裁判文书总量（份）②	检索结果③	占比
《劳动合同条例》	1994年8月4日至2009年5月25日	3130	20	6.30‰
《工伤保险条例》	1994年1月26日至2004年1月1日	129	26	201‰
《劳务工条例》	1993年6月22日至2009年5月25日	3132	40	12.80‰
《企业养老条例》	1998年10月27日至2012年10月30日	23,021	154	6.70‰
《欠薪保障条例》	1996年10月29日至今	2,802,892	92	0.03‰
《和谐关系促进条例》	2008年9月23日至今	2,801,904	8342	2.98‰
《社会养老条例》	2012年11月29日至今	2,781,185	558	0.20‰
《工资支付条例》④	2004年9月24日至今	2,802,605	7876	2.81‰

① 检索日期为2020年10月27日。

② 选择案由“劳动争议、人事争议”在中国裁判文书网检索，裁判日期选各法规施行的期间，访问网站时间为2020年10月27日。

③ 以法规名称为关键词检索，访问网站时间为2020年10月27日。

④ 《工资支付条例》的效力级别为设区的市地方性法规，并非经济特区法规，但其效力范围、规范领域均与其他劳动法规大致相同，故本文也将其列为研究对象。

（三）劳动法规各条款的司法适用情况

为深入考察深圳劳动法规的司法适用情况，笔者通过北大法宝网进一步梳理各条款司法适用的情况，①并重点考察了裁判文书中引用频率较高的条款（见表3至表10）。

1.《劳动合同条例》。本条例共35条②，司法适用频率较高的为表3所列的条文。另外，部分条文有少量相关裁判文书，但适用频率较低，故未列入表格。第1～9条、第11～17条、第20～27条、第33～35条无裁判文书适用。

表3 《劳动合同条例》司法适用统计

条文序号	内容概括	裁判文书（份）	占比
10	劳动合同的期限	3	6.98%
18	用人单位可以随时解除劳动合同	4	9.30%
19	提前30日通知，用人单位可以解除劳动合同	4	9.30%
30	发放经济补偿金的情形	10	23.25%
31	经济补偿金发放的标准	12	27.91%

2.《工伤保险条例》。本条例共44条，司法适用频率较高的为表4所列的条文。另外，部分条文有少量相关裁判文书，但适用频率较低，故未列入表格。第2～9条、第11～13条、第16条、第17条、第25条、第26条、第29条、第33～34条、第36～44条无裁判文书适用。

表4 《工伤保险条例》司法适用统计

条文序号	内容概括	裁判文书（份）	占比
10	用人单位不为员工缴纳保险应承担的法律后果	14	24.1%
14	可享受工伤保险待遇的情形	3	5.2%
15	不享受工伤保险待遇的情形	2	3.4%
18	一次性补偿金、补助金、护理补助费的计算标准	8	13.8%
19	丧葬费、一次性抚恤金和生活补助费的计算标准	2	3.4%
20	工伤医疗期内停发工资，改为按月发津贴	2	3.4%

① 检索时间为2020年10月27日。

② 本文所列的条文总数及序号均指截至成文时最后一次修订版。

3.《劳务工条例》。本条例共54条,司法适用频率较高的为表5所列的条文。另外,部分条文有少量相关裁判文书,但适用频率较低,故未列入表格。第1条、第3~15条、第17~19条、第26条、第29~30条、第32~35条、第41~54条无裁判文书适用。

表5 《劳务工条例》司法适用统计

条文序号	内容概括	裁判文书(份)	占比
22	劳务工可以随时通知解除劳动合同的情形	9	6.66%
23	用人单位可以随时解除劳动合同的情形	19	14.08%
24	用人单位提前30日通知可以解除劳动合同的情形	7	5.19%
27	发放经济补偿金的情形	24	17.78%
28	劳动合同无效	21	15.56%
36	用人单位每月至少定期发放一次工资	8	5.93%
37	加班工资的计算标准	16	11.85%

4.《企业养老条例》。本条例共63条,司法适用频率较高的为表6所列的条文。另外,部分条文有少量相关裁判文书,但适用频率较低,故未列入表格。第1~2条、第5条、第7条、第12~14条、第20~22条、第25条、第34~37条、第42~45条、第47条、第56条、第57条、第62条、第63条无裁判文书适用。

表6 《企业养老条例》司法适用统计

条文序号	内容概括	裁判文书(份)	占比
3	基本养老保险的适用范围	16	7.90%
8	以月工资总额作为缴费工资	18	8.90%
9	养老保险费缴费比例	11	5.40%
10	养老保险费的缴纳方式	26	12.80%
23	按月领取养老金的员工应具备的条件	22	10.80%

续表

条文序号	内容概括	裁判文书（份）	占比
40	账户积累额可以继承	16	7.90%
50	迟交、少交和不交养老保险费的救济途径	44	21.70%
51	定期公布养老保险基金的筹集、支付等情况	11	5.40%

5.《欠薪保障条例》。本条例共34条，司法适用频率较高的为表7所列的条文。另外，部分条文有少量相关裁判文书，但适用频率较低，故未列入表格。第1～6条、第8条、第9条、第11～13条、第16～19条、第21～22条、第24条、第26～34条无裁判文书适用。

表7 《欠薪保障条例》司法适用统计

条文序号	内容概括	裁判文书（份）	占比
7	欠薪保障工作的主管部门及其职责	4	5.13%
14	欠薪垫付申请的条件	3	3.85%
20	垫付欠薪的计算标准	28	35.90%
23	垫付欠薪的追偿	33	42.31%

6.《和谐关系促进条例》。本条例共72条，司法适用频率较高的为表8所列的条文，另外，部分条文有少量相关裁判文书，但适用频率较低，故未列入表格。第4～5条、第8条、第10条、第13条、第14条、第19条、第21条、第22条、第25条、第26～29条、第31～41条、第43～47条、第49～56条、第59～72条无裁判文书适用。

表8 《和谐关系促进条例》司法适用统计

条文序号	内容概括	裁判文书（份）	占比
15	应当缴纳社会保险，不缴纳的法律后果	374	6.30%
16	对实施经济处分的限制	23	0.40%

续表

条文序号	内容概括	裁判文书（份）	占比
20	对负有保密义务劳动者的竞业限制	27	0.50%
23	加班工资的计算基数	45	0.80%
58	劳动者胜诉，可以由用人单位承担律师费	4126	69.30%

7.《社会养老条例》。本条例共55条，司法适用频率较高的为表9所列的条文。另外，部分条文有少量相关裁判文书，但适用频率较低，故未列入表格。第1条、第3条、第5条、第7条、第14～17条、第34～36条、第38条、第42条、第45条无裁判文书适用。

表9 《社会养老条例》司法适用统计

条文序号	内容概括	裁判文书（份）	占比
6	负责、管理社会养老保险管理工作的部门	29	7.00%
19	申请按月领取基本养老金的条件	94	22.60%
22	统筹养老金、过渡性养老金、调节金的具体计发办法	90	21.80%
25	具有归侨身份参保人的养老金以及地方补充养老待遇	82	19.90%
29	适当调整退休人员的基本养老金水平	59	14.30%
40	用人单位未缴纳养老保险，职工投诉、举报的期限	67	16.20%

8.《工资支付条例》。本条例共63条，司法适用频率较高的为表10所列的条文。另外，部分条文有少量相关裁判文书，但适用频率较低，故未列入表格。第1条、第7条、第26条、第27条、第30条、第32条、第42～49条、第59条、第60条、第62条无裁判文书适用。

表 10 《工资支付条例》司法适用统计

条文序号	内容概括	裁判文书（份）	占比
5	用人单位应当按时、足额支付员工工资	2720	45.80%
6	工资应当以货币形式支付；每月至少支付一次工资	155	2.60%
11	工资支付周期；工资支付日	206	3.50%
12	工资支付日的延长	207	3.50%
14	工资计算的起止日期	526	8.80%
15	制作工资表；工资支付表的内容、保存期限；工资支付表应送达给员工	822	13.80%
17	以周、日、小时支付员工工资的折算标准	283	4.80%
18	加班工资的计算标准	1179	19.80%
23	员工医疗期内的工资支付	316	5.30%
28	用人单位停产、停业，员工工资支付的标准	406	6.80%

二、实证分析：司法适用频率高低不同的原因

（一）司法适用率较高的法规

通过考察深圳经济特区劳动法规的具体条款并梳理相关的裁判文书，笔者发现，司法适用率较高的地方法规主要为以下几类：

1. 对法律进行细化和补充的地方法规。中央层面的立法，因其需要具备普遍适用性，所以往往无法规定得过于具体，因而多表现为概括性规定。概括性规定“放之四海而皆准”，但也因为过于笼统抽象，而难以指导具体实践。若地方立法机关结合当地实际，通过制定地方法规对上位法进行细化或补充规定，便可赋予上位法生机与活力，同时，地方法规也会因为便于操作实施而在司法实践中被广为适用。在深圳经济特区的劳动法规中，有大量对《劳动法》《劳动合同法》的细化规定（见表 11），参照上述的统计数据可以发现，相比之下，该类法规在司法实践中被适用的频率普遍较高。

表 11　深圳市地方法规对国家法律规定进行细化规定统计

法　律		地方法规	
《劳动合同法》第 33 条	关于加班费的一般规定,但无计算标准	《工资支付条例》第 18 条	明确如何计算加班费
《劳动法》第 28 条	满足一定条件应给予经济补偿,但未规定发放标准	《劳动合同条例》第 31 条	经济补偿金的发放标准,具体的计算方法
《劳动合同法》第 23 条	按月给予劳动者经济补偿	《和谐关系促进条例》第 20 条	用人单位不按规定支付,劳动者可要求支付,也可通知解除协议

2. 创制性立法。在法律、行政法规等上位法并无相关规定的情况下,地方立法机关发挥主观能动性进行创造性的立法活动,所制定的地方法规可以填补法律空白,为解决实际问题提供规范指引,因此在司法实践中往往能获得更多关注,进而在裁判文书中得到较多适用。

比如,关于律师费由败诉方承担的问题。目前,法律明确规定可由败诉方承担律师费的只有专利侵权等几类案件,在其他案件中,当事人关于败诉方承担律师费的主张大多因为缺乏法律依据而无法得到支持。《和谐关系促进条例》第 58 条明确规定,劳动者胜诉,可以由用人单位承担律师费。《劳动法》《劳动合同法》等上位法对此均无相关规定,因此该条规定是典型的创制性立法。从表 8 的统计可以看出,在北大法宝网,引用该规定的案例及文书多达 5955 篇。在中国裁判文书网,以“深圳经济特区和谐劳动关系促进条例第五十八条”为关键词检索,可找到 7423 条结果,①这些文书包括深圳两级法院的 7347 篇,北京等其他地区法院的 76 篇。以上数据足以证明,该条规定在司法实践中被广泛适用,且影响力已超越市域范围。

又如,关于欠薪保障制度,《欠薪保障条例》是全国首部确立欠薪保障机制的地方法规,上位法亦无相关规定,因此该法规也是典型的创制性法规。该条例第 20 条关于欠薪垫付计算标准的规定,第 23 条关于劳动行政部门追偿权的规定,均属于欠薪垫付机制的关键内容,为欠薪的发放、追偿提供了明确的法律依据,在司法实践中被适用的频率较高。

① 检索时间为 2020 年 10 月 27 日。

（二）司法适用率较低的地方法规

1. 原则性规定。过于原则、抽象的规定针对性不强，可操作性较差。在司法实践中，一般不直接适用原则规定，即使必须适用原则，审判人员也更倾向于适用法律确定的原则，而不会考虑效力较低的地方法规。以平等自愿、协商一致原则为例，该原则由《劳动法》确立，《劳动合同条例》随后作了相同的规定，可以看到，地方法规的司法适用频率明显偏低（见表 12）。

表 12　地方法规原则性规定司法适用统计

地方法规	内容	裁判文书数量①（份）
法律		
《劳动合同条例》第 4 条②	平等自愿、协商一致原则	0
《劳动法》第 17 条③		6693

2. 重复性立法。本文所考察的劳动法规中，不乏对《劳动法》《劳动合同法》等上位法进行重复规定的条款。当然，其中一部分属于基础性、关键性的法条，地方立法机关或许是出于保持体例完整性的考虑，而不得不作出重复性规定。但与原则性规定一样，在上位法已有规定的情况下，司法实践中，无论是审判人员的裁判说理，还是当事人的主张抗辩，都更倾向于引用效力更高的上位法，而不会考虑效力较低的地方法规。表 13 列举部分重复性规定，并对司法适用情况进行对比。

① 北大法宝网的相关数据，检索时间为 2020 年 10 月 27 日。

② 《劳动合同条例》第 4 条规定："订立劳动合同，应当遵守法律、法规的规定，贯彻平等自愿、协商一致的原则。"

③ 《劳动法》第 17 条规定："订立和变更劳动合同，应当遵循平等自愿、协商一致的原则，不得违反法律、行政法规的规定。劳动合同依法订立即具有法律约束力，当事人必须履行劳动合同规定的义务。"

表 13　地方法规重复性立法司法适用统计

地方法规 法律	内容	裁判文书数量[①]（份）
《劳动合同条例》第 14 条[②]	劳动合同无效的情形	0
《劳动法》第 18 条[③]		1335
《劳动合同法》第 26 条[④]	劳动合同全部或部分无效的情形	8550

综合上述分析，可以看出，地方法规司法适用频率的高低一定程度上取决于以下因素：一是地方法规的针对性如何，是否积极回应社会关切，又能否切实解决实际问题。二是地方法规的可操作性如何，在司法实践中是否方便引用。三是地方法规是否属于创制性立法，上位法是否已有相关规定。若一部地方法规针对性强、便于实际操作，并且属于创制性立法，那么司法适用频率便高；反之则偏低，甚至无人问津。

三、立法启示：提高地方立法质量的合理化建议

“法律是治国之重器，良法是善治之前提。”地方法规作为社会治理的重要工具，对推进社会善治具有重要作用。然而，地方立法的质量并不总是尽如人意。结合上述考察分析，笔者提出以下立法建议。

（一）坚持问题导向，加强地方立法的针对性

预防可能发生的问题、解决已经出现的问题是地方法规的重要使命，这就要求地方立法必须坚持问题导向，立足本地实际情况，精准定位立法需求，切实解决地方社会治理中的实际问题。如果不以问题为导向，关起门来立法，不仅立法活动本身会失去意义，作为立法活动成果的地方法规也将不可

---

① 北大法宝网的相关数据，检察时间为 2020 年 10 月 27 日。

② 《劳动合同条例》第 14 条规定，“下列劳动合同无效：（一）违反法律、法规规定的；（二）采取欺诈、威胁等手段订立的劳动合同。无效劳动合同，从订立的时候起，就没有法律约束力”。

③ 《劳动法》第 18 条第 1 款规定，“下列劳动合同无效：（一）违反法律、行政法规的劳动合同；（二）采取欺诈、威胁等手段订立的劳动合同”。

④ 《劳动合同法》第 26 条第 1 款规定：“下列劳动合同无效或者部分无效：（一）以欺诈、胁迫的手段或者乘人之危，使对方在违背真实意思的情况下订立或者变更劳动合同的；（二）用人单位免除自己的法定责任、排除劳动者权利的；（三）违反法律、行政法规强制性规定的。”

避免地沦为一纸空文,成为“僵尸法条”。

坚持问题导向,首先需要增强问题意识,并善于发现问题。地方立法机关需要切实转变立法观念,将解决问题摆在首位。同时,应当建立多渠道的问题收集机制,既要完善、巩固人大代表议案、政协委员提案等传统的意见收集渠道,又要重视通过互联网等新型渠道收集意见建议,以便全方位倾听“民间疾苦”,为地方立法找准方向。对于收集到的问题,应当提炼总结,认真分析,进而论证通过立法解决问题的必要性和可行性。笔者认为,以下内容可作为地方立法重点考虑的对象:一是本地群众长期普遍反应强烈的问题,如城市交通噪声污染的问题;二是执法过程中遇到的“无法可依”的问题,如对共享单车等新兴事物的监管。

(二)创造性立法,减少无意义的重复

我国《立法法》第73条第4款明确规定,对上位法已经明确规定的内容,地方性法规一般不作重复性规定。然而,长期以来,地方法规对上位法的重复都是较普遍的现象。重复立法有“为了立法而立法”之嫌,既是无意义的重复,也是对地方立法资源的浪费。因此,制定地方法规,首先,要彻底摒弃“照搬照抄”的惰性思维,必须充分发挥主观能动性,进行创造性立法;其次,应当全面考察是否存在上位法供给不足的情况,若上位法已有明确规定,则地方便无立法必要。

在《深圳建设中国特色社会主义先行示范区综合改革试点实施方案(2020—2025年)》中,中央授权深圳探索适应新技术、新业态、新产业、新模式发展需要的特殊工时管理制度。对此,上位法并无相关规定,深圳就可以先行先试,出台地方法规予以规制,为特殊工时改革提供法治保障,从而推动形成可复制可推广的制度成果。

(三)密切联系实际,体现地方特色

我国幅员辽阔,各地差异较大,通过法治方式推进社会治理的现代化,需要从各地的实际情况出发,有针对性地制定符合本地实际的地方法规。“法律制度是经验性很强的知识,在社会实践中产生并在社会实践中发展。”[①]因此,地方立法机关在制定法规时,首先考虑的因素应当是当地社会治理的实

① 陈卫东:《程序正义之路》(第2卷),法律出版社2005年版,第480页。

际需要。只有制定出符合地方实际情况,具有本地特色的法规,才会有较强的可操作性,才能得到有效实施。比如,深圳致力于打造具有全球影响力的创新创意之都,在诸多领域引领全国甚至全球创新,每年产出大量专利等创新成果。为了有效保护这些创新成果,进一步激发创新活力,深圳市人大常务委员会于2018年年底通过了《深圳经济特区知识产权保护条例》。该法规切合深圳创新创造气氛活跃的实际情况,具有较强的地方特色。

(四)地方立法应当精细化

由于历史及现实原因,我国形成了立法"宜粗不宜细"的价值取向。[①] 时至今日,我国的社会面貌已发生巨大变化,法学理论日渐成熟,立法经验和人才储备逐渐丰富,我国已具备精细化立法的条件。更为关键的是,地方法规不同于国家层面的法律、行政法规,其本身具有精细化的内在需求。基于以下原因,笔者认为,地方立法应当"宜细不宜粗"。

1. 法律、行政法规日趋完善,地方立法的空间在逐步缩小,这就需要地方立法机关从精细处着眼,立足本地实际,寻找、挖掘新的立法空间。

2. 地方立法精细化是社会治理精细化的必然要求。人民日益增长的美好生活需要呼唤精细化的社会治理,而社会治理的精细化则有赖于地方法规的精细化。无论是社区网格化管理,还是正在如火如荼开展的垃圾分类活动,这些社会治理精细化的生动实践都需要更加细腻的地方法规来指引。

3. 精细化的地方法规可操作性强,便于实施。如果规定过于粗略,可操作性不强,那么地方法规就难以实施。对社会公众而言,精细化的地方法规便于理解,可以建立更稳定的预期,使公众可以据此安排生产生活。对执法机关而言,精细化的地方法规有助于准确把握执法尺度,提高执法质量和效率。对司法机关而言,精细化的地方法规便于司法适用,有助于法官作出更有说服力的裁判。

4. 精细化的地方法规可以有效缩减权力寻租的空间。虽然较为原则、抽象的法律规定具备一定灵活性,但其过于粗糙的弊端也是显而易见的。比如,过于粗放的法律规定给执法人员过大的自由裁量空间;实践证明,这些自由空间容易滋生腐败。

---

① 张明敏:《关于地方立法"宜细不宜粗"原则的思考》,载《山东人大工作》2010年第7期。

综上所述,地方立法精细化,不仅可以促进地方法规自身的发展,还可以有效推进社会治理的精细化,并营造出风清气正的执法环境。

结　语

如果说法治是社会治理的最优模式,那么法律法规便是社会治理最重要的工具,而作为工具,只有付诸实践才能发挥作用并彰显价值。本文从司法实践出发,透过司法适用观察地方法规,具有科学性、合理性。但也要清晰看到,虽然司法适用情况可以反映地方立法质量,但除了司法适用,地方法规还广泛适用于行政执法,并发挥指引和教育的功能,而这些都是裁判文书无法直接体现的。因此,除了司法适用,对于地方立法的研究还需要从更多角度去观察,这样才能得出更全面、更准确、更有价值的研究成果。

地方社会信用体系建设的制度经验与完善思路*

——以“黑名单”制度为研究对象

石　珍　张　琴**

内容提要

在法治建设过程中，“黑名单”制度明显呈现从公告宣示性质向信用惩戒性质转变、从单一性制裁向信用分级制裁转变的倾向。通过对51份规范性文件加以分析，笔者发现，当前“黑名单”制度仍然存在评价标准各自为政、异议申诉程序安排不足、信用修复制度缺失严重、联合惩戒落地效应滞后等制度困境。在未来完善“黑名单”立法制度之时，一是要提升法律规范层级与强化文本统一；二是要明确“黑名单”评定标准与强化规范管理；三是要完善异议申诉程序与强化信用修复；四是要细化联合惩戒举措与强化智慧引领。

关键词　信用监管　“黑名单”　联合惩戒　信用修复　严重失信

* 本文已发表于《中国市场监管研究》2020年第4期，收录于本书时，文字略有改动。

** 石珍，中共深圳市纪律检查委员会办公厅四级主任科员，西南政法大学宪法学与行政法学硕士；张琴，重庆市大渡口区人民法院研究室主任，西南政法大学法律硕士。

近年来,以商事登记制度改革为起点开启了简政放权的徐徐大幕。在此过程中,先照后证、注册资本认缴、放宽许可准入条件、简化审批流程等一系列改革,大幅度降低了经济主体进入商事领域的门槛,全社会的创业热情被有效激发,经济活力持续增进。但应该看到,在前一轮"宽进"的改革进程中,在减少对经济活动事前限制的背景下,政府监管职能的后移和服务仍未及时有效跟进。市场秩序的维护不仅需要市场主体的自律,更不能缺少严厉的外在约束。因此,整合各种与信用相关的社会力量和制度,对社会各类商事主体的信用情况进行有效的事中、事后监督,已经成为改革后半场需要的核心点与着力点。其中,构建"黑名单"制度,对加强事中事后监管、确保社会经济秩序的良好运行尤为重要。"黑名单"制度的震慑效应一旦形成,会对那些违法违规的商事主体产生无形的压力和深远的影响,从而保障其行为能够在法治预设的轨道上行进,最终保障商事登记改革的成果得到最大化的保护与展现。

然而,虽然"黑名单"制度具有一定的法理基础,体现了信用监管的作用,但在具体实施中,政府部门对"黑名单"制度的认识还不一致,政府部门之间尚未完全建立联动响应机制,缺乏对企业的刚性约束,"黑名单"本应有的警示惩戒作用大打折扣。失信惩罚机制的实质是社会联防,是社会综合治理;这个机制可以由市场自发形成。但是对于现代社会信用体系初创的我国,新的市场规则往往会带来一些新问题,这就要求政府出面对失信企业进行社会联防的组织和协调。[①] 其中,从制度层面入手规范,无疑是放大"黑名单"震慑效应最直接、最基础的途径。而在构建"黑名单"管理制度的过程中,全国各地均在探索过程中先后试行了一系列规范。虽然其成效尚未彰显,但通过对该类规范文本进行细致梳理与比较分析,仍然能够总结"黑名单"管理制度的合理经验,最终为国家层面正式出台"黑名单"管理制度提供智识上的参考。

一、制度样态:"黑名单"制度的文本梳理

(一)实证分析的文本来源

从"黑名单"制度的发轫时间来看,自 2000 年开始,就有文件陆陆续续提

---

① 刘瑛:《企业信用法律规制研究》,中国政法大学出版社 2011 年版,第 208 页。

及要构建“黑名单”制度，如国质检执〔2003〕427 号文便提及“完善‘黑名单’制度”。但这些文件更多只是一种观念上的引导或者说制度上的指导，从实际效果来说，这些文件并未引起多方的注意，相关制度规范对此并未及时有效回应，故类似的文本不在本文讨论范围之内。

为了保证选取的文本具有实证研究的价值，能够在文本中体系化地窥见制发机关对于“黑名单”制度的系统安排，本文主要以“黑名单”“失信”“联合惩戒”作为文本标题的关键词，在北大法宝“法律法规”库以及全国各省发改系统建设的信用网站的“政策法规”栏目，进行了细致检索。但由于相关规范性文本数据较多，几乎各省、市、县等在探索构建“黑名单”制度；且此类文件大部分存在雷同或重复的状态，如人力资源社会保障部印发了《拖欠农民工工资“黑名单”管理暂行办法》之后，各下级人设部门纷纷印发了相关实施细则，但各实施细则基本没有对相关规定的文本有所增进。因此，本文尽量选择省级以上部门制作的文件作为评析对象，且尽可能地在各领域检索“黑名单”制度的代表性文件。若国家部委已经出台相关“黑名单”制度，原则上少选或不选相应的省级文件；若省级部门尚未制定相关文件，则选取该省有代表性的城市制定的文本作为研究对象；最终选取了 51 份规范性文本加以研究。

值得注意的是，部分省级政府在信用方面制定了若干文件，文件彼此配合、相互协调，但本文只选取了与“黑名单”制度最相关的文本进行全文分析，比如，《江苏省社会法人失信惩戒办法（试行）》中关于“黑名单”的社会公示管理需要结合《江苏省严重失信黑名单社会公示管理办法（试行）》来研究，但不将后者计入 51 份规范性文本之列。[①] 同时，为了避免文字上的赘述，相关文件在后文中一般采用简称予以描述，具体文件简称见表 1。

① 检索日期为 2018 年 9 月 23 日。

表1 “黑名单”制度文件简称

综合领域文件名称	文件简称	单一部门或行业领域文件名称	文件简称
北京市公共信用信息管理办法(2018)	《北京市文件》	国家食品药品监督管理局关于印发药品安全“黑名单”管理规定(试行)的通知(2012年)	《国家食药局文件》
上海市社会信用条例(协同文件:上海市公共信用信息归集和使用管理办法)(2017)	《上海市文件》	体育总局关于印发《体育市场黑名单管理办法》的通知(2017)①	《体育总局文件》
天津市市场主体信用风险分类办法(协同文件:协同天津市市场主体信用信息管理办法、天津市行政机关联合惩戒暂行办法)(2017)	《天津市文件》	原文化部办公厅关于印发《文化市场黑名单管理办法(试行)》的通知(2016)	《文化部文件》
浙江省公共信用信息管理条例(2017)	《浙江省文件》	人力资源社会保障部关于印发《拖欠农民工工资“黑名单”管理暂行办法》的通知(2017)	《人社部文件》
江苏省社会法人失信惩戒办法(试行)[协同文件:江苏省严重失信黑名单社会公示管理办法(试行)](2013)	《江苏社会法人文件》	严重违法失信企业名单管理暂行办法(2016)	《国家工商总局文件》
湖北省社会信用信息管理条例(2015)	《湖北省文件》	北京市药品安全“黑名单”管理规定实施细则(试行)(2013)	《北京食药局文件》
福建省公共信用信息管理暂行办法(2015)	《福建省文件》	北京市《拖欠农民工工资“黑名单”管理暂行办法》实施细则(2018)	《北京人社局文件》
山东省公共信用信息管理办法(2018)	《山东省文件》	天津市安全监管局生产经营单位安全生产不良记录“黑名单”管理暂行规定(2017)	《天津安监局文件》

① 文件名称以官司方文件为准,不按格式统一要求给“黑名单”一词加双引号。——编者注

续表

综合领域文件名称	文件简称	单一部门或行业领域文件名称	文件简称
河北省社会信用信息条例(2017)	《河北省文件》	广东省食品药品监督管理局关于食品药品违法违规企业“黑名单”的管理规定(试行)(2014)	《广东食药局文件》
吉林省企业信用联合奖惩实施办法(协同文件:吉林省公共信用信息管理暂行办法、吉林省企业信用信息管理办法)(2015)	《吉林省企业信用文件》	浙江省农业投入品生产经营主体失信“黑名单”管理办法(试行)(2017)	《浙江农业厅文件》
江西省公共信用信息归集和使用暂行办法(2016)	《江西省文件》	浙江省商务领域守信“红名单”和失信“黑名单”管理办法(试行)(2017)	《浙江商务厅文件》
陕西省公共信用信息条例(2011)	《陕西省文件》	宁夏食品药品安全“黑名单”信息共享和联合惩戒办法(2018)	《宁夏食药局文件》
陕西省企业信用监督管理办法(2017)	《陕西企业信用文件》	成都市食品安全黑名单管理办法(2016年)	《成都食药局文件》
贵州省企业信用信息征集和使用管理办法(2012)	《贵州企业信用文件》	山东省建筑市场信用管理暂行办法(2017)	《山东住建厅文件》
江苏省自然人失信惩戒办法(试行)(2013)	《江苏自然人文件》	山东省住建系统安全生产“黑名单”管理办法(2017)	《山东住建系统文件》
湖北省企业失信行为联合惩戒办法(试行)(2015)	《湖北企业失信文件》	湖南省环境保护黑名单管理暂行办法(2018)	《湖南环境局文件》
湖南省企业失信行为联合惩戒暂行办法(协同文件:湖南省企业失信联合惩戒数据资源目录)(2015)	《湖南企业失信文件》	山东省质监局“黑名单”制度管理办法(试行)(2018)	《山东质监局文件》
安徽省社会法人失信行为联合惩戒暂行办法(2015)	《安徽社会法人文件》	甘肃省食品安全黑名单管理办法(试行)(2011)	《甘肃食药局文件》

续表

综合领域文件名称	文件简称	单一部门或行业领域文件名称	文件简称
辽宁省失信黑名单企业惩戒联动实施办法(试行)(2012)	《辽宁失信黑名单文件》	青海省农资和农产品质量安全领域严重失信联合惩戒对象名单管理暂行办法(2018)	《青海农业厅文件》
辽宁省失信企业联合惩戒实施办法(试行)(2016)	《辽宁失信企业文件》	河南省交通建设不良行为和黑名单管理办法(试行)(2017)	《河南交通厅文件》
江西省企业信用行为联合激励与惩戒暂行办法(2016)	《江西企业信用文件》	江西省食品药品安全“黑名单”管理办法(2018)	《江西食药局文件》
海南省企业失信行为联合惩戒暂行办法(协同文件:海南省公共信息资源管理办法)(2014)	《海南企业失信文件》	广西壮族自治区建筑市场主体“黑名单”管理办法(试行)(2018)	《广西住建厅文件》
陕西省违法失信“黑名单”信息共享和联合惩戒办法(2016年)	《陕西违法失信文件》	重庆市企业环境信用评价办法(2017)	《重庆环保局文件》
贵州省企业失信行为联合惩戒实施办法(试行)(2014)	《贵州企业失信文件》		
内蒙古自治区社会法人失信惩戒办法(试行)(2014)	《内蒙古社会法人文件》		
三亚市信用“红黑名单”发布和联合奖惩制度实施办法(2017)	《三亚市文件》		
云南省丽江市信用红黑名单管理制度(试行)(2018)	《丽江市文件》		
福州市信用红黑名单管理暂行办法(2017)	《福州市文件》		

从文本内容来看,有36份文件对“黑名单”制度加以规定,其中24份文件标题便明示了其“黑名单”制度的属性,有12份文件标题以“失信惩戒”“信用管理”等关键词为核心,但在其正文内均对“黑名单”作出了制度安排;

有 15 份文件并未提及“黑名单”制度，多以失信信息、警示信息等为对象，但由于其与信用惩戒联系紧密，对“黑名单”制度的构建大有裨益，故仍纳入本文研究范围。如图 1 所示，从文本所属性质来看，属于地方性法规的文本有 5 份，占比 10%；属于规章的文本有 6 份，占比 12%；属于部门规范性文件的文本有 4 份，占比 8%；属于地方规范性文件的文本有 36 份，占比 70%。如图 2 所示，从时间分布来看，大部分文件制定于 2011 年之后，其中：制定于 2011 年以前的文本有 1 份，制定于 2011 年的文本有 2 份，制定于 2012 年的文本有 3 份，制定于 2013 年的文本有 3 份，制定于 2014 年的文本有 4 份，制定于 2015 年的文本有 5 份，制定于 2016 年的文本有 6 份，制定于 2017 年的文本有 15 份，制定于 2012 年的文本有 18 份。从文本适用领域来看，有 28 份是省市级政府制定或同意印发的该地政府所属行政机关均需遵照执行的综合性文本，有 23 份是政府部门制定的主要在该部门监管领域内实施的单一领域文本。其中单一领域的制度文本，涵盖了食品药品、安全生产、环境保护、体育、文化、拖欠农民工工资、农业投入品、商务、建筑市场、质量监管、交通建设等多个方面的内容。

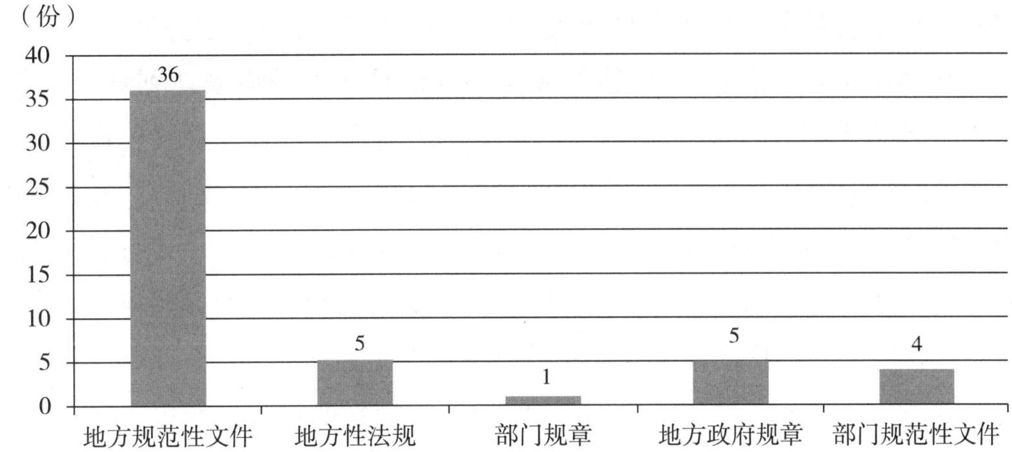

图 1　制度文本属性类别情况

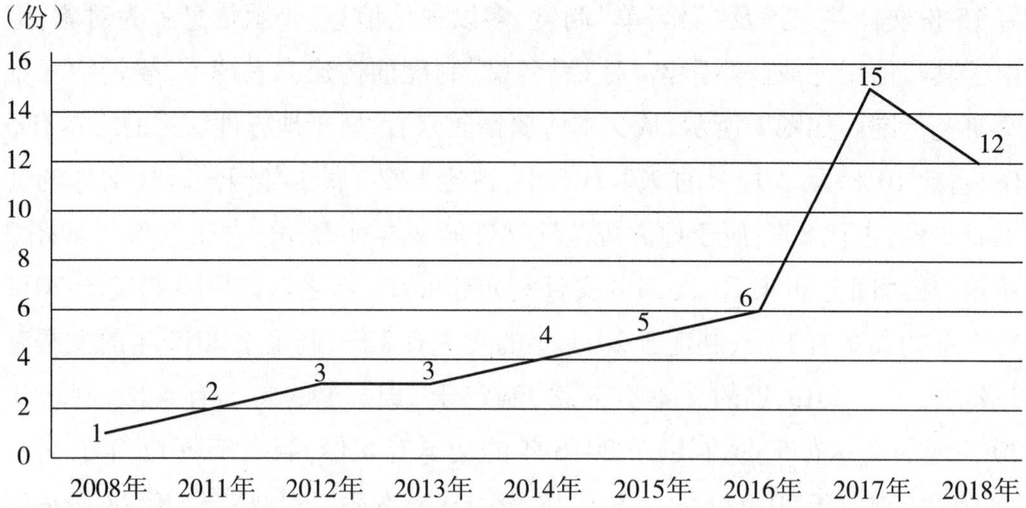

图2　制度文本年代分布情况

（二）制度视野下“黑名单”的文本特点

1. 从公告宣示性质向信用惩戒性质转变

对于“黑名单”的定性，在理论界有不少争议，主要集中于行政处罚、行政指导、行政强制几种定性之上。其中，行政指导与行政强制的定性，主要与“黑名单”的公告宣示性质息息相关，即“黑名单”制度主要是将违法主体的行为通过各种渠道公之于众，通过非强制性的社会性约束来达到惩戒的目的：一方面指导社会主体在风险已经被预警的前提下合理选择服务产品，另一方面通过引导社会主体“用脚投票”来给违法主体施加精神压力和现实阻力，以迫使违法主体纠正违法行为。前者不具备强制性，是否继续选择违法主体的服务与产品，取决于社会主体本身的意志，故是一种行政指导；后者则属于一种间接的行政强制执行。而行政处罚的定性主要与“黑名单”的信用惩戒性质息息相关，即“黑名单”制度将通过强制性的行政性约束、市场性约束（主要是限制乘坐交通工具、限制高额消费等）、行业性约束来惩戒失信的违法行为人。

而从文本分析来看，如图3所示，“黑名单”制度明显呈现从公告宣示性质向信用惩戒性质转变的倾向。在“黑名单”制度发轫之初，制度文本更多的是将之作为一种警示手段加以规定，主要是依靠发挥社会性约束来实现倒逼迫商事主体守法经营的目的。比如，在51份文件中，最早以“黑名单”命名的

《甘肃省食品安全黑名单管理办法(试行)》第2条便直接将“黑名单”制度定义为“……将其列入‘黑名单’,通过新闻媒体或者网络向社会予以公布,并实施重点监督检查的管理制度”。之后,《国家食药局文件》《北京食药局文件》《广东食药局文件》《成都食药局文件》《陕西违法失信文件》都是突出了“黑名单”制度的“公告宣示性质”。这一点可以通过行政实务来佐证。比如,实务中最早进入社会视野的“黑名单”,是原质量监督检验检疫总局于2003年开始公布的生产“地条钢”企业和窝点“黑名单”。而在原质量监督检验检疫总局公告2003年第80号、2004年第124号中,均明确提道“将……向社会公布,将涉及的法人、业主向有关部门通报,请全社会共同监督”,但均未采取其他行政性的惩戒措施。

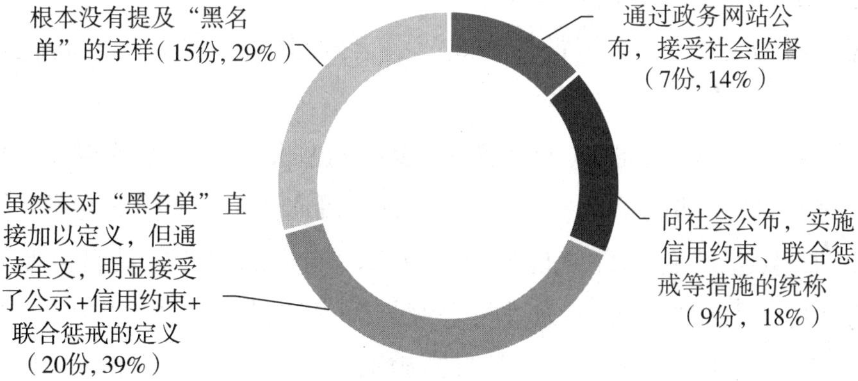

图3　制度文本对“黑名单”加以定义的情况

直到2016年发布了《文化市场黑名单管理办法(试行)》,其第2条才开始明确将“黑名单管理”定义成了“将……列入文化市场黑名单,并向社会公布,实施信用约束、联合惩戒等措施的统称”。随后,《浙江农业厅文件》《浙江商务厅文件》《体育总局文件》《山东质监局文件》《湖南环境局文件》《青海农业厅文件》《广西住建厅文件》《宁夏食药局文件》均直接采取了“公示+信用约束+联合惩戒”的方式。即便《江西企业信用文件》《人社部文件》《天津安监局文件》《天津市文件》《福州市文件》《山东住建系统文件》《河南交通厅文件》《三亚市文件》《陕西企业信用文件》《北京人社局文件》《山东住建厅文件》《丽江市文件》未对“黑名单”进行定义,但结合其后续的责任条款,也均实际采取“公示+信用约束+联合惩戒”的方式安排“黑名单”制度,如《江西企业信用文件》第 17 条规定了“严重失信行为惩戒措施”。且 2017 年以后再无文件采取“公布 + 重点监督检查”的方式定义“黑名单”制度。由此可见，当前的“黑名单”制度已经从初期的“公示预警”发展到了后期的“信用惩戒”。

2. 从单一性制裁向信用分级制裁转变

“黑名单”制度的效应关键在于发挥其引导与示范作用：一是非“黑名单”行为获得激励能够形成良好的示范作用，二是“黑名单”行为遭受严厉的惩处能够形成显著的惩戒作用。行之有效的“黑名单”制度是“看得见的手”和“看不见的手”共同作用形成的。其中，“看得见的手”是指政府管理部门针对“黑名单”行为进行的有形惩处，其威慑力和约束力决定于立法所规定的惩罚与执法程度。若细致分析 36 份对“黑名单”制度加以了规定的文件，可以发现，“看得见的手”在扩张其惩戒范围，已经从单一性地制裁转化为信用分级制裁。

如图 4 所示，在上述 36 份文件中，没有对失信行为进行分类，而是在严重违法违规、食安部门认为有必要等不确定概念上判断“黑名单”范围的有 17 份文件，但这 17 份文件均是某个政府部门制定的主要在其自身监管领域适用的文件。而在将失信行为进行等级划分的基础上定于“黑名单”范围的文件有 17 份，其中有 15 份文件是省市政府制定或同意印发的、在其辖区范围内所有行政机关均需遵照执行的综合文件。比如，《江苏社会法人文件》《江苏自然人文件》《江西企业信用文件》《海南企业失信文件》《贵州企业失信文件》《内蒙古社会法人文件》6 份文件先将失信分为一般失信、较重失信和严重失信，然后将黑名单范围明定为严重失信等级；《湖南企业失信文件》《辽宁失信黑名单文件》《丽江市文件》《福州市文件》先将失信信用信息分为提示信用信息和警示信用信息，然后在警示信息和提示信息基础上定义“黑名单”范围。《三亚市信用“红黑名单”发布和联合奖惩制度实施办法》更是明确规定了行政性约束、市场性约束、行业性约束、社会性约束、实施联合惩戒措施落实到人等具体惩戒措施。也就是说，作为适用范围更广的综合领域的规范性文件，更多地采取了信用分类分级的做法，只将失信程度更为恶劣严重的行为纳入“黑名单”管理，并匹配比与之对应的惩戒更加严厉的制裁措施。

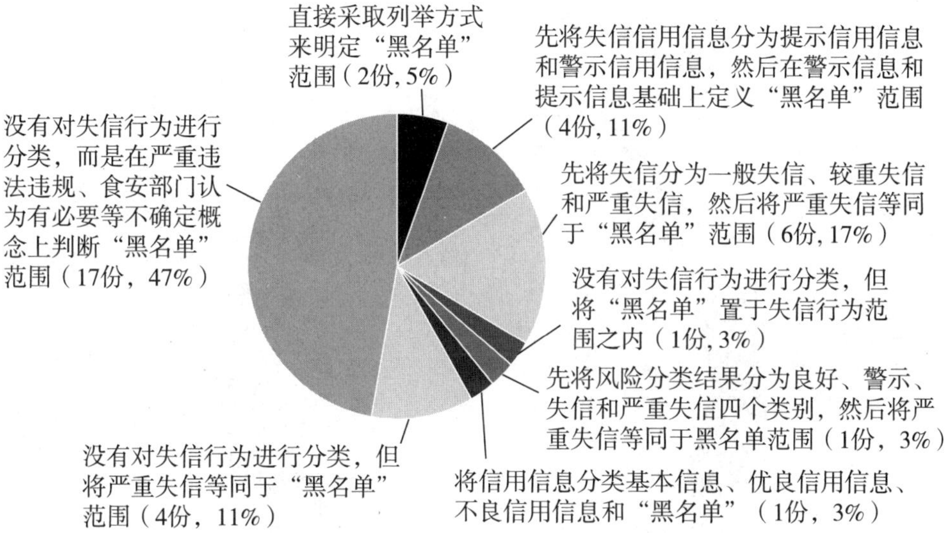

图 4　制度文本关于“黑名单”行为认定标准的情况

二、制度困境：“黑名单”制度的现状检视

（一）“黑名单”评价标准各自为政

“黑名单”制度的惩戒力度大、覆盖面宽，但由于部门分置，缺乏联系，若相关政策彼此之间存在不一致性，就会导致在实操层面产生抵牾，甚至会反向消减制度效能。尤其是当企业的某项业务涉及多个监管部门，企业需要面对多个彼此独立的监管者时，这种政策冲突的困扰更加突出，造成企业的理解偏差或无从下手。[①] 作为“黑名单”制度的基石，如何确定应纳入“黑名单”管理的行为，是首要问题。但从文本来看，各地各单位对“黑名单”行为的评价标准“各自为政”，不同领域的理解不一致，不同省域的要求不一样，具体如图 5 所示。

① 沈开艳、周奇等：《自贸试验区建设与中国经济创新转型发展》，上海社会科学院出版社 2016 年版，第 58 页。

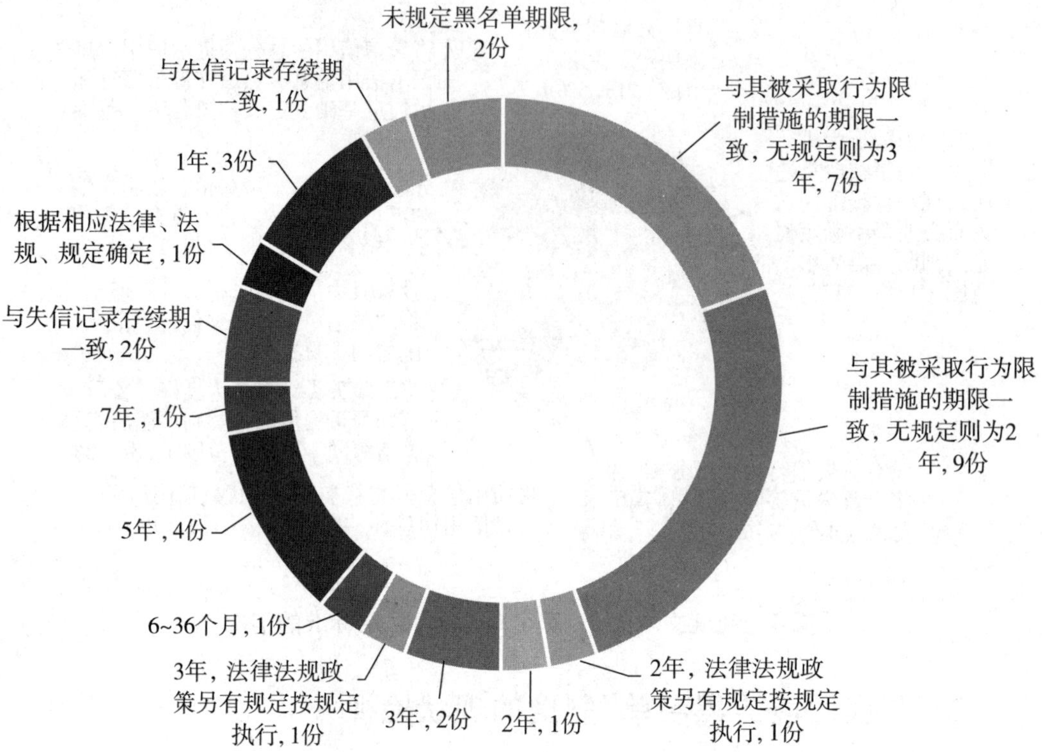

图5　制度文本对"黑名单"期限作出规范的情况

成都、甘肃、宁夏在评定应列入"黑名单"管理的行为时,用兜底式的条款将认定权交给了食安部门的主观判断,如《宁夏食品药品安全"黑名单"信息共享和联合惩戒办法》第5条便规定了"存在其他食品药品监管部门依法认定需要列入'黑名单'的严重违法行为的"。只有《人社部文件》《天津市文件》《广东食药局文件》《山东住建厅文件》直接采取列举方式来明定"黑名单"的客观范围,压缩了评价部门的主观任意性。其他诸如将"黑名单"范围限定于"严重失信""严重违法违规""严重违法失信""严重违法违规+情节严重""违法违规+情节严重且造成恶劣影响行为""违法+引发群体性事件、极端事件造成严重不良社会影响""违法+严重威胁安全生产""严重违反国家环境保护法律法规"等更是规定不一。

仔细研究6份先区分一般失信、较重失信和严重失信、再将"黑名单"范围明定为严重失信等级的文件,在具体的严重失信的判断标准上也十分不一致。例如,以"拖欠税款、员工工资或者社会保险费"事项为例,《江苏省社会法人失信惩戒办法(试行)》第21条用"时间长短"来衡量严重与否,"6个月以上的”认定为严重失信;但《江西企业信用文件》第 13 条,则采取了“时间 + 金额”的方式衡量严重与否,“数额巨大,拖欠时间超过 6 个月”的才认定为严重失信;而《内蒙古社会法人文件》第 14 条则采取了“金额大小”的标准衡量严重与否,“数额较大”的就能认定为严重失信。同时,由于“黑名单”认定标准不一致,导致在设定“黑名单”期限上也是差异性极大,6 个月至 7 年各个以年为单位的时间几乎都有所体现。这种杂乱无序性,可能导致实践的混乱与不公正。一旦查询公共信用记录,江西企业拖欠税费的行为可能因标准的严苛未纳入“黑名单”,而江苏、内蒙古企业拖欠税费的行为可能因标准的降低纳入“黑名单”,同样的行为在参与国内竞争时会获致不同的待遇。

(二)异议申诉程序安排不足

权利限制与保护要保持一种动态的平衡,这一点直接体现为程序正当的要求。[①] 不合理的程序安排会导致当事人频频诉诸事后救济程序。对被纳入“黑名单”制裁的经济主体而言,其遭遇的不利影响肯定是巨大而无法想象的,甚至可以用寸步难行来形容。但面对如此巨大的可能的不利后果,当前的制度文本并未对应然的程序正义加以重视,不仅在事前事后阶段没有搭建良性的异议程序,而且未在制度上对中止难以逆转的信用惩戒加以规范。

1. 事前异议程序。如图 6 所示,在 51 份规范文件中,未规定在纳入“黑名单”管理或失信管理之前需告知当事人、听取当事人异议的文本高达 33 份,占比 64.7%,超过了一半。在其他 18 份文件中,也只有 8 份文件明确规定了事前书面告知当事人的程序,包括《文化部文件》《人社部文件》《北京人社局文件》《浙江商务厅文件》《山东住建系统文件》《山东住建厅文件》《湖南环境局文件》《宁夏食药局文件》;《重庆环保局文件》《福州市文件》规定的事前告知方式为公告;《天津安监局文件》《浙江省文件》《丽江市文件》《甘肃食药局文件》《青海农业厅文件》《三亚市文件》《陕西违法失信文件》《广西住建厅文件》等只提及了需告知当事人,但未明确告知方式与程序。

① 周占生:《权利的限制与抗辩》,科学技术文献出版社 2015 年版,第 190 页。

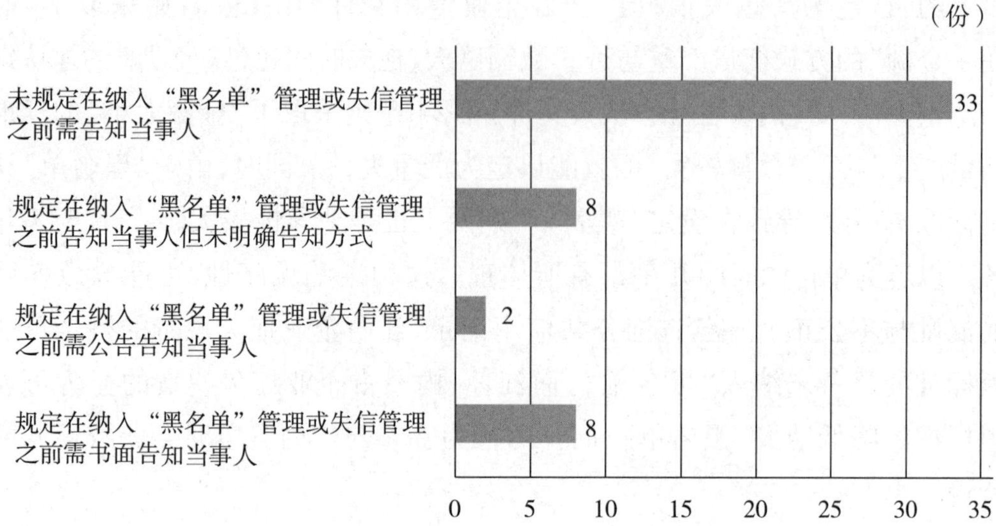

图6　制度文本对事前异议程序作出规定的情况

2. 事后异议程序。在51份规范文件中，有26份文件未规定事后异议程序，占比50.9%，超过了一半；其中，既未规定事前异议程序、又未规定事后异议程序的文本多达10份，占比19.6%，接近1/5，包括《国家食药局文件》《北京食药局文件》《广东食药局文件》《浙江农业厅文件》《成都食药局文件》《山东质监局文件》《安徽社会法人文件》《辽宁失信企业文件》《江西食药局文件》《内蒙古社会法人文件》。规定在纳入“黑名单”管理或失信管理之后可提出议程的文本有25份，占比49.1%，不到一半。

3. 异议中止效力。如图7所示，在51份规范文件中，明确规定异议期间不影响“黑名单”或失信信息的公布和管理有9份，包含《体育总局文件》《广东食药局文件》《江苏社会法人文件》《江苏自然人文件》《山东质监局文件》《辽宁失信黑名单文件》《江西企业信用文件》《江西食药局文件》《海南企业失信文件》；但明确规定异议期间中止公布“黑名单”或失信信息的文本只有5份，占比仅9.8%，包括《北京食药局文件》《福建省文件》《江西省文件》《陕西省文件》《宁夏食药局文件》；有37份文件未提及异议期间是否影响“黑名单”或失信信息的公布与管理，占比高达72.5%。

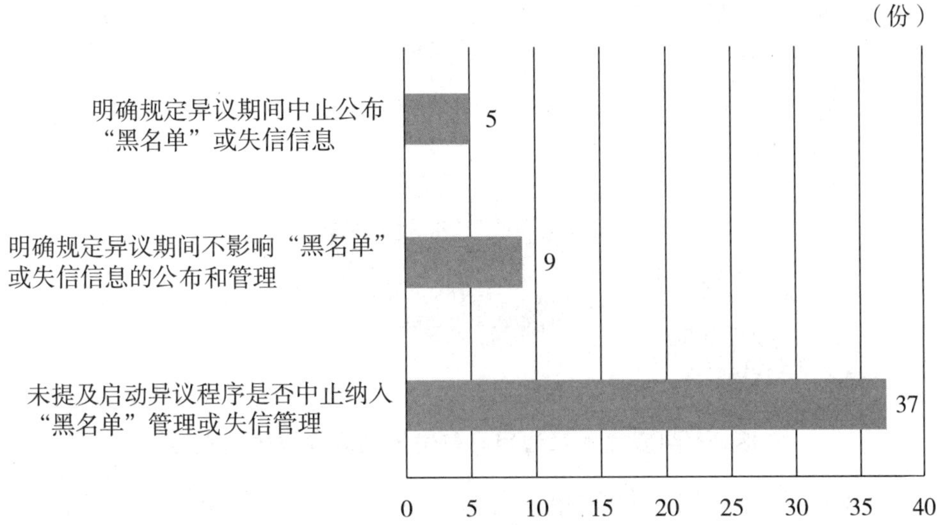

图 7　制度文本对异议程序法律效果作出规定的情况

（三）信用修复制度缺失严重

从目的论的角度来看，“黑名单”制度的最终目的并非公示“黑名单”、惩戒失信行为，而是借助信用惩戒恢复被破坏的信任关系，恢复被损害的经济社会秩序。“黑名单”制度的体系构建是一个在制度保障下长期积累与反复博弈的过程，而“公示‘黑名单’”、“惩戒违法失信”与“恢复信用”更是一个不可分割的有机体系。缺乏了信用恢复这一过程，“黑名单”制度可能将偏离其预设轨道，无法达到惩恶扬善的目的。但从文本分析来看，当前的“黑名单”制度更多的是停留在公示预警、联合惩戒阶段，大部分的文本设计聚焦于“黑名单”认定标准、公示途径、惩戒手段等方面，而忽视了信用恢复制度的构建。

1. 是否有信用修复条款。如图 8 所示，在 51 份规范文件中，未对信用修复做制度安排的文件有 13 份，超过了 1/4；没有对主动修改不良信用作出制度安排、只对被动修复不良信用作出了规定的文件有 14 份，超过了 4/1；对主动修改不良信用作出了制度安排的文件有 24 份，但只有 4 份文件对不得予以信用修复的情况进行了细致规定，即《浙江省文件》《浙江农业厅文件》《江苏社会法人文件》《江苏自然人文件》。

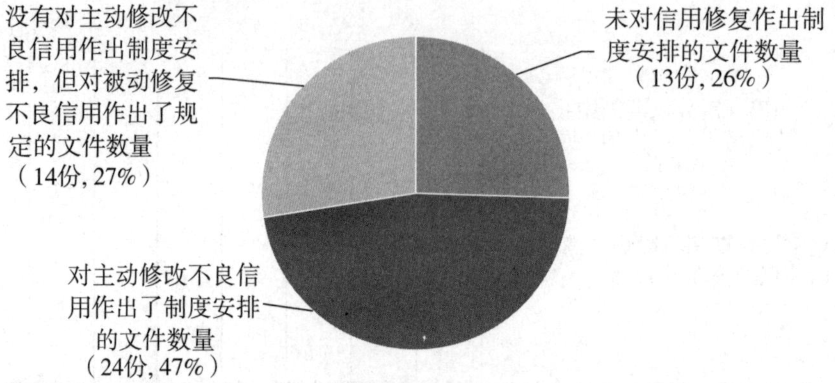

图 8　制度文本对信用修复进行制度安排的情况

2. 信用修复对应的法律效果。如图 9 所示，在 24 份涉及主动修复不良信用的文件中，未提及主动修复不良信用的法律效果的文本有 9 份，占比高达 38%；明确规定信用修复后不再作为或者等同于不再作为联合惩戒对象的文本有 9 份，占比 38%；明确规定信用修复后减轻或解除相关惩戒的文本有 3 份，占比 12%；将信用修复情况予以标注的文件有 2 份，占比 8%；明确规定信用修复后下降信用风险类别的有 1 份（《天津市市场主体信用风险分类办法》），占比 4%。

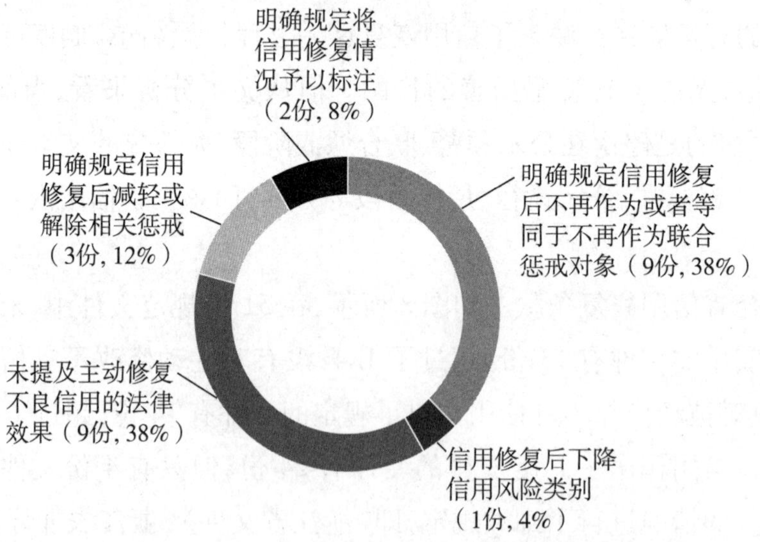

图 9　主动修复不良信用的法律效果规定情况

（四）联合惩戒落地效应滞后

从“黑名单”制度的设计初衷来看，其关键之处便在于用规制性惩戒机制对市场交易中失信行为进行有效抑制。它通过赋予政府机关相关裁决和惩罚权力，对失信行为及失信行为责任人施以有力的惩罚，从而对失信者形成可置信威胁，进而使失信行为人基于法律威慑而放弃违约失信行为。也就是说，“黑名单”制度能否有效运行，核心要点在于惩戒能否按照预期及时落地。但当前的制度文本在构建强有力的联合惩戒手段方面仍显不足，很多联合惩戒仍然停留在抽象的字面上，离联合惩戒举措的具象化仍有较大的距离。

一方面，受制于立法权限问题，大部分政府部门制定的有关“黑名单”制度的文件，都难以有效地对其他单位采取何种联合惩戒措施作出强制性的规定。因此，即便是体育总局制定的《体育市场黑名单管理办法》，也只在第 12 条提及“将列入体育市场‘黑名单’的经营主体或从业人员通报有关部门，实施联合惩戒”，其他单一领域/行业的文件也都存在类似的问题。这就导致了其他部门在采取联合惩戒时的任意性和随意性，影响了“黑名单”制度的实效性与规范性。

另一方面，虽然省市级政府制定或同意印发的综合性文本能够对全体行政机关实施联合惩戒作出规定，但出于审慎性原则，大部分综合性文件只是笼统地规定惩戒措施的种类，比如《安徽社会法人文件》第 10 条就只规定了“对具有失信行为的社会法人，行政管理机构根据具体情形可以依法采取以下惩戒措施”，但对于更为具体性的规定却留待配套实施办法来规定。这种有意的留白，在配套制度缺失的情况下，也影响了“黑名单”制度应有功效的实现，“一处失信，处处难行”的协同联合惩戒局面基本上尚未形成。

三、体系构建：“黑名单”制度的理想出路

（一）提升法律规范层级与强化文本统一

第一，“黑名单”制度下的部分惩戒手段需要更高层级的法律加以创设。建立“黑名单”制度体系需要从建立并完善法律制度入手。信用失范作为一种不计自身信誉的短期行为，其原因就在于对长期利益的预期并不确定。而构建“黑名单”制度的目的就在于对严重的信用失范行为苛以更为全面、更为

长期的惩戒。这种惩戒不随着单次的行政处罚而消失，反而在法定期限内长期随附于商事主体的存续，其震慑效果不仅不低于传统的处罚手段，甚至较之传统的处罚手段更为严厉。因此，对于惩罚性的“黑名单”，需要进行法律控制，坚持形式合法性，应当列为《行政处罚法》中的“其他行政处罚”。[①] 这意味着地方立法没有创设惩罚性“黑名单”惩戒手段的权限，而需要以法律或者行政法规作为依据创设新的惩戒手段。

第二，通过“黑名单”制度惩戒失信行为需要更高层级的法律统一标准。规范企业与个人的信用行为需要依赖法律制度的强制力，而不能仅仅依赖道德与社会公正的力量。高层级的政策对低层级的政策起指导作用，其制定和发布主体的级别越高、权威越大，则“政策力度”越大，从而确保了政策目标的下达和低层级主体配合的程度，即对整个体系的政策协同情况有正向影响作用。[②] 在“黑名单”制度开始建立的时期，通过更高层级的立法将市场主体信用行为约束在统一的规则之下，避免各地各部门因为地方利益、部门利益各自为政减损“黑名单”制度的信誉与权威，避免商事主体在各行其是的规范性文件面前无所适从，尤为重要。

第三，“黑名单”制度所规定的制裁后果需要更高层级的法律强制落地。当前的“黑名单”法律制度尚不完善，即便是地方性法规、行政规章、地方政府规章对失信行为加以规范，但由于缺乏具有现实操作性的配套制度，很多“黑名单”行为并未有效受到联合惩戒。比如，《严重违法失信企业名单管理暂行办法》第5条规定了“被列入经营异常名录届满3年仍未履行相关义务的”应“列入严重违法失信企业名单管理”，但在实践之中，大部分行政部门对异常名录的理解和把握都不如工商部门深刻具体，也尚未完全建立起联动响应机制，缺乏对企业的刚性约束，异常名录制度本应有的警示、惩戒作用大打折扣。[③] 因此，为了减少地方部门的自由裁量权，减少制裁过程中的权力寻租，提升信用惩戒的刚性约束，也有必要通过更高层级的法律予以规范。

---

① 刘平：《行政执法原理与技巧》，上海人民出版社2015年版，第479页。

② 沈开艳、周奇等：《自贸试验区建设与中国经济创新转型发展》，上海社会科学院出版社2016年版，第58页。

③ 参见肖林主编：《高标准开放与制度创新——中国自由贸易试验区智库报告2015/2016》，格致出版社、上海人民出版社2016年版，第140页。

(二)明确"黑名单"评定标准与强化规范管理

"黑名单"制度建设有利于弥补监管缺位、防范交易风险,是有效实施政府监管的必要手段。构建"黑名单"制度最为基础的事项便是厘定"黑名单"行为范围与约束期限。在失信惩戒后果不明确、守信激励作用不明显的制度环境下,经济主体不能对自己的守信利益或失信损失进行合理预期,那么人们追逐短期利益的自利倾向就会逐渐嬗变成为机会主义倾向。而且,若不能将"黑名单"的认定标准加以明确与统一,则不同地区不同商事主体同样的违法失信行为经常会获致差异性极大的信用评价,同一商事主体的同个违法失信行为也可能会在不同的地方和部门获致差异性极大的信用评价,这显然与公平正义的朴素观念有所背离,更会在推进过程中遭遇商事主体的抵触与误解。

从已有的制度经验出发,可以在区分失信行为信用等级的基础上之上,来界定"黑名单"的行为范围。毕竟,从字面意义上理解,"黑名单"制度应该是失信惩戒制度中最为严厉的法律制度。如果将一般的失信行为也纳入"黑名单"的制裁范围,可能会减损"黑名单"制度本身的震慑作用,也可能会产生"大炮打蚊子"的不良影响。也就是说,对比于一般的、较重的、严重的失信行为,"黑名单"制度应当与信息主体违法、违约行为的性质、情节和社会危害程度相适应,主要关注严重的失信行为,这也符合比例原则的基本遵循。同时,正由于"黑名单"制度的惩戒对象是严重失信行为,其制裁后果特别严重,因此在确定严重失信行为的范围时,应该更多地采取列举式的方式加以规范。即便出于法律不能穷尽所有的局限性,需要通过兜底式条款加以概括式规定,也应该明确要从违法违规程度严重、主观恶性强烈、危害后果极大、较重失信行为数量较多等方面来认定新的严重失信行为,且应该经过法定的评定程序类型化,并由各省市的信用主管部门统一审定、适时更新发布。最后,"黑名单"的纳管过程难免也会出现违法错误,而这种违法错误同样会造成损失,因此相应地就需要规定因信用记录错误对企业造成损失应负担的法律责任,如《江西省企业信用行为联合激励与惩戒暂行办法规定》就明确,"……应当依据……更正后的信用记录,确定是否实施失信惩戒或重新调整失信行为等级"。

（三）完善异议申诉程序与强化信用修复

古今中外的实践向我们展示了这样一个状态：任何案件的结果是否正义是难以判定的，不同时代、不同阶级立场的人们对正义的认识可能都有差别，特别是在一个纷繁复杂、多元化的社会中，任何一种绝对统一的价值标准都是难以存在的。[①] 因此，能否对程序实施一定程度的控制，是人们判断自己经历的程序是否公正的一个关键因素。人们越是相信自己的意见得到了法律当局的采纳，或者越是相信法律当局在尽力保持公正，人们就更有可能会觉得自己实现了过程控制和决策控制。[②] 对于被苛以"黑名单"之信用惩戒的商事主体而言，获得程序上的保证，获得相关的参与机会、异议表达机会、错误纠正机会同样至关重要。

第一，必须完善事前异议程序。与传统行政处罚相比，"黑名单"制度下的惩戒手段制裁面更为严厉、时间更为持续、范围更为广泛，其本身就是对商事主体违法失信行为的一种再制裁再惩戒。因此，在将商事主体及其行为纳入"黑名单"管理之前，也需要遵循行政处罚法的程序要求，借助适当的渠道告知纳入"黑名单"管理的事实、理由与依据，听取当事人的陈述和申辩。而且，在告知程序方面，不宜径直诉诸公告途径，而应优先采用书面方式直接送达告知，遵循诉讼送达的基本规则。如果有可能，可以在制度设计上与行政处罚程序无缝衔接，避免程序上的重置与浪费，即可以在处罚告知阶段，一并告知纳入"黑名单"的相关事宜，同时可以在处罚决定书上加上纳入"黑名单"管理的具体内容。

第二，必须完善异议停止执行程序。与传统行政处罚相比，"黑名单"制度下的社会性惩戒效能是无法衡量的，"黑名单"惩戒手段所造成的损害更加不可逆转，因此在决定纳管之后应该更为审慎地保障当事人的异议权利，尽最大可能地减小错误"黑名单"公布之后对当事人的权利损害。也就是说，在制度设计时，为了避免在异议期间内因错误实施的"黑名单"纳管行为给当事人造成难以弥补的损害后果，异议期间内应以暂停发布"黑名单"、暂停实施联合惩戒为原则，以继续发布"黑名单"、继续实施联合惩戒为例外。当然，也

① 朱丹：《程序正义与人的存在》，经济管理出版社 2014 年版，第 19 页。

② ［美］汤姆·R. 泰勒：《人们为什么遵守法律》，黄永译，中国法制出版社 2015 年版，第 228 页。

可以通过标注的方式，注明"黑名单"异议内容，将相关经过公之于众。

第三，必须完善信用修复程序。从教育规范的目的出发，信用修复程序是帮助企业改正错误、修正污点、重新发展的重要程序，是信用惩戒"治病救人"政策的程序具象化。因此，必须建立相应的信用修复程序，就信用修复的申请程序、考核程序、异议申诉程序等作出明确具体的规定，使失信主体能够通过更加主动地自我完善来修复被破坏的法治环境，大力促进失信主体通过纠错步入诚信守约的轨道，持续推动信用体系的有效建立。在实践中，《江苏省社会法人信用基础数据库信用修复办法（试行）》《天津市信用信息异议处理与信用修复办法（征求意见稿）》就是很好的探索，值得借鉴与推广。

（四）细化联合惩戒举措与强化智慧引领

"黑名单"制度是由政府部门主导建立的，辅以信用监管，对商事主体严重失信行为进行惩戒并对守信行为给予奖励的机制，其规制机理是建立以信用信息数据库为纽带的社会联防机制，降低市场交易中的信息不对称程度，从而达到防范失信、惩戒失信和激励守信的目的。落实"黑名单"制度的规范要求，不仅需要进一步具体化联合惩戒的举措，还需要通过信息化手段，引领强制行政机关在行政决策时适用"黑名单"。

第一，必须强化信用联合惩戒举措的强制力。联合惩戒能否真正到位，关乎"黑名单"制度设计的成败。对于行政机关而言，落实"黑名单"制度中的惩戒要求，既是行政权力之体现，更是行政职责之所在。在行政决策的过程中，哪些失信主体和失信行为需要实施联合惩戒，失信主体和失信行为需要实施何种联合惩戒决策，都应该是明确的、具体的，行政机关不应该掌握更广泛的自由意志。因此，必须通过立法的形式梳理并建立联合惩戒清单，明确惩戒对象、惩戒行为、惩戒时限、惩戒方式、惩戒程序等具体内容，将行政机关的权力关进法治的"笼子"。

第二，必须突出信用联合惩戒的信息化支撑。长期以来，我国一直盛行一种静态的信用观。例如，将公司的信用凝固为公司注册资本的多少；习惯于用过去的净资产来衡量最近股权转让的价格，等等。这种静态的监管模式,未能客观、全面地反映企业信用状况。① 实施联合惩戒的关键之一就是要将失信主体的失信信息进行动态反映与适时公示,实施联合惩戒的基础就在于信用信息的实时共享与无缝流转。这就需要打破当前的信息壁垒,全方位、全领域、全业务、全链条、全过程地归集“黑名单”信息。可以依托发改系统或市场监管已经在全国统一建设的信用信息化系统,按照统一的信用信息归集标准,最广泛、最及时、最快速地共享各地各部门认定的“黑名单”信息,为有效实施信用联合惩戒打下良好的基础。

第三,必须创新信用联合惩戒的流程再造。在简政放权的背景之下,行政决策事项越来越多地借助电子化渠道办理,人工审核的范围大幅度降低,这也就意味着“黑名单”制度中联合惩戒也需要与电子化的趋势相适应。例如,注册登记营业执照几乎已经实现了网上全流程操作,对于禁止担任法定代表人的惩戒措施而言,就需要网上办事流程能够智能比对注册登记的法定代表人与“黑名单”数据库,第一时间作出准确判断。因此,必须通过信息化智能化对相关行政决策程序的进行流程再造,将对应的“黑名单”信息自动嵌入审批监管、申报评定、奖励服务等工作流程中,智能提示并强制政府机关、事业单位、行业协会、金融机构等实施联合奖惩,确保强制奖惩事项即时有效落实到位。这也是减少自由裁量、实现公平正义的发展方向。

---

① 洪银兴:《市场秩序和规范》,格致出版社、上海三联书店、上海人民出版社 2015 年版,第 362 页。

商业秘密侵权损害赔偿举证方法研究

——以67件案件为样本的考察

苏　恒*

内容提要

长期以来,知识产权侵权诉讼举证难和赔偿认定难的问题已成共识。其中,举证是认定之基础,突破举证"瓶颈"是解决认定难题的关键。本文聚焦商业秘密侵权损害赔偿的举证问题,以67件商业秘密侵权案件为样本进行考察,梳理案件中关于损害赔偿的举证情况和认定结果,分析举证环节存在的问题和误区,并进一步归纳"三步举证法"。首先,以市场价值为基础,根据权利人与侵权人竞争关系确定举证思路,对损害事实进行量化固定;其次,考虑可补强或消减事实,对上一步骤中确定的基础价值进行符合案情动态的还原;最后,结合权利人的情况补充可确定损害赔偿标准的其他依据。通过"三步举证法"梳理举证思路,增强举证力度,鼓励权利人为损害赔偿提供全面、清晰的事实依据,为提高判赔额度夯实基础,突破赔偿难题,切实保护权利人利益。

关键词　商业秘密　损害赔偿　法定赔偿　市场价值

* 苏恒,广东省深圳市南山区人民法院知识产权庭助理,西南政法大学学士,香港大学硕士研究生。

引　言

侵权赔偿是实现制裁侵权行为、救济权利主体的主要手段。长期的司法实践中，知识产权侵权赔偿认定难已成共识，而举证是认定之基础，突破举证“瓶颈”是解决认定难题的关键。

商业秘密是具有秘密性的特殊权利客体，且通常是生产经营中涉及关系市场竞争力的核心信息。商业秘密的价值基础是信息所载的对生产、经营具有实用性的内容，但商业秘密的价值实现依赖于其不为公众知悉的特征。侵害商业秘密的行为是对其秘密性的破坏，对经营活动产生严重的负面影响。因此，严格打击商业秘密侵权行为对规范市场竞争有重要意义。实践中，由于商业秘密本身存在证明难度，此类纠纷成功起诉且胜诉获赔案件较少。本文以 2012 年至 2018 年 67 件商业秘密侵权原告胜诉案件为视角，分析其中侵权损害赔偿相关情况。

一、实践乱象：举证力度不佳，法定赔偿泛滥

商业秘密侵权受《反不正当竞争法》规制，其中对于损害赔偿的规定为“经营者违反本法规定，给受害的经营者造成损害，应当承担赔偿责任，被侵害的经营者的损失难以计算的，赔偿为侵权人在侵权期间内因侵权所获得的利润，并应当承担被侵害的经营者因调查经营者侵害其合法权益的不正当竞争行为所支付的合理费用”，明确了以权利人损失和侵权人获利两种方式计算损害赔偿。《最高人民法院关于审理不正当竞争民事案件应用法律若干问题的解释》第 17 条进一步规定，“确定反不正当竞争法第十条规定的侵犯商业秘密行为的损害赔偿额，可以参照确定侵犯专利权的损害赔偿额的方法进行”，而专利侵权案件适用权利人损失、侵权人获益、许可使用费倍数及法定赔偿的顺位赔偿机制，其中，法定赔偿是根据权利类型、侵权性质和情节等因素确定的。

尽管《反不正当竞争法》明确了权利人损失和侵权人获利两种方式在商业秘密侵权纠纷损害赔偿确定上的优先性，但在司法实践中，法定赔偿仍是认定赔偿的主流方式。67 件侵权获支持案件中，未认定赔偿的案件有 3 件；认定赔偿的案件中，有 50 件案件适用法定赔偿，占比约 3/4（见图 1），且每年

适用法定赔偿的案件均过半。

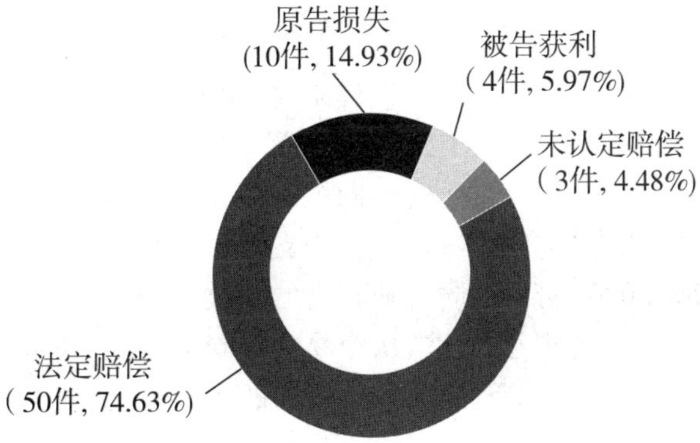

图1　商业秘密侵权纠纷损害赔偿方式

对上述适用法定赔偿案件的举证情况进行梳理可知,未就损害赔偿进行举证案件有9件。损害赔偿的证据类型主要可分为三类,分别为拟证明被告获利的订单合同、拟证明商业秘密价值的价值评估报告及权利人与侵权人约定违约金条款的保密协议。其中,由于商业秘密侵权纠纷多发于同类竞争者中,因此拟通过侵权人订单合同证明其获利是权利人对损害赔偿常见的举证方式。

商业秘密侵权案件法定赔偿的泛滥与损害的举证存在的问题有重要关系。分析我国此类案件的司法实践情况可知,损害赔偿的举证环节存在的明显问题有二:一是举证积极性不足,在法定赔偿的案件中有近两成案件未就损害赔偿事实进行举证;二是证据力度欠缺,拟证明商业秘密价值的价值评估报告和拟证明被告获利的订单合同常出现片面化和片段化情况,致使其不能成为最终判定权利人损失和侵权人获利的依据,而裁判者不得不仍适用法定赔偿(见表1)。

表1　法定赔偿中四种举证情况和裁判理由对比

案号	原告诉讼请求	举证方式	判决认定情况
(2013)津一中民五终字第0055号	主张赔偿经济损失200,000元	提交被告与原客户订单合同,拟证明被告获利	关于赔偿数额的问题,本案三次交易中,天大设计院、新元公司分别向山子公司支付制图费30,000元、11,000元,山子公司与伟信公司的合同标的额为28,500元。天砚公司为制止侵权行为支付了律师费55,000元。考虑涉案商业秘密的性质、二上诉人的行为性质及本案三次交易的合同标的额,并考虑天砚公司为制止侵权行为的合理开支,一审法院确定的赔偿数额100,000元明显过高,法院酌情调整为二上诉人连带赔偿被上诉人经济损失50,000元(包含为制止侵权行为支出的合理费用)
(2012)朝民初字第09358号	主张被告共同赔偿经济损失100万元	提交《价值评估鉴定报告》,拟证明原告商业秘密价值及其损失	本案中,伊马莱富公司未举证证明其因涉案侵权行为遭受的经济损失数额或三被告的获利情况,其虽然提交了一份资产评估报告,但该评估报告系针对其冻干机技术资料的整体内容进行的评估,而涉案被披露的商业秘密仅为其中的部分内容,且伊马莱富公司也未举证证明三被告的涉案行为已导致涉案商业秘密为公众所知悉,故本案不宜将其评估报告中确定的冻干机技术的市场价值作为确定本案赔偿损失的依据,法院将参考该评估报告,并根据涉案商业秘密的类型、三被告的侵权情节、后果、主观恶意程度以及涉案技术文件在冻干机技术资料中所占的比重等因素酌情确定经济损失的支持数额

续表

案号	原告诉讼请求	举证方式	判决认定情况
(2016)京0105民初51203号	主张按照2016年7月18日被告签署的《保密协议》第7条中约定的20万元进行赔偿	提交保密协议	本案为侵害商业秘密纠纷,而非指南针公司与刘某之间的劳动争议纠纷,侵权之诉应当以被侵害一方的实际损失或者加害方的实际获利作为赔偿依据。综上所述,指南针公司以2016年7月18日签署《保密协议》的约定为由要求刘某赔偿20万元的诉讼请求,法院难以支持。对于指南针公司提出的20万元赔偿金额,因指南针公司并未提交证据证明其因刘某前述行为所遭受的实际损失金额,亦未提交证据证明刘某因其行为的获益金额,属于对其举证权利的放弃和获赔权利的漠视,故法院对其主张的赔偿金额不予全额支持。法院将综合考虑指南针公司商业秘密的商业价值,刘某涉案行为的性质、情节、范围、持续时间、主观过错程度等因素酌情确定,赔偿经济损失20,000元
(2016)陕民终451号	主张经济损失共计100万元	未进行举证	本案双方当事人未能提供证据证明宝钛公司因被侵权所受到的实际损失,或新锆公司因侵权所获得的利益,在宝钛公司的损失、新锆公司的获利难以确定的情况下,法院综合考虑惠某宁和新锆公司侵权行为的性质、情节、后果、主观恶意程度、宝钛公司为调查侵权及诉讼所支出的合理费用等因素,酌情确定惠某宁和新锆公司共同赔偿宝钛公司经济损失(包含维权费用)5万元

二、症结剖析:商业秘密侵权赔偿举证困境分析

(一)举证难度大

传统民法观点认为,对物的侵权损害赔偿应以客观计算为原则,因物虽然归不同民事主体所有,但其实质与形式差异不大,存在特殊因素时,以主观计算为例外。[①] 然而商业秘密作为一种具有无形性和秘密性的智力成果,是

① 参见刘士国:《现代侵权损害赔偿研究》,法律出版社1998年版,第15页。

创造物而非种类物。[1] 不同的商业秘密内容、价值、状态都不相同,其损害计算不同于有形载体的物,无法确定客观统一的标准。因此,现行法律规定不能完全明确损害赔偿认定的标准并阐明法律界限,难以发挥"司法保护规则引导机制优势",[2]此为损害赔偿举证的一大障碍。

此外,商业秘密损害赔偿以填补损害为宗旨,达到填平和恢复权利状态的目的,知识产权损害赔偿数额确定另一困难在于,对于权利人受到的损害客观事实无法通过诉讼手段再现,而对于能够客观再现的损害事实通过货币方式进行量化及量化的标准和合理性问题。[3]

(二)举证存在误区

1. 定性混乱

我国司法实践中,商业秘密侵权案件皆为员工侵权案件,而员工多与雇佣单位签署《保密协议》,因此,员工非法获取或泄露商业秘密的行为既构成对商业秘密的侵害又构成对合同约定的违反,就同一行为可能同时存在侵权之诉与违约之诉。在商业秘密的损害赔偿举证中,不乏见以《保密协议》中违约金为其主张依据的举证。

虽有观点认为,如果被告没有主张且不能证明违约金过分高于侵权行为造成的损失,可以根据违约金确定损害赔偿额,但是司法实践中对这个情况的认定并不多,而更多案件的判罚情况对商业秘密侵权案件中违约金主张不予认可。如上述(2016)京0105民初51203号指南针公司诉刘某商业秘密侵权纠纷,朝阳区人民法院认为,该案为侵害商业秘密纠纷而非劳动争议纠纷,侵权之诉应当以被侵害一方的实际损失或者加害方的实际获利作为赔偿依据,未支持原告以《保密协议》的约定为由主张的赔偿诉讼请求。[4]

商业秘密侵权与合同纠纷的请求权基础是不同的,也决定其损失计算的依据是不同的。保密协议的相关惩罚规定是权利义务的对等性的体现,保密

---

① 吴汉东:《知识产权损害赔偿的市场价值分析:理论、规则和方法》,载《法学评论》2018年第1期。

② 宋晓明:《新形势下我国的知识产权司法保护政策》,载《实务周刊》2015年4月23日,第5版。

③ 曹刚:《简论知识产权损害赔偿数额的确定问题》,载《法律适用》2001年第7期。

④ 北京市朝阳区人民法院民事判决书,(2016)京0105民初51203号。

人对商业秘密享有知情权和掌控状态,也相应具有保密义务。通常,雇佣单位需要支付与保密工作相当的保密费用或者竞业禁止赔偿金,这也是违约金赔偿的基础。而商业秘密侵权属于侵权之诉,赔偿之基础是弥补权利人因侵权遭受的损失,以及保证侵权人违法成本大于侵权获利,以维持公平公正的市场交易秩序。在商业秘密侵权案件中以违约金主张赔偿,是对这类案件定性混乱所致的误区。

2. 诉请金额虚高,缺乏参考性

本文考察的67件商业秘密侵权案件中,仅有2件全额支持了损害赔偿诉讼请求,司法判赔的结果与权利人预期之间存在较大出入。

然而,衡量权利人是否得到充分救济的标准是赔偿是否与权利人遭受的损害匹配,而非完全参考其诉讼请求之主张。与裁判者不同,举证者在单方立场上,通常选择利益表达最大化的举证策略,即依照最高额的价值线索进行主张,即使明显存在对损害赔偿可消减事实,也不纳入损害赔偿数额的计算考量因素之内。另一类似情形是,当事人明确主张适用法定赔偿的案件中,常出现明显高于证据证明力度的诉请赔偿数额。

采取这种诉讼策略无可厚非,高金额主张为法定赔偿的认定留下更大空间;影响损害赔偿的可消减事实,对权利人而言甚至是需要规避的部分。但从司法实践来看,当事人主张和司法认定之间的偏差,充分说明主张数额的高低与认定数额的高低并无关联,对损害事实有充足证明力的证据才是司法判赔之依据。相反,明显高于举证事实的金额主张对裁判者衡量实际损失的参考价值减小,利益主张最大化的策略未必会带来利益最大化的结果。

司法裁判中的损害赔偿旨在还原动态市场关系结果,对于明显影响损害赔偿的可消减事实必然纳入考量。如(2012)朝民初字第09358号案件中,对于原告伊马莱富公司提交的资产评估报告,法院考虑了商业秘密对评估价值的贡献情况以及商业秘密的公开装填,认定该评估报告系针对其冻干机技术资料的整体内容进行的评估,而涉案被披露的商业秘密仅为其中的部分内容,且原告未举证证明三被告的涉案行为已导致涉案商业秘密为公众所知悉,故未将该评估报告中确定的冻干机技术的市场价值作为确定本案赔偿损失的依据,而仅作为参考。[①]

因此,对于可消减事实,若不能改变思路,在举证时主动考量其所占比重并合理扣除,看似一种积极举证,实则将丧失主动权,仅将更大自由裁量空间交于裁判者手中,且未提供充足的证据基础。

(三)举证惩戒和激励机制缺失

商业秘密需具有不为公众所知悉、能为权利人带来经济利益、具有实用性、经权利人采取了保密措施四个特征,侵权证明难度大。而与侵权事实举证不力则面对败诉的情况不同,由于法定赔偿的兜底性保护,损害赔偿举证不利的后果不明显,即使明知权利人疏于举证,也通常会有判赔结果,导致这类案件中"重侵权,轻赔偿"的举证思路,形成了权利人对法定赔偿的路径依赖。

在本文考察的67件案件中,仅有三个因为举证不利认定不存在损害事实,作出了未认定赔偿的判决;而对怠于举证的情形,也仅有(2016)京0105民初51203号判决予以表态,写明"因指南针公司并未提交证据证明其因刘某前述行为所遭受的实际损失金额,亦未提交证据证明刘某因其行为的获益金额,属于对其举证权利的放弃和获赔权利的漠视,故本院对其主张的赔偿金额不予全额支持"。[②]

此外,一个合理的侵权纠纷解决机制应保证维权成本小于维权收获,权利人才能获得持续的维权积极性。与这种思路相对应,我国立法中列明维权合理开支单独计算支持。如前文所述,商业秘密损害赔偿,都存在证明难度大的问题,维权成本相对较高。商业秘密侵权案件维权合理支出中通常包含公证费和鉴定费,相对较高。而在本文分析的67件案件中,关于维权合理支出的主张,也出现了两种截然相反的情况(见图2):一是存在大量的不举证主张维权支出的案件;二是出现了数起主张超过10万元维权合理开支的案件。部分判决对维权合理费用的认定原因未做阐述,部分判决主要依据省级律师服务费管理实施办法,少数判决结合案情复杂程度进行判断。

① 北京市朝阳区人民法院民事判决书,(2012)朝民初字第09358号。

② 北京市朝阳区人民法院民事判决书,(2016)京0105民初51203号。

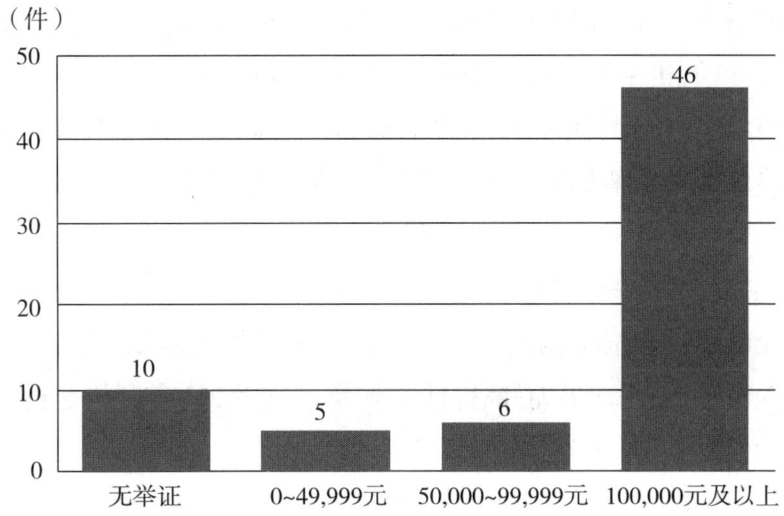

图 2　维权合理开支主张情况

维权合理支出是维权成本的量化，面对当下商业秘密侵权案件中存在的举证难度大与举证力度小的恶性循环，可作为提高举证积极性的杠杆。从对 67 件案件的分析中可见，目前我国司法实践中，无论是维权方还是裁判方，对于维权合理支出的重要性都存在相当程度的忽视。

一切思路与方法，终是需伴随操作的动力得以实现的，举证惩罚机制与激励机制的缺乏，导致对举证的实质性评价缺位，是当下举证难题形成的重要原因之一，需要引起足够的重视。

三、路径安排：商业秘密侵权举证方法设计

（一）基础：市场价值定位

党的十八届三中全会指出，"经济体制改革是全面深化改革的重点，核心问题是处理好政府与市场的关系，使市场在资源配置中起决定性作用和更好发挥政府作用""凡是能由市场形成价格的都交给市场"。而商业秘密作为知识产权，是一种重要的市场要素，对其保护应当强化市场观念。

通过梳理 67 件商业秘密侵权案件判赔认定情况，不难发现，目前我国司法实践中，重视司法"定价"与市场定价的良性互动，①致力于实现保护价值

① 孔祥俊：《知识产权司法保护中全局、市场和发展观念》，载《人民司法》2014 年第 1 期。

与市场价值的一致性,在事实和证据的基础上实现价值平衡和市场提升,不疏于或怠于保护,也不给予超出商业秘密价值和创造性程度的额外保护。

举证与认定虽是侧重不同的两个问题,但都不应该偏离市场价值的定位。关注体现市场价值的损害事实举证,才是举证力度和举证效果最佳的路径选择。

(二)方法:"三步举证法"

对商业秘密侵权损害赔偿的举证以其市场价值为基础,再将补强或可消减事实纳入考量,最后考虑是否有补充依据。在此,笔者试构建商业秘密侵权损害赔偿的"三步举证法"(见图3)。

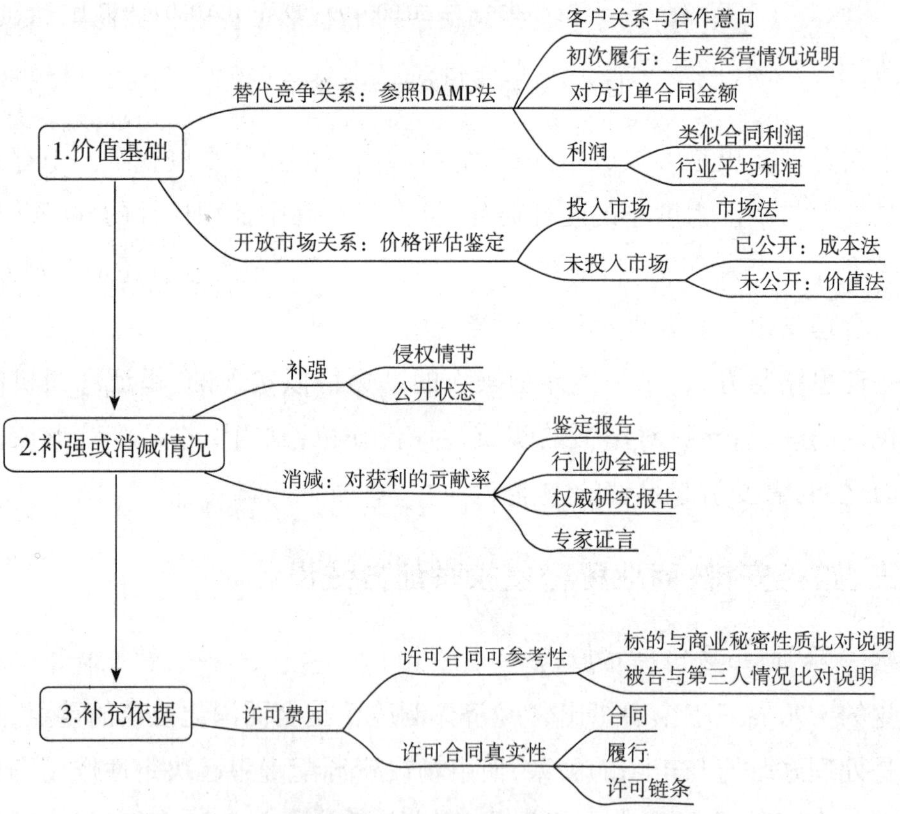

图3　商业秘密侵权损害赔偿的"三步举证法"

第一步,确定价值基础。首先观察权利人与侵权人竞争关系为替代竞争关系还是开放市场中的普通竞争关系。

如双方为替代竞争关系,则多数情况下,被告存在实际获利,而被告获利与原告损失基本持平,利润率也可以视为一致。此时,可参照美国法院的"四要素法”，即 DAMP 规则，包括：“产品需求”（Demand），即市场有产品需求；“替代产品”（Alternative），即市场上没有非侵权替代产品；“市场能力”（Marketing），即权利人有生产、销售能力；“应得利润”（Profit），即权利人应得的利润数额。当权利人对其中任一情况无法举证时，原告只能请求合理的许可使用费。首先，如权利人与相关客户具有长期合作关系，或已就相关交易达成合作意向，应收集相关证据，证明本存在属于权利人的交易机会；其次，若是达成合作意向的首次交易，可提交相关经营状况说明以证明权利人有履行该交易合同的能力。通常，法院不会以侵权人订单合同金额认定侵权获利，权利人可提交己方与侵权人合同情形相似的合同证据主张利润，或是参考行业平均利润计算。如（2016）粤 0306 民初第 18800 号案件中，原告曾就项目费用向案外客户报价 16 万元，并当庭主张利润额为 5 万元，结合被告二与案外客户签订的合同金额为 12 万元的事实，法院认为原告诉求赔偿损失 5 万元合理，予以支持。①

如双方为开放市场中的竞争关系，则一般难以上述方式进行认定，主张的商业秘密损失时，多需要通过价格评估鉴定的方式。根据中国资产评估协会出台的文件《资产评估准则——无形资产》，对商业秘密这类无形资产评估方法有三种：成本法、价值法和市场法。因其所需提交的评估资料有异，一般认为，这三种评估方法的难易程度有一定区别：成本法因计算成本开支，有较多支出可进行佐证，较为简单；市场法需要考虑的动态因素较多，且要实现现实价值与潜在价值的统一，较为复杂。然而采用成本法，直接依据商业秘密研发投入主张实际损失，除非出现该商业秘密已被广泛公开无法再使用的情形，一般难以得到支持；而市场法衡量的对象即市场价值，一般获支持率高。确定价格评估鉴定的鉴定方法，可先考虑该商业秘密是否已投入市场使用，如是，则有市场法衡量的基础，可采用该法；如未投入市场，则可根据该商业秘密是否被公开，已公开的可以考虑采用成本法，未公开的则应采取价值法评估为宜。

第二步，确定补强或消减情况。我国知识产权赔偿目前采用“补偿为主，惩罚为辅”的原则，对于侵权情节恶劣且后果严重的侵权行为，或适用惩罚性

---

① 广东省深圳市宝安区人民法院民事判决书，（2016）粤 0306 民初第 18800 号。

赔偿。举证时除证明客观性商业秘密价值基础,还可关注侵权主观情节方面是否存在适用惩罚性赔偿的线索,如重复侵权等情况,进行补强主张。

此外,如上文论述,对于明显的损害赔偿可消减事实,在举证时也应予以考虑。如司法实践中常出现商业秘密之余可价值评估的技术或产品属于部分和整体的关系,可主动对其贡献率进行衡量,确定消减比例。如在证明商业秘密侵权事实时进行非公知性鉴定,可在鉴定中将该事项纳入;如未启动鉴定程序,贡献率也可借助权威研究报告、行业协会证明、专家证言等证明。

第三步,确定补充依据。虽然依据相关司法解释的规定,侵犯商业秘密行为的损害赔偿额,可以参照确定侵犯专利权的损害赔偿额的方法进行,即在无法证明权利人损失和侵权人获利的情况下,可参照许可使用费合理倍数确定。但是在司法实践中以许可使用费为依据进行举证的少数案件中,该主张并未获得支持。因此笔者认为,将许可使用费可视为侵权损害事实价值判定标准的一种补充,如果在案件中条件成熟,即可进行举证。

对许可使用费的举证需关注许可合同的可参考性和许可合同的真实性问题,前者可通过许可标的和涉案商业秘密的比对情况及侵权人与授权第三人的比对情况进行证明;后者主要关注合同的履行情况,可以相关费用支付票据及收据为证。如果在关联企业中进行授权,如有被许可人许可第三人使用的完整授权链条为证,则会增强许可使用费的参考价值。

结　语

知识产权侵权损害赔偿的问题是重点,也是难点,商业秘密侵权案件侵权事实证明难度较大,容易致使权利人对损害赔偿的举证的忽视。在实践中,可根据案件具体事实,以市场价值为基础,采取“三步举证法”对商业秘密侵权损害事实进行举证,为损害赔偿提供全面、清晰的事实依据,切实保障权利人利益。

二手房买卖合同纠纷
常见虚假诉讼行为分析及应对

冼晓莉　娄　靓*

内容提要

近年来，随着二手房市场的繁荣和发展，房价快速上涨，引发了"卖家违约潮"，二手房买卖合同纠纷不断增加。在此类纠纷中，有的出让人为达到阻却合同履行的目的实施了伪造证据或与他人串通制造虚假诉讼等违法行为，侵害对方当事人利益，损害司法权威。本文旨在通过对二手房买卖合同纠纷中常见的六种虚假诉讼表现行为进行分析，探析其成因和危害，并提出相应解决对策。

关键词　二手房买卖合同纠纷　伪造证据　虚假诉讼

近年来，各地政府加强对房地产市场的宏观调控，受政策和刚需影响，房地产市场繁荣发展，二手房价格大幅上涨，从而引发大量的二手房买卖合同纠纷。以深圳市宝安区人民法院为例，该院2015年以来共受理二手房买卖合同纠纷案件2500余件，其中约80%的案件为买受人起诉。买受人（原告）的诉讼请求主要表现为两种类型：一是请求继续履行合同，协助办理产权转移登记并交付房屋；二是请求解除合同并双倍返还定金、支付违约金或赔

* 冼晓莉，深圳市宝安区人民法院审判委员会委员，民事审判第三庭庭长；娄靓，深圳市宝安区人民法院审判员。

偿房屋差价损失。此类案件中,部分出让人(被告)为对抗买受人的请求(特别是第一种请求),存在伪造证据或与他人串通制造虚假诉讼的违法行为,干扰审判,侵害对方合法权益。本文谨对此进行总结分析,并提出相应对策。

一、主要表现形式

在实践中,二手房买卖合同中的出让人为阻却合同履行,在诉讼过程中,伪造证据或另行提出虚假诉讼干扰审判进程,主要表现为以下六种形式。

(一)虚构"租赁合同",让"承租人"主张"优先购买权"

承租人优先购买权,是现行民事法律的一项重要制度,赋予了承租人基于租赁合同,在出租人出卖租赁房屋时,以同等条件优先于其他人购买的权利。在二手房买卖合同纠纷处理实务中,存在滥用"承租人优先购买权"制度,损害真实买受人权益的现象。即在房屋出售时原本不存在租约,但由于短期内房价大幅上涨,出让人出于利益驱动,为了获得更高的转让价款,不惜与他人串通伪造租赁合同,让虚构的"承租人"作为有独立请求权的第三人参加诉讼并主张优先购买权。

(二)虚构顺序在先的"买卖合同",让"在先买受人"主张权利

司法实务中,参照国有土地出让权合同相关司法解释有关土地使用权"一物数卖"的处理规则、买卖合同相关司法解释有关动产"一物数卖"履行顺序的规定,在各买受人均未办理房屋所有权转移登记及预告登记的情况下,通常按照办理网签在先、支付价款在先、合同成立在先的顺序依次确定履行合同的买受人。为此,有的出让人为争取前述实践的"庇护",滥用顺序在先的买受人权利保护制度,虚构在先合同和在先履行环节,以阻挠真实买卖合同的履行。此类行为可详细分为以下几种:

1. 提交签订时间早于涉案买卖合同的"在先合同",以及"在先买受人"付清全部购房款的证据,并由"在先买受人"作为第三人参加诉讼以对抗真实的买受人。

2. 让"在先买受人"依据"在先合同"约定提起诉讼或仲裁,请求继续履行该合同,以对抗真实的买受人。

出让人及"在先买受人"为使法院以支持其诉讼主张,往往同时提交涉案

房屋已由“在先买受人”先行占有使用的证据（如钥匙及门禁卡收据、管理处入住登记证明、装修合同及装修照片等）。

（三）虚构债权债务关系，让“债权人”保全查封涉案房产

《民法典》第580条对非金钱之债的违约责任作了具体规定，在一方当事人不履行非金钱债务或履行非金钱债务不符合合同约定时，如存在事实或法律上不能履行的情形，则对方不能要求继续履行。在二手房买卖合同中，转移登记义务属非金钱债务之列，如争议房屋被另案查封，按照现行的不动产登记制度，查封行为构成在事实和法律上不能转移登记的障碍。因而，实践中存在出让人虚构债权债务关系，让“债权人”另案起诉并查封争议房产，以依据《民法典》第580条的规定妨碍真实买卖合同履行的情况，且较为多见。通常包括两种情形：(1)“债权人”先于买受人申请财产保全，并第一顺位查封涉案房产，真实买受人则明显处于劣势，可能导致真实买卖关系无法得到法律保护。(2)“债权人”后于买受人保全查封涉案房产，此种情况虽不影响真实买卖关系的后续履行，但可能在最终的案件执行中，影响真正债权人的合法利益。

（四）虚构“配偶不知情”事实，让配偶一方参加诉讼主张权利

通常情况下，夫妻关系存续期间所取得的房产，为夫妻共有财产，夫妻一方处分共有房产须经得对方的同意，否则视为无权处分；无权处分行为可致使标的物所有权不能转移。然而这种共有关系以事实存在，与不动产登记簿的记载内容可能不一致。夫妻共有房产仅登记在一方名下的情形在现实生活中很常见。在登记的一方与买受人单独签订二手房买卖合同时，基于物权公示的公信力原则，买受人通常难以核实房产的共有事实，那么在房价突涨的市场环境下，有的出让人为了获取更多的利益，夫妻通谋以配偶对交易不知情、出让人擅自处分房产未经其同意为由申请参加诉讼进行抗辩，主张处分行为侵害其共有权利，使房产不能转移登记，从而排除买卖合同的继续履行，严重损害买受人订立合同时对合同履行信赖利益的期待权。

（五）虚构共有关系，让“共有人”参加诉讼主张权利或另案提起析产诉讼

共有关系，通常分为共同共有和按份共有，但无论是哪种类型的共有，各共有人对共有物均享有占有、使用、收益和处分的权利，共有人对共有物的处

分权受到限制。其中,共同共有人行使处分权应当经得全体共有人的同意,按份共有人则不得处分其他共有人的按份份额。对房产而言,除了夫妻共有外,还可能存在合伙经营、共同购买、共同继承等共有关系。而真实物权和登记物权之间可能存在不一致和冲突。登记权利人擅自处分共有房产,损害其他实际共有人利益,其他共有人提出异议的,不能产生房产所有权变动的效果。房价高涨时,出让人利用共有法律关系的处理原理,通过配偶以外的其他家庭成员、朋友虚构房屋共有关系,并提交《共同投资购房协议》《共同分配房产协议》等证据佐证;"共有人"以第三人身份参加诉讼并主张出让人无权处分、买卖合同无效或另案提起诉讼要求对房屋产权进行分割,妨碍正常诉讼,阻却买卖合同继续履行。

(六)虚构"借名购房"法律关系,让"借名人"主张权利,或另行提起房屋确权诉讼

各地政府为稳定房价不断加强对二手房市场的宏观调控,实行住房限购限贷政策,因而衍生出不具备住房购买资格的主体借用他人购房资质购买房屋,并将房屋登记在他人名下,以规避政策执行的现象,导致房屋登记权利人与实际权利人不一致。在后续的二手房转让交易中,为办理房产转移登记,仍需由登记权利人与买受人签订二手房买卖合同并实际履行。然而,在房价上涨的经济形势下,有的出让人为阻碍合同履行、实现以高价另售他人的目的,违背诚实信用原则,虚构借名买房关系,主张合同出让人为"被借名人",并由虚设的"借名人"参加诉讼主张无权处分,或者另案提出确权或合同之诉,对房屋主张权利。

二、成因及危害

(一)具体成因分析

出让人在二手房买卖合同纠纷中提供虚假证据、捏造事实,或通谋第三人另案提起虚假诉讼对房屋主张权利。出现这些情况的原因主要有以下几个方面。

1. 经济利益驱动

制度经济学认为市场经济活动中的经济人天然具有追逐利益的特性。在房价高企、持续上涨的经济诱惑面前,二手房买卖关系中的出让人无不面

临重大选择，重诺守信、诚实信用的价值观与巨大的金钱利益之间不可避免地发生碰撞和博弈。按行业惯例，因毁约要承担的最高违约金通常仅为合同约定成交价的20%，而另售他人可能获取的价格差远高于此。有些出让人的道德意识、法律意识淡薄，自我约束力差，不惜侵害他人权益以追求自身利益的最大化，在高回报面前谋求不法利益。

2. 违法成本较低

在司法实践中，二手房买卖合同的出让人和他人通谋伪造证据或虚假诉讼，大多发生在亲属、朋友等熟人之间，行为人关系密切，易于串供共谋，手段隐秘，难以识别，案件的查证相当困难，有的虚假诉讼所涉纠纷与二手房买卖合同纠纷受管辖权规定的制约由不同法院管辖，司法上辨别真伪的难度加大。[①] 因此，相当一部分的案件因受调查查证的限制，无法辨识案件真相，无法认定违法事实，也不能对妨碍诉讼的非法行为作出相应制裁，违法成本明显过低。违法的低成本与高获利，一定程度上也诱发了不诚信诉讼违法行为的发生。

3. 制度执行存在漏洞

从上述伪造证据、编造事实和虚假诉讼的几种现象来看，出让人均利用相关法律制度的原理，通过钻法律规定、限购政策等执行漏洞，来达到满足阻却合同继续履行的不法目的。这也反映出现有的法律和制度在贯彻落实与执行环节仍需规制及完善，尤其在证据审查和法律监督制裁等方面存在明显漏洞，使二手房交易中不诚信行为有机可乘。

（二）造成的危害

二手房买卖合同纠纷中的虚假民事诉讼，侵害的法益具有多元性，妨害合同继续履行损害了买受人的合法权益，妨碍诉讼、对抗司法审查浪费了司法资源、损害了司法权威和公信力。

1. 违背诚信，侵害买受人合法利益

出让人及参与共谋的行为人通过伪造民事证据、编造事实或另行提出虚假诉讼，混淆是非，使真实有效的买卖合同关系不能得到顺利履行，违背了诚

---

① 最高人民检察院民事行政检察厅“虚假诉讼检察监督问题研究”课题组、郑新俭：《民事虚假诉讼检察监督问题研究》，载《中国检察官》2015年第23期。

实信用原则，与当今社会所弘扬的社会主义核心价值观背道而驰，严重侵害了交易关系中无辜的交易相对人的合法权益，引发和激化了双方矛盾，妨害了正常的市场交易秩序，不利于市场经济和法治建设的健康有序发展。

2. 干扰正常审判，浪费司法资源

目前，地方各级法院案多人少的矛盾异常突出，司法资源十分有限和宝贵。二手房买卖合同纠纷的行为人伪造证据、虚假诉讼，具有很强的隐蔽性和欺骗性，真伪难辨，干扰了正常的审判工作，增加了对案件审理查证的难度，额外增加了保全查封等事务性工作，严重妨害司法审判秩序，耗费了大量的诉讼资源，加剧了人案矛盾。[①]

3. 损害司法权威，破坏司法公信力

法律是治国重器。人民法院是代表国家行使审判权的司法机关，法院的司法活动，应当得到社会的广泛尊重和维护。二手房买卖合同纠纷中的出让人参与实施伪造证据、虚假诉讼等违法行为，利用民事诉讼活动达到妨碍合同正常履行的非法目的，贬损了法律的正当性，破坏了公平公正的法治环境，严重损害了审判机关的司法权威，损害了司法公信力。

三、应对措施

（一）司法审查和处理思路

1. 对“承租人”优先购买权的审查处理

房屋承租人的优先购买权是法定优先权，具有强制缔约的请求权性质，[②]足以影响出租人与买受人之间房屋买卖合同的履行。在司法实务中，为维护善意买受人的合法权利，应对“承租人”主张的房屋租赁事实及优先购买权行使予以审慎审查。一是有关租赁关系的审查。《城市房地产管理法》第 54 条规定租赁房屋应当向房屋管理部门登记备案。租赁权中的承租人优先购买权可因登记备案具有对抗力。但如果租赁合同先于买卖合同签订但未经登记备案，则应根据房屋的实际占有和使用情况进行判断，可通过租赁保证金、

---

① 杨悦灵：《我国民事虚假诉讼的形成原因与法律规制》，载《河南广播电视大学学报》2020 年第 1 期。

② 最高人民法院民事审判第一庭编：《最高人民法院〈关于审理城镇房屋租赁合同纠纷案件具体应用法律若干问题的解释〉的理解与适用》，人民法院出版社 2009 年版，第 276 – 291 页。

租金、物业费等费用支付，物业管理处、网格管理中心采集的信息以及承租人到庭陈述等方式予以核实。二是同等条件优先购买权的审查。“承租人”不得滥用优先购买权，其应当举证证明其在法定期限内已明确向出租人主张行使优先权利。也有观点认为优先购买权的行使应具合理性，“承租人”还应提供以同等条件购买租赁房屋的担保以证实其具有履行能力。[①] 对于能够排除“承租人”优先购买权适用的，应依法保障善意买受人的权益；而对于“承租人”的主张构成买卖合同履行的抗辩的，应允许买受人变更诉讼请求，解除合同要求出让人承担违约责任或赔偿损失。

2. 对“在先买受人”主张权利的审查处理

司法实践中，由于二手房买卖交易的环节较多，对于“一房多卖”行为的审查具有复杂性。尤其在多份买卖合同均未办理房屋产权转移登记或预告登记的情况下，对“在先买受人”通过诉讼主张权利以排除其他买受人合同权利的，对其合同真实性及合同权利的审查，难度更大。因为“在先买受人”和出让人之间如相互串通、伪造合同关系，在主观恶意的审查上没有具体的衡量标准，需要结合具体的合同履行情况进行综合评判。[②] 可以结合二手房交易惯例和日常生活法则，从“在先买受人”与出让人关系是否密切、转让对价是否合理、对价的支付方式、是否办理网签手续、占有使用的方式、有无装修、物业费交纳等方面进行全面考量，以辨别真伪，依法确定顺序在先的买受人，准确处理一房多卖法律关系。[③] 另外，应予注意的是，根据《最高人民法院关于适用〈中华人民共和国民事诉讼法〉的解释》第 93 条的规定，“在先买受人”提供了支持继续履行其顺序在先合同请求的生效判决或仲裁裁决的，如本案有相反证据足以推翻生效判决或反驳生效裁决所认定事实的，亦不应采信该事实。

3. 对“债权人”另案查封房产的审查处理

买受人要求出让人配合办理房屋所有权转移登记的义务，在性质上属于非金钱债务，如争议房屋被出让人的“债权人”另案查封，则构成《民法典》第

① 杨会：《再论侵害承租人有限购买权的救济》，载《政法论丛》2020 年第 1 期。

② 最高人民法院民事裁定书，(2009) 民申字第 1760 号，载《最高人民法院公报》2010 年第 10 期。

③ 许德风：《不动产一物二卖问题研究》，载《法学研究》2012 年第 3 期。

580 条规定的非金钱债务在事实和法律上不能履行的情形，买受人的合同权利受到影响。在此情形下，二手房买卖合同纠纷，由另案对债权人与债务人之间是否存在真实债权债务进行认定，待另案纠纷裁判生效后，再根据债权人的胜诉情况进行处理；①当然，买受人也有权依照《民事诉讼法》第 225 条、第 227 条的规定主张权利，向查封法院提出异议。在实践中，买受人为避免诉累，大多选择变更诉讼请求，要求解除合同并主张违约责任或赔偿损失。另外，需要特别说明的是，轮候查封并不发生实际查封的法律效力，需等到首封解除才发生效力。如果二手房买卖合同的买受人为首轮查封申请人，后续的轮候查封不影响买卖合同的继续履行。②

4. 对"不知情"配偶主张无权处分的审查处理

最高人民法院《关于适用〈中华人民共和国婚姻法〉若干问题的解释(一)》(已失效)第 17 条规定，夫妻一方处理共有财产，应与另一方平等协商，取得一致意见；他人有理由相信其为夫妻双方共同意思表示的，另一方不得以不同意或不知道为由对抗善意第三人。因此，对于出让人签约转让登记在其一方名下的共有房产，配偶主张对交易不知情的，不能适用"家事代理规则"直接推定夫妻双方一致同意售房，③而应从出让人的出售行为是否可认定为买受人有理由相信为夫妻共同意思表示，以及受让人是否为善意两方面进行审查，买受人应对此负担举证责任。在实务中，要结合日常生活经验，从合同签订或履行中出让人配偶是否到场、是否参与协商、是否协助委托融资赎楼、是否收取购房款、是否协助交付房屋，买受人是否知晓出让人的婚姻状况等事实进行综合判断，对于足以认定出让人售房行为属夫妻共同意思表示的，应对善意的买受人予以特殊的法律保护；买受人请求继续履行合同、协助办理房产转移登记的，应当予以支持。而对于不能推定配偶一方同意或嗣后追认另一方售房法律行为的，虽然不能判令出让人办理过户登记手续，但是善意买受人的合法权益亦应得到法律的维护和保障，应当依据物权变动的原因行为与结果相区分的原则，依法认定作为物权变动原因的二手房买卖合同

① 孙东：《商品房买卖合同纠纷典型案例评析》，湖南大学 2014 年硕士学位论文。

② 何瑞：《不动产查封的实务研究》，河北大学 2011 年硕士学位论文。

③ 郑磊、王海栗：《夫妻共同债务的认定》，载《南通纺织职业技术学院学报》2007 年第 1 期。

的效力，允许出卖人变更诉讼请求，解除合同并主张违约责任或房屋差价等损害赔偿。

5. 对“其他共有人”主张无权处分的审查处理

按照物权法的基本原理，不动产物权变动效力的发生除了当事人之间的债权合意外，还应具备登记的法定形式。在二手房买卖合同纠纷中，虽然依据物权公示、公信原则，可依不动产登记簿记载的内容推定登记权利人为物权人，但《民法典》第234条同时赋予了利害关系人请求确认物权的权利，因而在物权归属存在争议的情况下，应根据事实和法律对物权归属作出认定。因此，对于登记权利人（出让人）以外的第三人主张房屋共有权意图阻却合同履行的，在真伪难辨的情况下，应由主张共有关系的利害关系人另行提起确权诉讼，房屋买卖合同纠纷应当中止审理，以确权之诉的处理结果为审理依据；另外，因该案的处理与买受人存在利害关系，可以考虑买受人作为第三人申请参加该案诉讼活动，以便全面查清案件事实。依据确权之诉的审理结果，对二手房买卖合同纠纷可参照“不知情”配偶主张无权处分的模式进行处理，在此不予赘述。

6. 对“借名人”主张房产权利的审查处理

在司法实务中，对于是否存在真实借名买房关系的认定，主要从购房款支付、房屋使用、水电物业费负担、房屋装修人等要素进行综合判断。倘若能够直接排除“借名人”主张的借名买房事实，有关善意买受人请求继续履行合同的处理思路无疑更为简单、清晰。在真伪难辨的情形下，有关此类案件的处理，有必要从法理上进行相应探讨。借名买房，虽然规避了现行的限购政策，但现有的法律、行政法规并未明令禁止借名买房，借名的出资人与登记权利人之间形成的法律关系本质上属于类似于股票代持的委托合同关系。借名人与登记权利人之间的基础法律关系为合同之债，因而即便真实存在借名买房事实，借名人也并不当然直接享有房屋所有权，仅能向登记权利人主张办理房产转移登记。因此，无论出让人与借名人是否真实存在借名买房关系，“借名人”均不能对买受人提出物权抗辩。另外，买受人基于买卖合同关系同样享有要求出让人即登记权利人办理房产转移登记的债权请求权。现有法律虽并未明确规定买受人与借名人的两种请求权的实现顺序，但一般认为借名买房关系是“借名人”与登记权利人之间的内部法律关系，不得对抗善意的买受人,因此无论是否存在真实的借名买房关系,均应依法维护善意买受人的合法权益。

(二)严厉制裁虚假诉讼行为

1. 根据现行法律规定,严厉制裁不诚信诉讼行为

《民事诉讼法》第111条对行为人伪造、毁灭重要证据,及恶意串通,企图通过诉讼、调解等方式侵害他人合法权益,妨碍法院审理秩序的处罚作了规定,一经查实可根据情节轻重予以罚款或拘留,构成犯罪的,还应当追究刑事责任。《刑法修正案(九)》也增加了"虚假诉讼罪"这一罪名,明确规定了该罪的构成要件,使民事虚假诉讼行为正式纳入了刑法的规制和调整范围。① 可见,我国法律对于伪造证据、虚假诉讼的行为设置了严厉的民事及刑事制裁制度。如果仅仅对行为提出的虚假抗辩理由作出不予采纳的认定处理,而不给予严肃制裁,就不能实现警示教育的作用。② 因此,要加大对二手房买卖合同中虚假诉讼行为的制裁力度,视情节轻重分别采取罚款、拘留等民事诉讼强制措施;同时,要进一步实现对不法行为的民事法律制裁和刑事法律规制的有效衔接,对于涉嫌犯罪的,依法将犯罪线索移送公安机关立案侦查,追究行为人的刑事责任。③ 特别是对于律师参与伪造证据、虚假诉讼的,要及时向司法行政机关、律师协会发出司法建议,予以处罚,情节严重的依法吊销律师执业资格证;构成犯罪的,依法追究刑事责任。

2. 创新制裁方式,实行信用惩戒

诚信是社会主义核心价值观的重要内容。诚实信用原则是民事诉讼活动的基本原则。全社会都在营造褒奖诚信、惩戒失信的良好氛围。伪造证据、捏造事实、虚假诉讼的违法行为,严重侵害了国家正常的审判秩序,有损司法权威和司法活动的严肃性,具有很大的危害。因此,应当将诚信交易、诚信诉讼,纳入国家和社会诚信体制建设的范畴。对于不诚信诉讼的非法行为,要创新制裁的方式,将其并入失信惩戒体系,通过媒体曝光、限制高消费、

---

① 张明楷:《虚假诉讼罪的基本问题》,载《法学》2017年第1期。

② 韩波:《错觉抑或幻象:民事诉讼法诚信原则再省思》,载《暨南学报(哲学社会科学版)》2014年第3期。

③ 张启帆:《论举证妨碍规则在审判实践中的适用》,载《北京化工大学学报(社会科学版)》2015年第4期。

限制金融贷款或办理信用卡、限制担任企业高管等方式,在经济、就业、社会评价等领域对行为人形成消极评判压力,予以失信惩戒,增加其违法成本,以杜绝虚假诉讼的不法行为、彰显社会公平和正义。

司法责任制背景下完善审判监督机制的调研

——以S市法院为研究样本

深圳市罗湖区人民法院课题组*

内容提要

随着司法责任制改革的深入推进，完善与之相适应的审判监督机制日渐迫切。为此，需要厘清新型审判权运行特征，精准把握审判监督与审判工作的关系，对监督范围的广泛性、监督主体的多元化、监督方式的多样性有充分的认知。通过透视当前审判监督在监督方式、监督内容、监督成果运用等方面存在的问题，并剖析缘由，课题组认为应以优化审判监督制度为重点、以完善监督配套制度为保障、以强化信息技术运用为支撑、以加强审判监督力量为基础，多管齐下，完善审判监督机制，充分释放司法红利。

关键词　司法责任制　审判监督　问题透视　原因剖析　路径选择

一、司法责任制背景下审判监督的相关理论问题

自司法责任制改革以来，审判权运行方式发生了重大变化，改革对审判

* 课题组组长：许云兴，成员：李占祥、熊雪、黄源鑫，执笔人：黄源鑫。

监督机制提出了新挑战、新要求。欲深入研究司法责任制背景下审判监督机制的问题,需先厘清相关理论问题。由此,离不开对司法责任制背景下新型审判权运行方式的深入了解,离不开对审判监督与审判工作之间关系的准确把握,也离不开对完善审判监督机制应注意问题的清醒认知。

(一)司法责任制背景下审判权的运行特征

司法责任制改革的基本内涵就是司法人员对执法办案独立行使职权并独立承担责任。其基本要求就是"让审理者裁判,由裁判者负责"。而新型审判权运行的显著特征,是审判人员依法独立行使案件的程序主导权、事实认定权、法律适用权和结果裁判权;换言之,除重大案件外,一般案件的程序、实体问题均由承办法官自行处理、自行负责,院庭长基本上不需要对案件处理承担法律责任。由此,导致了审判监督的方式、责任承担发生了重大变化,也为审判监督一些新问题滋生埋下了隐患。

(二)司法责任制背景下审判监督与审判工作的关系

正确处理审判监督与审判工作的关系,关系司法责任制是否可以有效、全面落实;而重点是要处理好放权与监督、监督与服务的关系。

1. 放权与监督的关系

司法责任制背景下审判权力下放,权力行使方式的分散性、权力行使主体的差异性,都在警示放权之下加强监督,确保"放权而不放任"的必要性与紧迫性。最高人民法院在顶层设计上已予以高度关注,近年来相继出台了《关于完善人民法院司法责任制的若干意见》《关于落实司法责任制完善审判监督管理机制的意见(试行)》《关于进一步全面落实司法责任制的实施意见》等一系列文件,S 市中级人民法院也出台了《落实司法责任制工作指引(试行)》等文件,以期加强审判监督管理。然而,当前亟须加快从宏大抽象的理论共识、制度共识向具体而微的实践操作层面转变、落地。

2. 监督与服务的关系

审判监督与审判工作的终极目标具有一致性,均是提高审判质量、提升司法公信力、维护司法权威。而审判监督还具有从属性,即依赖于审判工作:没有实际的审判活动,审判监督也就无从谈起。因此,审判监督应该立足于服务审判工作,以服务促监督,融监督于服务之中,通过服务式的审判监督为被监督者履职提供有效保障,助力提升法官履职能力,寻求审判监督的最大公约数,打造审判监督工作的利益共同体,才能消解法官等被监督群体的对立、对抗情绪,形成监督合力,增强监督实效。

(三)司法责任制背景下完善审判监督机制应注意的问题

1. 审判监督范围的广泛性问题

随着社会公众及当事人对司法需求的不断增多,以及人人都有麦克风的自媒体时代快速演变,外界对审判瑕疵、错误的关注度、传播力显著增强,宽容度显著降低;这对审判监督工作提出了更高要求与期待。审判监督的机制完善不仅涉及裁判结果公正、裁判标准统一等方面的实体监督问题,还涉及审限、程序性事项处理、裁判文书质量等多方面问题。

2. 审判监督主体的多元化问题

审判监督主体既有上级法院监督,也有院庭长、主审法官监督,还有审判监督管理部门的专责监督;这些均为不可或缺的审判监督主体,其重要性不言而喻。同时,需要把目光聚焦到办案法官身上,法官不仅是单纯的被监督者,更是不可忽视的监督主体。一方面,法官是法官助理的监督者,需要指导、管理、监督法官助理处理程序性事务,确保规范、依法处理程序性事务;另一方面,法官作为最主要的被监督者,应发挥其进行自我柔性监督的能动性、配合他人刚性监督的自觉性,对提升审判监督质效作用重大。由此,审判监督机制建设应对各个监督主体均予以考量。

3. 审判监督方式的多样性问题

审判监督既包括舆论监督、信访监督等外部非常态监督,也包括二审监督、文书评查、案件评查、庭审评查、专项评查等内部常态监督。外部监督具有滞后性、高成本、被动性的特点,内部监督则具有实时性、低成本、被动性与主动性兼具且以主动性为主的优势。故而,坚持内部常态监督为主,外部非常态监督为辅,应该成为审判监督的基本方式;也就是说,审判监督机制的建设重点应着眼于内部。

二、透视:司法责任制背景下审判监督存在的问题——以S市法院为研究样本

课题组以内部监督为视角,2019年年初通过向S市全市法院189名法官进行问卷调查、访谈5个基层法院审判管理监督部门工作人员、向部分法官

了解情况等方式,并结合相关数据材料,深入了解、发现了司法责任制背景下审判监督中存在的相关问题。

(一)监督方式方法方面

1. 监督智能化水平低、基础数据欠缺

司法责任制改革的审判权下放分散,与案件快速增长及信息技术迅猛发展同步而来。然而,从调研情况看,当前S市法院审判监督工作中信息技术运用严重不足,智能化、静默化监督水平较低,大多数还处于低水平的人工监督、数据管理(执行案件除外),无法实现对办案流程节点的全面监督。同时,办案业务系统数据重复录入,不仅增加了法官助理的工作量,且一些结案方式、裁判结果、诉讼费分担情况等数据录入不准确,影响了监管基础数据的收集、分析,进而影响后续监督成效。

2. 动态化、前置性监督不足

调研发现,大多数法院在这些方面仍存在较大不足。主要表现为,一是对于排期、审限等程序性工作没有进行实时动态监督,对于受理后长时间不排期开庭、长期未结案等工作没有及时监督,影响了案件办理质效。二是欠缺前置监督。院庭长不审核签发裁判文书后,裁判文书基本由承办法官自行签发,裁判文书的质量缺乏前置性把关。当前,案件评查、文书评查、专项评查等方式的监督,往往是对已发生、处理完毕的案件进行监督,监督关口未能前移,导致监督滞后,甚至个别案件成为负面舆情后,才倒查问责,监督成本巨大、代价沉重。

3. 差异化、精准化监督欠缺

一方面是对不同法官差异化、精准化审判监督欠缺。因不同裁判者思维方式、价值取向、业务能力、司法态度、法律认知等诸多方面存在差异,裁判质量参差不齐,特别是在审判权下放的情况下,更加明显。然而,就调研情况看,大多数法院均是进行无差别、无重点、无针对性的“一视同仁”式的审判监督,未对审判质量较差的法官重点监督,导致审判监督效果不彰。

另一方面是对进入新岗位工作人员的差异化监督不足。跨领域换岗法官、初任法官、新入职法官助理等人员,因为工作内容的重大变化、角色的重大转变,都可能增加发生审判问题、影响案件质量。如2016年以来S市全市法院选任初任法官、新招录司法辅助人员共计739人。大量初任法官、新任司法辅助人员没有经过系统全面的培训即上岗,边学边干,都可能因角色转变、业务不熟滋生诸多问题。而在现实中,也没有开展有效的服务式、帮扶式审判监督,增加了审判工作隐患。

4. 低频化、被动式监督问题突出

定期、常态监督是及时发现审判问题、纠正审判错误、总结审判经验的重要方式。然而,从调研来看,定期化、常态化的监督较为欠缺,监督的频率低、次数少,难以系统、全面发现存在的问题。此外,部分案件的审判监督依赖上级的专项评查监督,本级监督的主动性、有效性不足,特别是对长期未结案件、上诉案件超期移送等问题更是如此。

(二)监督内容方面

1. 实体监督碎片化、低效化

实体监督碎片化、低效化主要是裁判指引不足,碎片化。院庭长放权之后,法官独立行使事实认定权、法律适用权和结果裁判权,法官裁判风格差异、裁判水平参差不齐,新的审判监督欠缺,没有通过完善裁判指引等方式实现宏观监督,导致上下级法院、同一法院的不同法官裁判标准不统一,存在类案不同判问题。

2. 裁判文书质量监督不足

裁判文书由承办人自行签发,独立负责,是本轮司法改革的显著特点。目前,S 市法院 99.8% 案件的裁判文书,均由独任法官或合议庭直接签发,对文书质量的监管不足,造成裁判文书质量风险隐患增加。

一是法官对裁判文书的自主监督有效性不足。承办人对裁判文书质量的自我、自主监督,主要是由法官助理帮忙校对信息或文字错误以及逻辑、法律适用、事实认定问题,近七成的法官对把握不准的案件会咨询其他法官,但不会请其审阅文书,只有 13.76% 的法官对把握不准的案件会请其他法官帮忙审阅裁判文书(见图 1)。但因法官助理,特别是民商事案件法官助理的司法辅助工作繁杂,且专业能力相对有限,加之尚未养成使用文书纠错软件的习惯,其文书校对成效受影响,文书错误、低级失误时有发生。承办人请其他法官帮忙审阅、把关裁判文书的比例较低,自主式、互助性的柔性监督不足,也可能导致法官的文书说理能力、说理技巧、逻辑能力长期无法提高。

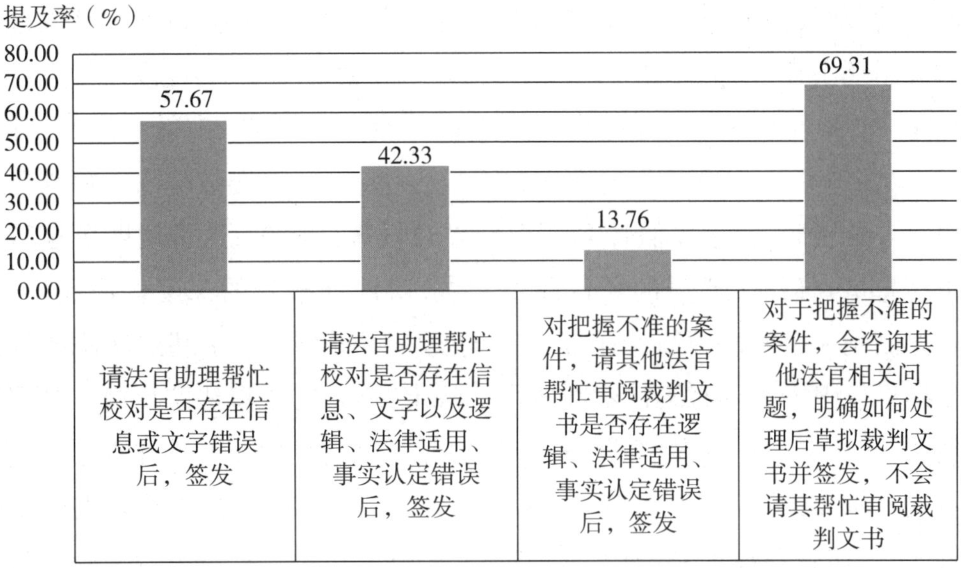

图1　司法责任制改革后法官裁判文书签发方式

二是合议庭对裁判文书监督失位、缺位。《人民法院组织法》规定，合议庭审理案件形成的判决书，需经合议庭组成人员签署后方可发布。这是发挥合议庭监督职责的制度性安排，以监督、制衡、保障承办法官公正裁判，确保裁判文书质量。然而，实践中，大多数的案件，基本是由承办法官独立处理，合议庭其他成员较少参与案件的实体问题处理，特别是在由陪审员组成的合议庭中，受制于陪审员的能力，加之“合议庭审理案件，法官对案件的事实认定和法律适用负责”，陪审员无须承担法律责任，导致案件基本由承办法官包揽。调研中，44.97%的法官即表示“一般不与陪审员讨论案情，基本由自己确定裁判结果”，14.29%的法官表示“合议庭成员有法官的，对于普通案件，一般不会讨论，基本由自己确定裁判结果”。合议庭其他成员，尤其是陪审员不讨论裁判结果、不审阅裁判文书的“形合实独”情况，严重制约了合议庭审判监督职能作用的发挥。

（三）监督成果方面

监督成果的运用关系审判监督的进一步拓展与深化，其必要性与重要性不言而喻。但实际中，对监督成果运用不充分是一个较为突出的问题。

一是一审法院发改评查结果运用不充分。一审法院对发改案件进行评查，不仅可以对一审裁判结果进行针对性监督，还可以加强上下级法院沟通交流，统一裁判标准，并实现对二审裁判的双向监督。但是，目前一审发改评查的运用还不充分，主要体现在两个方面：一方面是季度、年度发改评查报告碎片化。评查报告相互割裂，没有系统运用、针对性提醒、有效性监督，如在B区法院2016年至2017年的多份评查报告中，均有因交强险的总额与分项金额上限分别确定、年休假计算不准确导致发改的问题；这也说明了法院对多犯易犯审判瑕疵、错误的监督还不到位，对评查报告的深度运用还不足。另一方面是一审发改评查结果运用单向化。调研结果显示基层法院的发改评查结果仅限于本院对案件审判质量的认定，均未向二审法院反馈。基层法院经评查，认定被发改案件实际瑕疵率、错误率低，是发改案件评查结果的重要特点。例如，2017年至2018年B、L、Y区三个法院共对1440宗发改案件进行评查，认定存在审判瑕疵、质量问题为213宗，占14.79%，高达85.21%的发改案件被认定为合格案件。大量发改案件被认定为系一审、二审法官对法律适用、事实认定理解不同，属于合格案件。基层法院这样的评查结果没有向二审法院通报，不利于上级法院发现二审裁判中存在的问题，不利于加强对二审案件、二审法官的审判监督。

二是监督导向不科学、不合理。导向影响行动、关乎成效。科学合理的监督导向，有利于提升审判监督的质效。然而，从调研来看，一方面，部分法院忽视审判监督结果对法官裁判行为的制约作用。审判质量监督成果在绩效考核、评优评先上的权重低，无法引起法官对案件质量的高度关注与重视，影响了审判监督的后续成效。例如，Q区法院对发改案件局限于评查通报，没有将发改案件质量问题纳入绩效考核体系中；L区法院对被发改案件，按每件折算为年度结案总数0.2件的标准进行扣减，既没有全面考虑发改案件的实际差错率，有简单粗暴之嫌，也因折算的系数相对较小，难以对部分结案数量高的法官形成有效的监督制约。

三、剖析：司法责任制背景下审判监督存在问题的原因所在

司法责任制背景下审判监督工作存在的诸多问题，主要是案件数量大幅增长等客观现实困难，审判监督主体的意识能力、人力不足，审判监督的制度不健全，运用信息技术支持审判监督不够等诸多因素造成的。

(一)从客观现实方面分析

近年来,S 市法院案件量快速增长,收案数、结案数、法官人均结案数分别从 2015 年 28.64 万件、22.45 万件、217 件,增至 2018 年 48.31 万件、41.04 万件、452 件,增幅分别高达 68.68%、82.8%、108.29%。案件数量的巨幅增长与裁判权下放的司法责任制改革相互叠加,对审判专责部门、上诉二审、法官自身等各类监督主体在监督理念、监督方式方面都提出了巨大挑战,客观上大大增加了审判监督难度,容易造成监督盲区甚至监督真空。

(二)从监督主体方面分析

1. 审判监督人员不足、履职不到位、监督理念滞后

审判监督部门日常需承担审判流程节点监督、日常案件评查、专项评查、发改案件评查等大量工作,但从调研看,审判监督部门在履职过程中人员不足、履职不到位、监管理念滞后,成为当前审判监督存在诸多问题的不可忽视因素。

一是人员不足。各法院普遍面临监管人员不足的问题,各区法院该部门人员为 4 ~ 13 人,人均监督案件数 2800 ~ 5800 件,远远无法满足审判监督的需要;同时,个人结构不合理,入额法官少、法官助理多,多个法院审判监督人员专业背景不够多元,缺少刑事审判经验的法官,这些均影响了审判监督专业性的发挥,特别是在案件评查、发改评查等专业性强的工作方面更是如此。人员不足,成为审判日常监督开展不到位、发改案件评查不及时的重要原因,L 区法院甚至因为人员不足,对部分改判案件未进行评查,只有 1 名法官负责全部改判、发回重审案件的评查,这些都不利于充分利用二审的审判监督成果,也影响了审判监督的权威性、全面性、说服力。

二是履职不到位。当前,一些审判监督部门自身对审判监督管理工作不重视,在推动制度建设,促进审判监督管理规范化、制度化方面还有所欠缺;在执行力上还不足,相关审判监督管理制度流于形式,没有执行到位;在促进裁判标准统一等方面也没有尽职尽责(见图 2)。

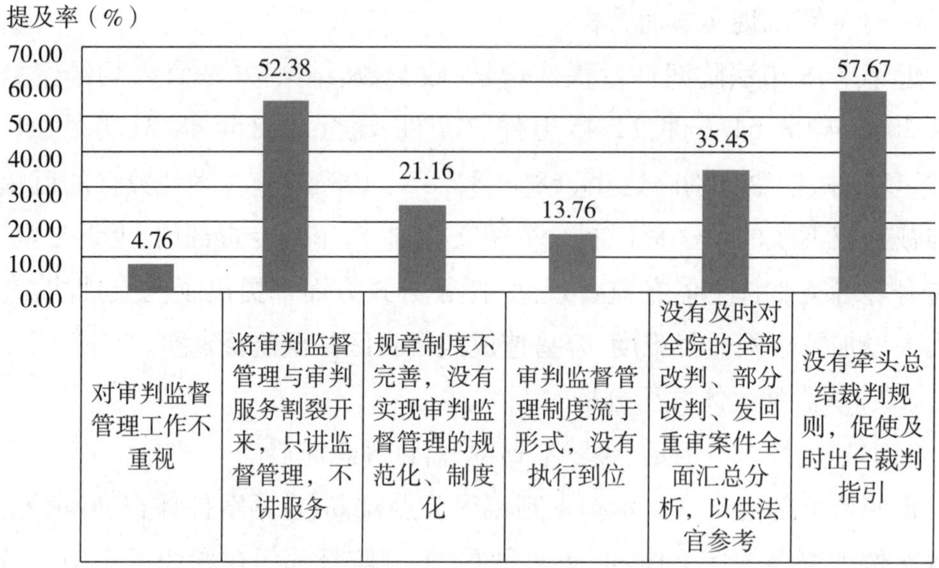

图2　法官对审判监督部门工作的意见

三是监督理念滞后。将审判监督与审判服务相对立、相割裂，是审判监督部门存在的较为突出问题，这都在一定程度上会影响被监督者对审判监督的认可度、认同感、配合度。调研中，52.38%的法官即反映审判监督工作中存在只讲监督不讲服务的问题，普遍要求审判监督部门树立服务审判的理念，提升服务审判的水平。

2. 法官对审判监督的认识存在偏差

法官既是审判监督的主要对象，也是履行审判监督职责的重要主体。法官对审判监督的认识是否正确、客观，势必影响其对审判监督的配合程度与履职到位程度。一方面，当前部分法官对审判监督存在一定的排斥、拒绝心理，认为管得越少越好；在案件监督类型上，监督重点敏感案件即可，对于普通案件认为可以少监督、不监督。调研中，31%的法官认为“管得越少越好，除了重大敏感案件外，就应该让法官自己做主”（见图3）。另一方面，部分法官对审判监督的范围认识还不够全面，对实体审判结果、案件审限、程序性事项是否应是审判监督的重点在认识上还存在偏差，调研中，认为审判管理监督的重点在实体裁判结果、案件审限、程序性事项处理的分别占57.1%、52.4%、57.7%（多选），比例较低。这种对审判监督重点认识的偏差，也必然会影响审判监督工作的开展。

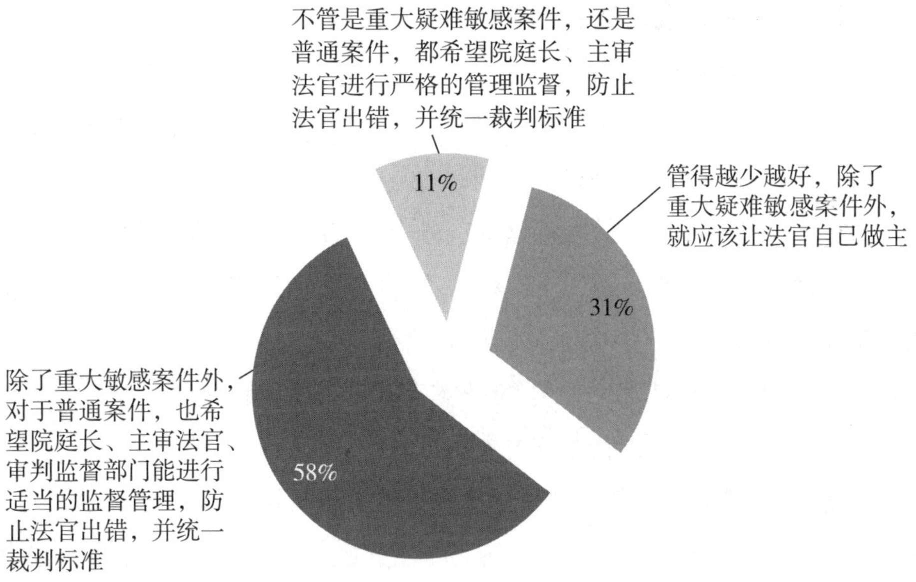

图3　司法责任制改革后法官对审判管理监督工作的态度

值得注意的是，部分法官对自身在审判监督中的定位认识不清，片面认为自己只是被监督者，一方面，缺乏发挥合议庭成员相互监督的意识，这在基层法院方面尤甚，这也与基层法院的合议庭成员大多为陪审员，陪审员没有对法官监督的自觉性与能力的因素有较大关系，这将是较长一段时期内仍会存在的问题。另一方面，没有监督意识，没有履行对法官助理的审判监督职责，对于法官助理处理的程序性事项、事务性工作没有有效监督，监督缺位、失位。

（三）从制度建设方面分析

1. 宏观的类案监督机制不健全

当前司法裁判标准不 、案件审判监督碎片化、低效化的重要原因，即在于宏观的、类案监督指导机制不健全，缺乏对审判实践中存在的类型化、典型性审判问题的有效总结归纳，没有及时从个案监督向类案监督转变，从微观监督向宏观监督转变。其中，尤其突出的是专业法官会议、审判委员会运行不畅，部分成员专业性不足、召回会议次数偏少，在出台裁判指引、统一裁判标准，实现类型化监督方面还远远无法满足实际需求。调研中，即有47%的法官认为专业法官会议、审判委员会在“总结裁判指引、统一裁判标准方面存在较大不足”。可见，专业法官会议、审判委员会的宏观、类案监督机制不健全、运行不畅，容易导致司法裁判权、审判监督权碎片化。

2. 审判监督成果运用机制不健全

对审判监督发现的问题没有系统梳理、充分运用，有些问题易发多发，审判监督的精准性不足。审判监督结果的威慑力不足，仅限于通报、折算案件扣分等，与法官的晋升、绩效奖金发放、评优评先没有形成强烈的关联关系，导致一些法官对审判监督不重视、对存在的问题改进不积极，严重影响了审判监督的后续效果。

（四）从现代科技对审判监督的技术支持方面分析

1. 利用信息化对流程节点的静默化监督不足

各类案件，特别是民商事案件，涉及立案排期、送达（公告送达）、财产保全、排期开庭、判决送达、上诉状送达、上诉费缴纳、上诉卷宗装订扫描、卷宗移送等各环节，流程节点多，但是当前对案件流程节点的智能化监督不足。例如，财产保全期限届满的智能提醒欠缺；对案件是否上诉、卷宗是否移送扫描、扫描是否完成、卷宗是否移送没有纳入信息技术监管范围，这是上诉案件卷宗超期移送不可忽视的技术性因素。

2. 利用信息化对实体裁判的智能化监督不足

一方面，强制性的类案、裁判指引检索监督不足。最高人民法院的指导性案例与公报案例、省高级人民法院的典型案例与参阅案例，以及各级法院的裁判指引都是司法裁判中应参照使用的，但是目前各种参考案例、裁判指引繁多，且散见于各种文档，没有智能化的推送、监督平台，导致法官在办案中对是否有相关案例、裁判指引可以参照、是否已经参照，均难以知晓，这既不利于统一裁判标准，也会导致审判监督低效、失效。

另一方面，对裁判结果的实质性监督不足。各个法官因价值标准差异、法律认知不一、事实判断标准不同，都可能导致实体裁判结果的不同，导致“类案不同判”。在取消院庭长个案审批后，运用大数据、信息化手段对裁判结果的实质性监督还比较欠缺，没有通过对以往裁判数据的汇总分析，实现对类案裁量范围的有效指引与合理规制，无法对裁判结果差异过大的判决进行前置性监督。

3. 利用信息化对审判监督结果的深度运用不足

专项评查、日常评查、一审法院发改案件评查、二审法院发改案件分析等工作,产生了大量的审判监督成果。然而,目前没有建立智能化的大数据分析运用平台,对案件发改率等基础数据无法自动提取,对不同法官的发改率缺乏深度分析,对易犯多犯裁判错误没有系统汇总、精准运用,无法对审判监督提供有效的决策辅助数据,无法对后续审判监督提供有效指引。这是导致精准化、差异化审判监督不足的重要因素。

四、寻策:司法责任制背景下完善审判监督机制的路径选择

针对当前司法责任制背景下审判监督存在的问题及缘由,课题组认为应坚持放权与监督并重、监督与服务兼顾的审判监督原则,坚持差异化、精准化、动态化、前置性、全流程、可视化、服务式的审判监督理念,以优化审判监督制度为重点、以完善监督配套制度为保障、以强化信息技术运用为支撑、以加强审判监督力量为基础,多管齐下,完善审判监督机制。

(一)以优化审判监督制度为重点

1. 健全类案、宏观监督机制

一是加强专业法官会议、审判委员会建设。优化人员结构,选任综合素质高、业务水平高、责任心强的审判专家、业务能手加入其中,增强专业法官会议、审判委员会的专业性、权威性。

二是优化专业法官会议、审判委员会工作重点。不仅关注重大敏感疑难复杂案件的个案,还应将工作的重点向讨论具有普遍意义的法律适用、发布典型案例、出台裁判指引、统一裁判标准和优化审判管理制度等方面转变,从偏重微观的个案讨论决定向宏观的类案指导监督、标准化规范化办案方面转变。

三是健全裁判指引、典型案例的出台机制。由审判监督管理部门联合业务部门根据实际需要或下级法院请求,讨论研究案件或收集归纳审判业务中对法律适用的不同做法,发现裁判标准差异、积累典型案例,对类型化案件的裁判思路、基本要点、主要步骤等内容进行归纳提炼,草拟裁判指引、筛选典型案例,提请专业法官会议讨论审定、审判委员会决定,强化宏观类案的监督指导。

2. 健全案件评查机制

一是优化评查人员结构,设立案件评查委员会,由审判监督部门人员、专

家型法官、审判委员会委员参与案件评查,或者引入第三方参与评查。

二是优化评查工作。开展日常案件质量评查,提高评查频率,每月或每季度进行案件评查,适当增加评查案件数量。推行前置评查,即建立重大疑难复杂敏感案件清单,对最高人民法院规定的“四类案件”进行判前评查,在承办人草拟裁判文书后印发前对该类案件进行评查,全面审查可能出现的各类错误。扩大专项评查范围,每季度对审限延长、长期未结案、上诉案件超期移送等问题进行专项评查。全面推行发改案件评查,每季度对部分改判、全部改判、发回重审案件进行评查,对发改案件的评查不仅要关注个案一审裁判、二审发改的合法性、合理性以及一审裁判的正当性,还要系统关注同一时期内上下级、同级法院不同法官的裁判思路差异,为解决“类案不同判”问题提供基础数据来源,防范以个案的正当性掩盖类案处理的不一致性。

三是健全评查通报评析机制。各种评查结果应在适当范围内公开,并向法官本人、法官所涉及的审判团队主审法官、庭长及分管院领导通报,引起各个监管责任主体重视。同时,对评查发现的重点、重大、易犯多发问题应召开专题会议,予以评析。

(二)以完善监督配套制度为保障

1. 建立特定人群帮扶式审判监督机制

对初任法官办案、新招录人员上岗等涉及重大角色转变、思维转变、能力转变的情况,建立以主审法官、资深助理为导师的帮扶式审判监督机制,在一定时期内(3个月或半年内)对初任法官在法律适用、事实认定、裁判文书撰写,以及新任助理在处理程序性等工作,进行审阅把关。这一制度有助于解决当前初任法官多、新任助理多、业务不熟悉造成的审判工作新风险点,增强审判监督的针对性,有必要性与可行性。

2. 健全审判监督成果运用机制

将超审限、长期未结案件、上诉案件超期移送、发改情况以及专项评查、重点评查、日常评查结果等审判监督成果,纳入绩效考核、奖金分配、评优评先、法官等级晋升中去并增加权重,提升审判监督的威慑力,解决审判监督成果运用不到位、个别法官对审判监督结果不重视的问题,防止出现“一边监督,一边再犯”的审判监督无效化、低效化的恶性循环。此外,中级以上人民法院可根据下级法院审判监督工作开展情况,作为年终对下级法院立功受奖名额分配的重要依据，督促下级法院充分履行审判监督职责。

（三）以强化信息技术运用为支撑

以信息化、大数据、人工智能等现代科技手段，为审判监督提供技术支撑，是应对繁杂的监督压力、提升监督实效的必然要求。为此，需要借鉴全国各地利用科技手段服务审判监督的先进经验做法，并强化创新引领，以技术手段服务审判监督管理。

1. 推行审判流程节点静默化监管

一是全面推行电子卷宗同步生成系统，为流程节点管理提供基础数据，通过业务办案系统对立案、保全、送达、排期、审限延长、判决等审判环节进行全流程、可视化的监管。强化数据提取，及时向院庭长通报重点监管信息，为审判监督提供决策辅助。

二是实行全案电子卷宗同步生成与智能化深度阅读，通过对起诉状、起诉书及涉案卷宗的深度提取、信息比对，提升对“四类案件”识别精准度，为重点个案监督提供有效来源支持。

2. 推行裁判结果智能化监督

一是构建审判监督大数据平台，动态实时纳入各类法律法规司法解释、指导案例、公报案例、参考案例、裁判指引，为裁判提供有效指引。依托审判监督大数据平台，通过审判辅助办案系统，对草拟后签发前的裁判文书进行智能监管，对裁判文书是否适用关联法律、是否有指导案例、裁判指引、是否参照适用指导案例、裁判指引的情况进行智能扫描检索，对没有参照适用的情况进行预警、提醒。

二是搭建同案不同判预警系统，通过对海量裁判大数据进行情节特征智能提取和判决结果智能学习，建立起具体案件裁判模型，根据案件的情节特征和案件复杂度从案例库中自动匹配类似案例集合，并据此计算出类案判决结果，为法官裁判提供参考，规范法官自由裁量权；同时，对于判决结果出现重大偏离的情形，系统自动预警，院长、庭长可以依法行使审判监督管理职权。

三是全面推行法律文书自动纠错系统，裁判文书发出前均应经过该系统自动比对、校对，对文书常见的格式错误、错别字自动甄别，防范裁判文书出现低级错误。

3. 将大数据有效运用于审判监督成果

设立专门的智能的审判监督成果运用系统板块，系统汇总日常评查、专项评查、重点评查、发改评查等审判监督成果，对不同法官可能在特定类型案件、特定审判问题出现的易犯多发错误予以系统总结归纳、自动推送，提升审判监督针对性、精准性，以便法官提升审判能力，减少审判错误，增强审判监督质效。实时动态汇总各类审判流程信息，为审判监督提供有效的决策辅助数据。

(四)以加强审判监督力量为基础

1. 充实审判监督管理部门力量

一是加强内部力量建设。以内设机构改革为契机，从业务部门调整优秀的法官、助理到审判监督部门工作，注重优化人员结构，促使监督人员的总体知识背景、业务经历涵盖刑事、民事等审判领域，充实审判监督部门的力量，提升审判监督工作的专业性、及时性、覆盖面。特别要纠正基层法院审判监督部门只能留有少量法官，甚至只有庭长、副庭长才能以法官身份留在审判监督部门，严重削弱监督力量，只重审判不重监督的错误做法。

二是引入第三方监督力量。通过返聘或外包服务等方式，引入退休法官、高校法学老师等外部力量参与审判监督，缓解内部监督力量不足的难题，同时在各法院之间建立常态化、定期化交叉监督机制，提升审判监督客观性、中立性。

2. 提高法官自我监督意识，推行柔性互助型监督

法官不仅是审判监督的主要对象，也是审判监督的重要主体。为此，一方面，需要结合审判监督发现的问题以及忽视审判监督对审判工作造成的负面典型案例，通过广泛且必要的宣传教育，增强法官配合审判监督的意识，减少对审判监督的对抗与抗拒情绪。同时，要提升法官的监督意识，增强其对审判程序性、事务性工作进行监督的主动性、积极性，防范“法官—法官助理”这一审判监督环节的脱管、失管。

另一方面，要推行柔性互助型监督。可以审判团队为基础，或跨审判团队，建立由 2 名以上法官组成(其中 1 名可为优秀资深法官)的柔性自愿互助型监督小组，对普通案件在法律适用、事实认定、裁判文书撰写等方面进行互助式的探讨监督，特别是相互审阅裁判文书在语言表述、逻辑结构等方面可

能存在的问题,防止以自行签发裁判文书为核心的司法责任制的改革背景之下,法官的裁判文书撰写能力常年无法提高、处于低水平状态,并失去对裁判文书质量的有效监督。可以推行互助监督积分,并纳入法官业绩考核作为重要柔性参考因素,提高法官参与柔性互助监督的积极性。这对基层法院合议庭中陪审员无法对法官提供有效专业支持与监督的实际难题,应有较大作用。

结　语

面对司法责任制改革下审判权行使方式分散与行使主体差异的新特点,面对"案多人少"的突出矛盾、监管压力与社会舆论对审判质效的高关注度、低宽容度的新形势,完善审判监督机制的重要性与紧迫性不言而喻。应立足于提高多元主体参与审判监督的积极性、创造性,着眼于增强审判监督方式方法的多样性、有效性,致力于推进审判监督成果运用的深度化、精准化,牢牢把握以审判监督服务审判业务、规范权力行使、提升办案质效、维护司法权威的制度建设导向,才能最大限度地释放司法责任制的改革红利,让公平正义的司法之光照亮人民群众法治信仰之路。

商业保理的法律风险及防范

——以法院审判为视角

吴品芬　魏　巍　马　翼*

内容提要

在我国对商业保理业务缺乏有效法律规范和监管政策的背景下，保理商和应收账款债权人、债务人会因欺诈、业务操作不规范等产生各种纠纷。管辖权依据不明、基础交易关系虚假、违反应收账款禁止转让约定、应收账款债务人的抗辩与抵销权认定是法院审判实务中常见的四类法律纠纷。本文以现有案例和司法文件为基础，对各类法律纠纷区分情形讨论，并提出可供参考的裁判规则。

关键词　商业保理　应收账款转让　法律风险　风险防范

引　言

保理业务衍生于国际贸易，近年来作为一类以应收账款转让为基础的新型金融业务，在国内发展迅速，尤其是商业保理业务。① 据国家企业信用信息

---

* 吴品芬，深圳市福田区人民法院互联网和金融审判庭副庭长，硕士研究生；魏巍，深圳市福田区人民法院互联网和金融审判庭庭长，本科学历；马翼，深圳市福田区人民法院互联网和金融审判庭法官，本科学历。

① 根据开展业务主体不同，我国保理目前分为商业银行保理和商业保理公司保理。

公示平台统计，截至 2018 年 7 月 30 日，全国商业保理公司数量为 11，689 家，[①]较 2012 年年底商务部发布《关于商业保理试点有关工作的通知》时已注册企业存量翻了近 120 倍，而深圳的商业保理公司数量在 2019 年已经占全国 70% 以上。[②]

与保理市场欣欣向荣景象形成鲜明对比的，是我国在商业保理领域相关立法和监管的缺失。在行政监管方面，我国行政法规和规章对保理业务开展未作统一规定，仅相关行业监管部门和行业协会出台了规范性文件。[③] 目前就国内保理业务基本格局而言，存在以商业银行和商业保理公司为中心的两个市场，两者操作规范和监管标准相差很大，整体保理业务发展模式较为粗放，引发大量诉讼案件。[④] 与此同时，在民事纠纷解决方面，除了 2021 年 1 月 1 日起施行的《民法典》中有简要规定，我国对此并无其他专门立法。实践中法院裁判思路不统一，保理商开展保理业务的合规性受到极大挑战，发展商业保理业务的积极性亦受到影响。

鉴于立法的滞后性与保理案件法律关系的复杂性，审判实践中诸多难题亟待解决。本文对审判实务中常见的商业保理法律问题予以归纳分析，在汇总、整理现有司法实践观点的基础上，结合团队法官相关审判经验，尝试对法院审理工作如证据审查、审理要点、裁判规则等方面提出建议，以期为统一裁判尺度提供有益的帮助，也为商业保理市场的发展提供合规指引。

一、国内商业保理与相关法律问题风险概述

（一）商业保理的定义和分类

商业保理是一项以债权人转让其应收账款为前提，集融资、应收账款催

① 天逸研究院：《全国商业保理行业规模分析（数据截至 2018 年 7 月 30 日）》，载贝它财经网 2019 年 11 月 29 日，https://www. betax. cn/34002. html。

② 《深圳商业保理公司数量占了全国七成》，载深圳新闻网 2019 年 11 月 7 日，http://www. sznews. com/banking/content/2019 - 11/07/content_22607578. htm。

③ 对于保理业务开展的规范和监督，相关文件有针对银行保理的《商业银行保理业务管理暂行办法》《中国银行业保理业务规范》《中国银行业保理业务自律公约》，针对商业保理的《商务部关于商业保理试点有关工作的通知》《商务部关于商业保理试点实施方案的复函》《商务部办公厅关于做好商业保理行业管理工作的通知》《中国银保监会办公厅关于加强商业保理企业监督管理的通知》。

④ 丁俊峰：《推动保理合同章立法　助力破解企业融资难》，载商业保理专业委员会网 2019 年 1 月 31 日，http://www. cfec. org. cn/view. php? aid = 1944。

收、管理及坏账担保于一体的综合性金融服务。[①] 商业保理业务基本流程如图 1 所示，在商业保理业务中，为获得保理商的金融服务，债权人将其基于买卖或服务合同关系而对债务人享有的应收账款债权转让给保理商，以此形成和保理商之间的保理融资法律关系。

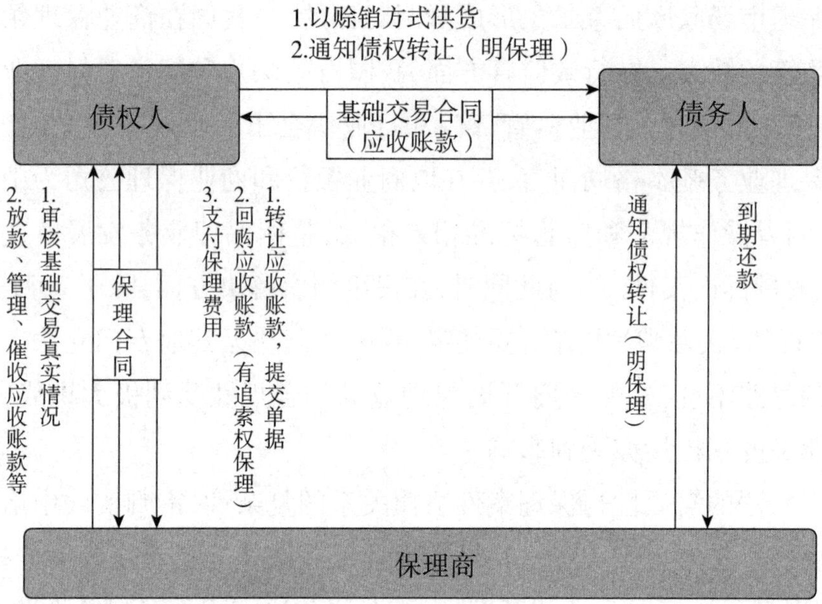

图 1　商业保理业务流程

就受让的应收账款债权而言，保理商替代原债权人成为新的债权人，[②]并可向债务人主张清偿，这部分内容与普通债权转让无异。实务中，若保理商承担债务人不能清偿的坏账风险，则称为无追索权保理；若保理商受让债权后，既可向债务人主张清偿，也可要求债权人偿付融资款项或回购债权，则称为有追索权保理。

实践中另一种常见的商业保理业务分类，是明保理（公开型保理）和暗保理（隐蔽型保理）。如图 1 所示，明保理即应收账款转让的事实会通知债务人。而暗保理中，应收账款转让的事实暂不通知债务人，但保理商保留一定条件下通知的权利。

---

① 参见《民法典》第 761 条、《商业银行保理业务管理暂行办法》第 6 条和《中国银保监会办公厅关于加强商业保理企业监督管理的通知》。

② 为方便表述，除非特别说明，本文“债权人”均指代原债权人，保理商身份以“保理商”或“新债权人”表述。

（二）商业保理常见法律问题的特点

商业保理法律行为常涉及多个法律关系及多方当事人，商业保理行为性质界定、法律适用也困扰广大法官。同时，案件是否可以合并审理、当事人法律地位如何、案件管辖如何确定等也是审判争点。

此外，因商业保理目前尚无专门的业务操作规定，这给法院在案件中认定保理商的权利义务、是否尽到审查义务等带来难度。保理商也常因未对基础交易的真实性、争议解决方式条款、禁止债权转让条款、债务人是否有抗辩事由等方面进行审查，而与债权人、债务人发生争议，引发大量诉讼。

商业保理纠纷涉及法律问题多且复杂，本文将结合《民法典》保理合同一章的规定、司法文件和真实案例，就以下四个方面分析司法审判中常见的争议问题和应对措施，具体包括：管辖权依据不明、基础交易关系虚假、应收账款禁止转让的约定被违反、应收账款债务人的抗辩与抵销权之范围和放弃问题。

二、案件管辖权依据不明

在商业保理案件中，保理商因无法收回保理融资款而提起诉讼，关于此时应依据保理合同还是基础合同的约定确定管辖法院，当事人常存在争议。一方面，保理商通常只起诉债务人，此时保理商作为债权受让人，应受基础合同管辖条款的约束。但保理商可能主张自己对该管辖约定不知情而不受约束，那么该主张是否成立？同时，债务人对应收账款债权转让通知书的确认，能否视为接受包括管辖条款在内的保理合同的约束？这些问题值得商榷。另一方面，保理商也常基于规避风险的诉讼策略，同时起诉债权人、债务人。由于纠纷涉及两层法律关系、三方当事人，此时应以保理法律关系和还是基础合同关系确定管辖法院，现有相关法律规定也并未给出明确答案。

（一）保理商仅起诉债务人时管辖权依据的确定

1. 司法实践观点

最高人民法院《关于适用〈中华人民共和国民事诉讼法〉的解释》（以下简称民诉法解释）第 33 条规定，“合同转让的，合同的管辖协议对合同受让人有效，但转让时受让人不知道有管辖协议，或者转让协议另有约定且原合同相对人同意的除外”。

在保理商仅起诉债务人的案件管辖问题上,司法实践与民诉法解释保持一致,即原则上基础合同的约定优先适用,除非另有约定。深圳前海合作区人民法院《〈关于审理前海蛇口自贸区内保理合同纠纷案件的裁判指引(试行)〉》(以下简称《前海法院审判指引》)第5条、天津市高级人民法院《〈关于审理保理合同纠纷案件若干问题的审判委员会纪要〉(一)》(以下简称《天津高院会议纪要(一)》)第5条管辖权的确定均采取此观点。

但与民诉法解释不同的是,前述《前海法院审判指引》和《天津高院会议纪要(一)》,均未将保理商不知情作为排除基础合同管辖约定适用的理由。

2. 法院确定管辖权的考量要素及对策

商业保理中应收账款转让是债权转让的其中一种类型,《民法典》第769条也明确保理合同一章没有规定的,适用债权转让的有关规定。因此笔者认为,民诉法解释第33条一般债权转让的规则在商业保理业务中应当适用,其中包括保理商善意不知情时,基础合同的管辖约定不能约束保理商的规定。如在上海浦东发展银行股份有限公司天津分行与汉柏科技有限公司、中国教学仪器设备有限公司合同纠纷案①(以下简称汉柏案)中,债权人和债务人在基础合同以外的框架协议中约定了管辖条款,保理商尽到审慎的审查义务后仍无法知晓该管辖约定,法院认为其构成善意,该管辖约定不能约束保理商。

不过,与一般债权转让不同,在现有监管政策下,保理商对基础交易负有较高的审查义务,因此其主张对基础合同管辖约定不知情,一般难以成立。保理商对此需要充分举证,证明其尽到审查义务后仍无法知晓管辖权条款,比如前述汉柏案中,因管辖条款约定在框架条款中,保理商难以核实。对此,法院可结合保理合同约定、交易习惯、相关监管要求等综合认定保理商是否尽到审查义务、是否善意。其中监管规定,主要是指《商业银行保理业务管理暂行办法》和《关于加强商业保理企业监督管理的通知》对商业银行和商业保理公司审查义务的规定。

(二)保理商同时起诉债权人和债务人时管辖权依据的确定

1. 司法实践观点

保理商同时起诉债权人和债务人,一般为有追索权保理纠纷,当债务人

① 天津市高级人民法院民事判决书,(2018)津02民初641号。

未还款时,保理商在同一诉讼中向债权人主张清偿,可减少诉累。虽然保理商基于保理合同关系起诉债权人,基于债权转让关系起诉债务人,但最终诉讼标的均为收回保理融资款,因而现有司法实践基本认可其属于必要共同诉讼而合并审理。[①] 此时关于管辖权的确定,实践中有以下三种做法:

第一,依据基础合同确定管辖法院,如《天津高院会议纪要(一)》第5条关于管辖权确定的规定。

第二,依据保理合同确定管辖法院,《前海法院审判指引》第6条和中色物流(天津)有限公司等诉河北银行股份有限公司青岛分行借款合同纠纷案[②](以下简称中色物流案)即采取此种观点。在中色物流案中,最高人民法院认为在有追索权保理中,保理商不承担买方支付不能的风险,其实质是保理商对应收账款转让方享有追索权。《应收账款债权转让通知书》为保理合同附件的一部分,与保理合同具有同等法律效力,构成完整的保理合同项下双方权利义务内容。债务人在《应收账款债权转让通知书》上加盖公章应当视为其接受保理合同相关条款的约束。

第三,认为保理合同和基础交易合同的协议管辖条款均对保理商有效,且两者之间不存在主从关系。存在冲突或矛盾时,因无法根据任一约定确定案件管辖,应当适用民事诉讼法关于合同纠纷的一般管辖原则确定管辖法院。中国普天信息产业股份有限公司等诉中国建设银行股份有限公司武汉钢城支行合同纠纷管辖权异议案[③]即采纳此种观点。

2. 法院确定管辖权的考量要素及对策

根据《民事诉讼法》现有规定,并未对保理商同时起诉债权人和债务的管辖问题提供处理的规则。从平衡各方利益角度出发,笔者倾向于采纳上述第三种做法,理由如下:首先,其承认了保理合同和基础合同的管辖条款的有效性,没有因为保理商的同时起诉,就武断地否定某一约定的效力。其次,若两个合同的管辖条款约定不一致,出于解决争议的考虑,认为两个约定都不适用,从而根据《民事诉讼法》确定管辖法院。尽管这种做法也并未能充分尊重

---

① 中国普天信息产业股份有限公司等诉中国建设银行股份有限公司武汉钢城支行合同纠纷管辖权异议案,最高人民法院(2016)最高法民辖终38号民事裁定书。

② 最高人民法院民事裁定书,(2015)民二终字第98号。

③ 最高人民法院民事裁定书,(2016)最高法民辖终38号。

债权人和债务人在管辖方面的约定,但其没有倾向于任何一方,不存在不公平的对待,相较而言可能更为合适。当然,能尽快通过立法或者司法解释,对管辖权问题的解决作出明确规定,才是更好的办法。目前,保理业务中各方当事人积极主动对管辖法院进行一致约定,才是减少此类管辖权争议、维护自身利益的最佳方式。

三、基础交易关系虚假

实践中,商业保理交易行为极为复杂,基础关系虚假的表现形式主要有以下几种:第一,保理商与债权人虚构基础合同,假借保理合同之名开展金融借贷活动,规避非法放贷的风险;第二,债权人与第三人或债务人虚构基础合同,并以无真实交易关系的应收账款债权作为转让标的,欺诈保理商以获得资金。由于应收账款转让是保理合同成立的前提,基础交易虚假是否会导致保理合同无效、保理商和债权债务人之间权利义务如何处理等是此类案件的争议焦点。由于基础交易虚假的原因不同,由此造成的法律后果不同,需分情况讨论。

(一)保理商与债权人虚构基础合同

1. 司法实践观点

根据《民法典》第 146 条的规定,此时保理合同属于保理商和债权人通谋虚伪实施的法律行为,属无效民事法律行为,应以当事人之间的隐藏行为确定实际权利义务关系,常见的如名为保理、实为借贷情形。最高人民法院在《关于进一步加强金融审判工作的若干意见》中也认为对名为保理合同、实为借款合同的,应当按照实际构成的借款合同关系确定各方的权利义务,防范当事人以预扣保证金等方式变相抬高实体经济融资成本。

2. 法院认定基础合同虚假法律效果的考量要素及对策

对这一问题的处理规则,司法实践基本无争议,法院审理的难点在于查明事实、认定当事人是否有通谋虚伪的意思表示。笔者结合多份民事判决书的内容,总结出以下几点建议:首先,审查保理合同约定是否符合正常交易习惯。典型不符合商业保理业务正常交易的约定,如保理商仅向债权人提供保理融资，而不提供其他金融服务；[①]还款义务人是保理商，未约定将债务人支付的应收账款作为保理融资的第一还款来源；[②]约定融资保理期限与转让应收账款的期间矛盾或无关联性；[③]保理商只计收相应融资款利息，并不收取其他费用等。[④] 其次，核实保理商是否尽到审查义务。如前所述，法院可结合保理业务监管性文件中的规定进行判断，具体而言，保理商可从两方面审查应收账款：一是应当对基础交易背景及产生的应收账款进行真实性审查，如要求债务人提供基础合同、发票、能证明合同已经履行的文件等；二是应要求保理申请人通知债务人应收账款转让的事实并予以书面确认，以使应收账款转让行为对债务人生效，并降低债务人可能存在的违约风险。[⑤] 在司法实践中，暗保理不意味着保理不成立，但没有通知债务人债权转让事实将会成为虚构基础交易的印证。[⑥] 最后，法官要能够熟悉保理业务流程，准确把握保理业务规范和管理要求，才能准确认定保理纠纷中的事实关系。

（二）债权人与第三人或债务人虚构基础合同

债权人与第三人或债务人虚构基础合同时，基础合同不存在或因通谋虚伪而无效，这是否会影响保理合同效力？保理商是否还可以向债务人主张清偿？保理商对受欺诈有哪些救济途径？下文将对这些问题进行分析。

1. 司法实践观点

第一，针对保理合同效力问题。司法实践普遍认为，保理合同和基础合同相互独立，基础关系虚假并不当然导致保理合同无效；保理合同是否无效要依据《合同法》（已失效）第 52 条[⑦]判断。持此观点的有 2015 年最高人民法院《关于当前商事审判工作中的若干具体问题》（以下简称《商事审判若干

---

① 东莞市创丰贸易有限公司麦莲青麦建威梁某彬与深圳前海富海融通保理有限公司合同纠纷案，深圳市中级人民法院（2015）深中法商终字第 2992 号民事判决书。

② 深圳市中级人民法院民事判决书，（2015）深中法商终字第 2992 号。

③ 天津中新力合国际保理有限公司与杭州沃特机电科技开发有限公司合同纠纷案，天津市滨海新区人民法院（2015）滨民初字第 1883 号民事判决书。

④ 中国工商银行股份有限公司杭州经济技术开发区支行诉浙江光大锦豪交通工程有限公司合同纠纷案，杭州经济技术开发区人民法院（2014）杭经开商初字第 646 号民事判决书。

⑤ 朱奇、施浩、黄頔：《保理业务中应收账款不真实的责任承担》，载《人民司法（案例）》2016 年第 32 期。

⑥ 深圳市中级人民法院民事判决书，（2015）深中法商终字第 2992 号。

⑦ 对应《民法典》第 146 条。

问题》)、《前海法院审判指引》第12条。[①] 同时,《前海法院审判指引》第13条、第14条规定,保理商善意时,债权人与第三人虚构基础合同,不影响保理合同有效性。

第二,针对保理商的救济问题。在保理商善意的情形下,《前海法院审判指引》第13条、第14条规定了两方面救济:首先,善意保理商可撤销合同,向债权人主张返还财产、赔偿损失的法律责任。其次,若第三人或债务人配合作假,即向保理商确认基础合同债务为真实的,保理商可请求债务人或第三人在其确认范围内承担清偿责任。最后,债权债务人虚构基础合同时,保理商也可要求债务人按承诺履行应收账款清偿责任。最高人民法院第三巡回法庭发布的10个典型案例之一珠海华润银行股份有限公司等诉江西省电力燃料有限公司合同纠纷再审案[②](以下简称珠海华润案)即采纳此观点,根据当事人的虚伪意思表示在当事人之间绝对无效,但不得对抗善意第三人的基本原理,若保理商对债权人、债务人虚构基础交易一事不知情,则债务人不得以债权瑕疵为由对抗保理商,债务人仍负有向保理商清偿应收账款的义务。[③]《民法典》第763条也已明确此时债务人不得以应收账款不存在为由对抗善意保理商。

2. 法院认定基础合同虚假法律效果的考量要素及对策

针对保理合同效力问题,笔者认可前述观点:保理合同效力应单独根据合同法相关内容判断,在保理商善意时,保理合同不因基础关系虚假而无效。原因在于,如前所述,保理合同和基础合同相互独立,其效力判断不具有相关性。但保理商知道或者应当知道基础合同为虚构,仍办理保理业务的,则与保理商和债权人通谋虚构基础合同情形无异,保理合同因当事人通谋虚伪而无效。关于这个问题,法院的审判重点应是判断保理商在受让债权时是否尽到审查义务,是否知道或应当知道该债权存在瑕疵。对于认定保理商是否已

① 同样观点参见马某颖等与中信商业保理有限公司北京分公司合同纠纷案,北京市第二中级人民法院(2018)京02民终4693号民事判决书。

② 最高人民法院民事判决书,(2017)最高法民再164号。

③ 持同样观点的有:中铁物资集团新疆有限公司与中国工商银行股份有限公司乌鲁木齐钢城支行等合同纠纷上诉案,最高人民法院(2014)民二终字第271号民事判决书。另参见刘琼、李渭红:《当事人主张基础合同无效并不当然导致保理合同无效——新疆高院判决浦发银行乌鲁木齐分行诉博湖公司等合同纠纷案》,载《人民法院报》2017年第6版。

经尽到审查义务,前文已分析,此处不赘述。

针对保理商的救济问题,笔者也认可前海合作区人民法院和珠海华润案的做法。首先,债权人欺骗保理商的行为构成严重违约,保理商可基于保理合同关系寻求救济。其次,第三人或债务人欺诈保理商,该欺诈行为实际构成侵权,债务人虽然不是保理合同当事人,但是其对应收账款盖章确认的行为,对保理商订立保理合同有显著影响,因而负有对保理商的保护义务;保理商因签订非真实的保理合同受损,债务人则违反了保护义务,需要对保理商的损害负赔偿责任。① 针对债权人和债务人欺诈行为,民法基本原理给保理商提供了另外一条救济途径,即双方通谋虚伪行为对善意第三人不发生效力,因此善意保理商可像基础合同有效时一样,向债务人主张清偿。② 需注意保理商善意并不意味着保理商完全无过错。《〈中华人民共和国物权法〉若干问题的解释(一)》(已废止)将善意取得中的"善意"解释为不知情且无重大过失,在保理纠纷中,保理商尽管对基础合同虚假一事疏于审查,但若无重大过失,则仍应认定为善意。不过,在保理商主张救济时,法院应考虑其过错程度,相应减轻债权人、债务人的责任。就此而言,保理商在经营过程中,应严格规范并完善业务流程,加强对业务经办人员的风险控制培训与管理,不断提高法律风险防范能力。③

四、应收账款禁止转让的约定被违反

实践中,基础合同可能有禁止债权转让的约定,保理商向债务人主张清偿时,债务人会以此抗辩应收账款转让对自己不发生效力。对此,《民法典》第 545 条规定,当事人约定不得转让的债权是限制让与的,但并未涉及违反约定转让后的法律效果。

(一)违反禁转条款是否影响保理合同效力

《民法典》生效前,司法实践的观点基本一致认为,违反禁转条款不影响

---

① 港峰实业(天津)有限公司与中国工商银行股份有限公司抚州文昌支行等合同纠纷案,江西省高级人民法院(2014)赣民二终字第 32 号民事判决书。

② 最高人民法院民事判决书,(2017)最高法民再 164 号。

③ 朱奇、施浩、黄頔:《保理业务中应收账款不真实的责任承担》,载《人民司法(案例)》2016 年第 32 期。

保理合同效力，除非违反了《合同法》（已失效）第52条[①]的规定，如债权人和保理商恶意串通损害债务人利益等。《商事审判若干问题》和《前海法院审判指引》第12条即采取此观点，笔者对此也表示赞同。

（二）基础合同中约定债权禁止转让时，保理商能否向债务人主张清偿

1. 司法实践观点

对这一问题，实践中争议较大，主要有以下几种代表观点。

第一种观点是，充分肯定当事人关于债权禁止转让的约定，无论保理商善意与否，转让行为不能约束债务人。

第二种观点是，原则上债权禁止转让的约定有效，但不得以此对抗善意的保理商。[②]

第三种观点是，无论保理商善意与否，转让行为都对债务人生效，保理商可向债务人主张清偿。

2. 法院认定应收账款违约转让是否对债务人生效的考量要素及对策

《民法典》生效前，实践中对于应收账款转让条款被违反的处理或尚有讨论的余地，前述三种做法均有被不同法院采纳，但鉴于现在出台的《民法典》已最终明确“当事人约定金钱债权不得转让的，不得对抗第三人”，因此即使基础合同约定债权不得转让且保理商知情，债务人仍不可以此对抗保理商从而拒绝履行。此时，保理商的权利如何得到保护？《民法典》第550条规定，“因债权转让增加的履行费用，由让与人负担”，这也许是平衡债务人利益的一个办法。

五、应收账款债务人的抗辩与抵销权

根据《合同法》（已失效）第82条[③]和第83条[④]的规定，发生债权转让的，债务人对债权人的抗辩可以向保理商主张，对债权人享有的债权也可向保理商主张抵销。在保理案件审理中，当事人常就债务人抗辩事由的范围产生争议，如对于基础交易项下其他合同（实践中多表现为《补充协议》）中约定的

① 对应《民法典》第146条。

② 孙超：《保理所涉纠纷中的利益衡量与裁判规则》，载《人民司法（案例）》2016年第32期。

③ 对应《民法典》第548条。

④ 对应《民法典》第549条。

抗辩事由，债务人可否向保理商主张的问题。此外，何种情况下认定债务人放弃了抗辩和抵销权，也是法院审理的难点。

（一）应收账款债务人抗辩事由的范围认定

1. 司法实践观点

根据《合同法》（已失效）第 82 条的规定，债务人向债权受让人主张的抗辩，应以其对债权人享有的抗辩事由为限。《前海法院审判指引》第 31 条、《天津高院会议纪要（一）》也遵循这一规定。

对于何为基础合同关系项下的抗辩事由，我国没有法律或司法文件对此进行解释。对此，中国平煤神马集团物流有限公司、中国平煤神马能源化工集团有限责任公司金融借款合同纠纷再审案①（以下简称平煤案）就该问题有较为详细的阐述，值得参考。该案认为，首先，基础交易合同补充协议的内容可以作为基础合同项下的抗辩事由。理由是债权的转让具有整体性，补充协议与基础合同一并构成了债权人在案件中转让的应收账款的合同基础，即使补充协议和基础合同主体不完全相同，只要是对于基础合同的补充，未产生新应收账款，就可作为债务人抗辩事由的来源。其次，基础交易合同（包括补充协议）中的约定抗辩事由无论是否向保理商披露，均不影响债务人行使抗辩权。原因在于，保理商有义务调查清楚应收账款的交易背景，但债权转让并不影响债权的同一性，债务人并不因债权转让而负有向保理商披露抗辩事由的义务。最后，债务人不能以保理商未尽到审查义务作为抗辩。该案债务人以保理商未履行审查义务为由抗辩，主张其应自担损失。对这一抗辩理由，法院认为保理商虽有义务遵循执业流程，但是否尽到审查义务并非源于基础交易合同关系中的抗辩事由。

2. 法院认定抗辩事由范围的考量要素及对策

实务中，债务人和保理商主张抗辩成立或不成立的理由往往五花八门，结合平煤案的分析和审理案件的经验，笔者认为，判断某一事由是否构成债务人的抗辩基础，关键在于把握《合同法》（已失效）第 82 条的立法目的，系

---

① 最高人民法院民事判决书，(2018)最高法民再 128 号。同时参见关丽、丁俊峰、包晓丽：《保理合同纠纷中基础交易合同债务人拒绝付款的司法认定》，载《法律适用》2019 年第 23 期。

为保护债务人之利益不致因债权转让而受损害。[①] 因此，债务人享有的“对让与人的抗辩”，都应能对抗受让人，不因涉及保理应收账款转让而有所限制。以平煤案中争议焦点为例，补充协议下约定的抗辩事由，除非放弃，债务人当然可以向债权人主张，是否向受让人披露、受让人是否因疏于审查受损失，都是无关因素，因此债务人也可以此向受让人保理商主张。

债权转让，实质是保理商取代了基础合同中债权人的法律地位，因此在认定债务人可否以某一事由向保理商抗辩时，需审查原债权债务关系中，债务人可否以此向债权人抗辩。法院在审理案件中，若以此为原则，能更准确地把握某一事由是否构成债务人的抗辩基础。

（二）债务人放弃抗辩/抵销权的认定

1. 司法实践观点

根据民法基本原理，债务人若要放弃抗辩和抵销权，只要不违反法律法规，也未损害社会公共利益，就应予尊重。[②] 对于何时构成抗辩和抵销权的放弃，有两种观点。

第一种观点认为，债务人确认应收账款债权数额、还款期限以及基础合同、交付凭证、发票等内容，可有效证明债务人对基础合同项下的应收账款不持异议，但可用其他证据推翻。《天津高院会议纪要（一）》即作此规定。

第二种观点认为，必须要有债务人明确放弃抗辩或抵销权的意思表示，债务人对前述应收账款内容的确认，不足以认定债务人放弃抗辩或抵销权。最高人民法院在平煤案提出了认定债务人放弃抗辩权的标准为“应当有基础交易合同债权人、债务人参与下达成的新的放弃上述抗辩权的合意，或者债务人一方对于放弃抗辩权作出明确的意思表示”。《前海法院审判指引》第33条也规定要有债务人明确放弃抗辩权、抵销权的表示或行为。

最高人民法院在中铁物资集团新疆有限公司与中国工商银行股份有限公司乌鲁木齐钢城支行等合同纠纷上诉案[③]中认为，由于债务人在《应收账款

---

① 中铁物资集团新疆有限公司与中国工商银行股份有限公司乌鲁木齐钢城支行等合同纠纷上诉案，最高人民法院（2014）民二终字第271号民事判决书。

② 参见关丽、丁俊峰、包晓丽：《保理合同纠纷中基础交易合同债务人拒绝付款的司法认定》，载《法律适用》2019年第23期。

③ 最高人民法院民事判决书，（2014）民二终字第271号。

保理业务确认书》中向保理商作出了“不出于任何原因对该等款项进行任何抵销、反请求或扣减”的真实意思表示，因而认定其不得再就涉案债权不成立、成立时有瑕疵、无效或可撤销、债权消灭等可以对抗债权人的抗辩事由向保理商提出抗辩。

2. 认定债务人放弃抗辩/抵销权的考量要素及对策

在处理债务人放弃抗辩权的问题上，多数司法实践采纳的是上述第二种观点；笔者也赞同此观点。

债务人确认债权数额、还款期限以及基础合同、交付凭证、发票等，并不是放弃抗辩或者抵销权的表示行为，该确认也不足以认为债务人与债权人形成了新的放弃权利的意思表示，除非确认的内容包括放弃抗辩或者抵销权的条款。上述第一种观点认为债务人通过沉默的方式放弃了抗辩或抵销权，但根据《民法总则》（已失效）第 140 条①的规定，沉默只有在法律规定、当事人约定或者符合当事人之间的交易习惯时，才可以视为意思表示。此外，抗辩权及抵销权涉及债务人重大权利的处分，明示放弃更为合理。《合同法》（已失效）第 82 条、第 83 条的立法目的即在于保护债务人之利益不因债权转让而受损害，债务人不经明确表示就丧失其抗辩和抵销的权利，会被置于相较债权转让前更不利的地位。最后，如果可通过默示放弃权利，保理商和债务人就后者是否放弃了抗辩或抵销权将会有大量纠纷，这给当事人举证、法庭审理证据和认定事实都会带来不便。

因此，笔者认为，最高人民法院在平煤案中确立的标准应在此适用，即必须要债务人有明确放弃抗辩或抵销权的意思表示。法院在审理此类纠纷过程中，需要仔细结合当事人提交的应收账款确认书、回执、基础合同、发票等，审查债务人是否有明确放弃的意思表示，或是否与债权人、保理商就放弃权利达成合意。

结　语

我国商业保理业务已经进入高速发展期，未来商业保理法律纠纷必将更多更复杂。虽然《民法典》合同编已包含“保理合同”一章，但短短 9 个条款

① 对应《民法典》第 140 条。

仍不足以解决所有的保理法律问题,很多处理规则还需要不断探索。针对5个常见保理法律问题,笔者区分具体情形和争议焦点,对裁判规则提出了浅见,以期为裁判规则的统一提供帮助。同时,保理法律纠纷涉及专业保理商业交易和多方主体,笔者建议在法院审判过程中,审判人员需熟悉保理业务流程和规范,以促进保理业务合规发展为出发点,结合合同约定、交易习惯和相关监管政策等认定保理商、债权人、债务人的权利义务履行情况,在平衡各方当事人利益的基础上进行裁判。

附表:

典型保理法律问题及法院应对一览

典型法律问题	具体问题	司法实践做法	笔者意见
案件管辖权依据不明	保理商仅起诉债务人时,依保理合同还是基础合同约定确定管辖法院	1. 原则上,基础合同的约定优先适用,除非另有约定。 2. 未确认保理商善意时处理规则	1. 原则上,基础合同的约定优先适用,除非另有明确约定。 2. 保理商善意时,基础合同的管辖约定不能约束保理商,应以保理合同约定确定管辖。 3. 法院可结合保理合同约定、交易习惯、相关监管要求等综合认定保理商是否对基础交易尽到审查义务、是否善意
	保理商同时起诉债权人和债务人时,依保理合同还是基础合同约定确定管辖法院	1. 依据基础合同确定管辖法院。 2. 依据保理合同确定管辖法院。 3. 保理合同和基础交易合同的协议管辖条款均对保理商有效,且两者之间不存在主从关系;两者冲突时,适用民事诉讼法关于合同纠纷的一般管辖原则	1. 保理合同和基础合同不存在主从关系。 2. 保理商同时起诉债权人和债务人时,保理合同和基础合同的管辖条款的效力均不因受影响。 3. 两个管辖权约定发生冲突时,则以管辖协议冲突,视为没有约定管辖处理。 4. 法院解决同时涉及保理商、债权人、债务人三方的保理纠纷时,要注意平衡相互之间权利义务

续表

典型法律问题	具体问题	司法实践做法	笔者意见
基础交易关系虚假	保理商与债权人存在虚构基础合同，如何判断交易关系	1. 保理合同效力：因通谋虚伪而无效。 2. 以当事人之间的隐藏行为，如借款关系等确定实际权利义务关系	1. 保理合同效力及当事人权利义务关系：同司法实践通行观点。 2. 保理商和债权人有通谋虚伪意思表示的体现：(1)保理合同约定不符合正常交易习惯；(2)保理商未实质性审查基础交易真实性。 3. 法官要能够熟悉保理业务流程，准确把握保理业务规范和管理要求，便于准确认定保理纠纷中的事实关系
	债权人与第三人或债务人存在虚构基础合同，如何判断交易关系	1. 保理合同效力：(1)保理合同和基础合同相互独立，基础关系虚假并不当然导致保理合同无效；(2)保理合同是否无效要依据《合同法》(已失效)第52条的规定判断。 2. 当事人权利义务关系：(1)向债权人主张合同法上请求权：撤销合同、返还财产、赔偿损失；(2)向第三人、债务人主张侵权责任法上的请求权：债务人或第三人在其确认债权真实的范围内承担赔偿责任；(3)向债务人主张合同法上的请求权：债务人按承诺履行应收账款清偿责任	1. 保理合同效力：(1)保理合同和基础合同相互独立，基础关系虚假并不当然导致保理合同无效；(2)保理合同是否无效，要依据《合同法》(已失效)第52条的规定判断：若保理商非善意，即知道或者应当知道基础交易是虚构的，保理合同无效。 2. 当事人权利义务关系：同司法实践通行观点。 3. 保理商善意但仍对基础交易虚假有审查上过失，可相应减轻债权人和债务人的责任

续表

典型法律问题	具体问题	司法实践做法	笔者意见
应收账款禁止转让的约定被违反	债权人违反约定将应收账款转让给保理商，债务人可否以此对抗保理商	1. 保理合同效力:不受影响。 2. 保理商能否向债务人主张清偿:(1)不可以;(2)善意保理商可以;(3)无论保理商善意与否,均可向债务人主张清偿	1. 保理合同效力:不受影响。 2. 无论保理商善意与否,均可向债务人主张清偿。 3. 债务人的利益也应受到保护
应收账款债务人的抗辩与抵销权之范围和放弃问题	应收账款债务人抗辩事由的范围认定：基础合同关系项下的抗辩事由	1. 基础交易合同补充协议的内容可以作为基础合同项下的抗辩事由。 2. 基础交易合同(包括补充协议)中的约定抗辩事由无论是否向保理商披露,均不影响债务人行使抗辩权。 3. 债务人不能以保理商未尽到审查义务为由主张抗辩	1. 认定某一事由是否构成债务人抗辩基础,应判断在原债权债务关系中,债务人可否以此向债权人抗辩。 2. 债务人的抗辩事由范围,不会因为涉及保理应收账款转让而有所限制
	如何认定债务人放弃抗辩/抵销权的认定	1. 债务人确认应收账款债权数额、还款期限以及基础合同、交付凭证、发票等内容,即可有效证明债务人对基础合同项下的应收账款不持异议;但可用其他证据推翻。 2. 须有债务人明确放弃抗辩或抵销权的意思表示	1. 必须要有债务人明确放弃抗辩或抵销权的意思表示,才能认定债务人放弃抗辩/抵销权。 2. 不可认定债务人以沉默方式放弃其抗辩/抵销权,除非另有法律规定或交易习惯。 3. 债务人之利益不能因应收账款转让而受损害

新冠肺炎疫情与劳动关系的调整*

——以“共享用工”为例

戢太雷**

内容提要

2020年新冠肺炎疫情期间，为缓解劳动力紧缺的矛盾，“共享用工”得到了广泛运用。其具有三个特征：实质是人的共享；重点是“共”（与单位“共利益、共风险”，员工与单位的平等性增强）以及“享”（单位给予更多人性化的工作环境，员工享有更多的薪酬待遇、职业体验与能力扩展）；优点在于灵活、应急。“共享用工”作为一种灵活用工，发挥了分摊企业成本、合理调配劳动力的作用，实现了多方共赢。“共享用工”具有其独特优势，也有其风险；要实现其良性、长期发展，应坚持合法合理、保障劳动者权益、尊重企业经营自主权等原则。

关键词 共享用工 共享经济 双重劳动关系

一、新冠肺炎疫情与“共享用工”的兴起

2020年年初，突如其来的新冠肺炎疫情对我国经济、社会造成了巨大的

---

* 本文已发表于《法治社会》2020年第4期。收录于本书时，文字略有改动。

** 戢太雷，深圳市龙岗区劳动人事争议仲裁院院长，中南大学法学院行政法学博士生，武汉大学行政法学硕士。

影响，而首要的、最为突出的就是劳动关系领域。短期内，众多行业出现了用工不平衡的状况。一方面，疫情形势严峻，受影响的行业范围广，如餐饮、酒店、旅游、院线等行业，众多企业生产经营困难，经营状况急剧恶化，面临无工可开的窘境；另一方面，部分企业，如快递行业、物流企业、防疫物资生产销售企业有扩大生产经营规模的需要。于是，部分企业尝试进行“共享用工”的合作；“共享用工”迅速成为一个“网红”话题。所谓“共享用工”，是指暂时经营困难的企业将员工以共享模式进行短期人力输出，让员工在企业之间临时流动，实现人力资源的再分配。“共享用工”在各行业中不断产生，逐渐从线上零售行业（盒马生鲜等）推广至物流、制造业等行业，从一线城市向二、三线城市扩展。例如，沃尔玛全国400多家大卖场、社区店和山姆会员商店已入职兼职人员超过3000人。① 众所周知，“滴滴快车”等互联网共享新经济，引入了新的市场竞争主体，迅速提升了相关传统行业的效率，盘活了社会存量的资产并有效增进了就业，改善了消费者的体验，实现了多赢的局面。有论者认为，在“抗疫”的特殊时刻，“共享用工”体现了企业之间、企业与劳动者之间共克时艰的理念，而且这种新的用工模式，能够纾缓疫情压力下的企业经营压力，避免大量企业在不堪承受刚性的用工成本而破产，造成大量员工失业。从长期来看，“共享用工”的模式实现了人力资源的合理调配，有利于劳动力的合理流动、有效降低企业的人力资源成本，如果能够将“共享用工”的模式制度化，不失为一种用工形式的创新，亦能实现企业与员工的共赢，有利于增加社会的福祉。毋庸讳言，“共享用工”也存在一定的风险，其规范、良性发展，仍然任重道远。

二、新冠肺炎疫情期间“共享用工”正当性之证成

（一）现有法律并不排斥双重劳动关系

“共享用工”的核心是人的共享。人可否共享？虽然，法律法规对“双重劳动关系”并没有明确具体的规定，但是从《劳动合同法》及有关司法解释，不难推导出立法对双重劳动关系的态度。例如，《劳动合同法》规定：“对原单位的工作造成严重影响”或“经用人单位提出拒不改正的”的兼职行为，属

① 王晓然、赵驰：《沃尔玛入职“共享员工”超3000人》，载《北京商报》2020年2月19日。

于严重违纪行为，企业可以行使解雇权。2010年，最高人民法院《关于审理劳动争议案件适用法律若干问题的司法解释（三）》（已失效），将企业待岗、放长假、停薪留职、内退人员再就业的归类为劳动关系，将双重劳动关系在司法实践中予以认定。从法律的表述可以看出，若兼职工作与本职工作不冲突，且不影响本职工作的，可以允许兼职存在。申言之，劳动法具有共性用工的基因，劳动用工事实的合意优于合同名称和合同条款的合意，[①]允许双重劳动关系存在，允许劳动者以不同的短期合同在不同的企业之间调配，允许劳动者以全日制和非全日制不同组合的方式在不同企业之间调配。

（二）“共享用工”切合了疫情期间的劳资双方的根本利益

“共享员工”的重点是“共”（与单位“共利益、共风险”，员工与单位的平等性增强）以及“享”（单位给予更多人性化的工作环境，员工享有更多的薪酬待遇、职业体验与能力扩展）。[②] 在疫情的特殊时期，大量劳动者因客观原因不能及时返岗，为了解决现实之需，无法复工的企业与临时需要大量人手的企业“共享员工”；防疫物资生产企业招聘大量短期工作的劳动者以应对生产需求。对此类新型用工方式，切合了劳资双方的各自需求。可以说，“共享用工”劳资双方作为劳动关系的相对方虽在某些个体利益上存在冲突，但在整体利益方面却是相互统一的。对经济发展具有决定意义的不是用工成本高低，而是用工成本的效益高低问题。[③]

（三）“共享用工”体现了灵活用工的大趋势

疫情防控阻击战全面打响，催生了用工模式转变，“共享用工”模式不仅是一种应急措施，也是未来的一种用工趋势。这种模式在国际用工标准中叫作“灵活用工”，在西方发达国家已经十分成熟。20世纪70年代以来，随着经济发展与科技进步，为增强竞争优势，西方国家企业的劳动关系与用工制度处在深刻的变革之中，加之过去30年全球化发展持续加速，出现了大量的

---

① 王全兴、王茜：《我国“网约工”的劳动关系认定及权益保护》，载《法学》2018年第4期。

② 陈汕平：《“共享员工”之适度提倡及其法治保障》，载《人民法院报》2020年4月2日。

③ 王全兴、刘琦：《我国新经济下灵活用工的特点、挑战和法律规制》，载《法学评论》2019年第4期。

“非全职、非全时、非典型”的灵活用工。[①] 目前,日本的灵活用工在人力资源行业中占比已达40%,美国占比为34%,法国、德国、意大利、波兰等欧洲国家“灵活用工”占比均达30%以上。我国的灵活用工比例在2018年仅为9%,仍存在很大发展空间。据相关研究报告分析,当中国灵活用工渗透率达到发达国家平均水平时,对应的市场规模可达近8000亿元。[②]

(四)社会及实践对“共享用工”持宽容态度

目前,社会、行政机关均对“共享用工”采取了认可、宽容的态度,以沃尔玛为例,自2020年年初疫情发生以来,截至4月,沃尔玛共与166家企业进行合作,其中,餐饮企业101家,占比60%;签署合作协议有40家企业,累计招聘联合用工人员1200多人。在社会上引起积极反响,并在近百家媒体进行积极正面的报道。合肥市中级人民法院、合肥市劳动争议仲裁委员会联合印发《关于妥善处理新冠肺炎疫情引发的劳动争议案件的规范指引(暂行)》;其第11条规定了关于疫情防控期间特殊用工形式即“共享用工”的效力认定问题。“共享用工”不改变原企业和职工之间的劳动关系,原企业应保障职工的工资报酬、社会保险等权益,并督促借用企业提供必要的劳动保护,合理安排职工工作时间和工作任务,保障职工身心健康。合作企业之间可通过签订民事协议明确双方权利义务关系。原企业不得以营利为目的借出员工。原企业和借调单位均不得以“共享用工”之名,进行违法劳务派遣,或诱导职工注册为个体工商户以规避用工责任。[③] 2020年9月,人力资源社会保障部办公厅下发《关于做好共享用工指导和服务的通知》,明确各级人力资源社会保障部门要支持企业间开展“共享用工”,加强指导和服务。

三、新冠肺炎疫情期间“共享用工”优点及风险分析

2020年2月10日,全国人大法工委明确新冠肺炎疫情属于不可抗力。

---

① 杨燕绥、赵建国:《灵活用工与弹性就业机制》,中国劳动社会保障出版社2006年版,前言第4页。

② 罗旭:《北京推出“共享用工”平台,为企业复工筑起人力资源“防疫线”》,载《光明日报》2020年2月22日。

③ 参见合肥市中级人民法院、合肥市劳动争议仲裁委员会:《关于妥善处理新冠肺炎疫情引发的劳动争议案件的规范指引(暂行)》,印发日期:2020年2月20日。

在特殊时刻,“共享用工”的出现,自然有其优点。

(一)“共享用工”的优点

1. 提升了企业自身在特殊时期的履约能力,快速形成大量劳动力供给和多地域同时响应。“共享用工”的本质是“调剂用工”。正因如此,为数众多的政府、部门督促企业建立用工台账,积极推动企业间“调解用工”。例如,东莞市、深圳市人社部门均推出了“共享用工”的指导性文件,并提供了相关协议范本。[①]

2. 分摊了企业用工成本,是企业对自身存量劳动力资源价值挖掘的自救行为。正如科斯教授所说,“企业的存在是为了降低交易成本。企业的边界就在于企业内部组织一笔额外交易的成本,等于在公开市场上完成同一笔交易的成本或者在另一个企业中组织同样交易的成本”。[②] 目前,“共享用工”主要有几种模式。一是通过与合作企业签订意向书,明确共享用工劳动关系主体、工资、社保责任等问题,合作企业直接出让员工,不签订合作协议,但员工工资均由输入方直接付给员工个人。二是企业之间直接对接,双方签署协议,接收方企业直接将工资付给输出方企业。两种方式下,企业的成本均得到了较大分摊。

3. 创造出了巨大效益,解决了现阶段许多待岗人员的收入问题,缓解了商超等行业人力不足的现状,实现了企业和员工互助共赢。“共享员工”是既能保障企业与企业间的经济利益平衡,也能保障员工的切身利益的三赢模式。从长远看,这样有助于增强劳动力市场的灵活性,实现劳动力资源的价值最大化。

(二)“共享用工”的冷思考

笔者认为,此次新冠肺炎疫情必然对劳动关系造成重大的影响,并导致众多企业劳动关系的重大调整。受疫情影响的企业迫切希望大幅削减经营成本、摆脱经营危机,故对“共享用工”予以热烈响应;这从侧面也反映了企业长期以来希望增加用工灵活度的诉求。然而,“共享用工”并非只是单纯的劳

---

① 例如,东莞市各镇街全面推动“共享用工”,特别是技术工种的调剂用工。

② [美]罗纳德·哈里·科斯:《企业、市场与法律》,盛洪、陈郁译校,格致出版社、上海三联书店、上海人民出版社 2009 年版,第 10 页。

动力资源的调配与合理利用的问题,不能完全从经济的角度去看待,更不能将其理想化与道德化。作为一种用工方式,它涉及劳动权利义务的再分配,甚至影响我国劳动关系的格局。正如有学者所言:“灵活用工表现出来的许多新特征还无法在现有的劳动法制中找到现成的规定,存在法律漏洞,传统劳动法制在调整灵活用工过程中出现的现实问题显得捉襟见肘。”①关于“共享用工”,笔者认为有以下几个问题值得思考。

1. 法律关系:“共享用工”模式的设计以及比较分析

“共享用工”的模式下,存在三个法律主体,分别是原用人单位、第三方用工单位、劳动者。关于三者之间的法律关系应当如何构建,笔者总结“共享用工”目前的实践,以及相关人士的解读,认为存在以下两类模式:

(1)单一劳动关系模式

单一劳动关系模式认为,“共享用工”只是涉及劳动力的输出和使用,劳动者与原用人单位的劳动关系不受影响,原用人单位与劳动者的权利义务应得到最大限度的保留,原用人单位仍然承担员工的社保费、公积金等费用,第三方用工单位仅仅是支付劳动力的价格,承担报酬给付的义务。单一劳动关系模式又可以分为以下两种子模式:

第一,劳动关系与劳务关系并存模式。即劳动者到第三方用工单位仅仅是提供劳务,员工因此获得的报酬,并非严格意义上的工资(劳动报酬),而是劳务费。因此,劳动者与第三方用工单位建立的是劳务关系,劳动者与第三方用工单位所签订协议为劳务协议,双方以劳务协议规范彼此的权利义务。

劳务协议为民事协议,以当事人意思自治为重要的原则,但在双方当事人经济地位不平等的情况下,较难达成对劳动者实质公平的协议。而民事协议充分尊重当事人意思自治,行政机关对民事协议的监管相当有限。为了坚持劳动标准,避免第三方用工单位利用强势地位达成不公平的协议,有论者进一步提出,在制度设计时,建议政府应当进行事前指导,将劳动法律法规规定的劳动标准,如加班费的计算、休息休假、最低工资等一并写入劳务协议,以供双方遵守执行。但是,民事协议双方当事人地位平等,意思自治是其最重要的特征,其生效并不需要行政机关的审批,相关的条款只能作为一种指

---

① 涂永前:《应对灵活用工的劳动法制度重构》,载《中国法学》2018 年第 5 期。

导性规范而非强制性规范。另外,如果大量的劳动标准被约定在劳务协议中,加上劳动者本身提供劳动、接受用工管理、领取报酬的事实,那么这个劳务协议是否还能被称为“劳务协议”?在司法实践中,这种劳务协议本质上就被认为劳动合同。这样就出现了形式与内容不一致的情况。同时,在救济方式上,民事协议的救济方式单一,以违约责任为主,在违约举证责任的分配上,劳动者并无优势。在工伤保险(工伤事故)的保障问题上,如果“共享用工”被定性为劳务关系,则劳务接受方非用人单位,其无缴纳工伤保险的义务,亦不可能被认定为工伤事故的责任单位(用人单位);虽然原用人单位为员工缴纳了工伤保险,但员工发生工伤不符合在该单位的“工作时间”“工作地点”“因工作原因受到事故伤害”的工伤认定要件,无法认定为工伤。这样将严重剥夺员工享受社会保障的权利。综上所述,劳动关系与劳务关系并存模式存在相当的缺陷。劳务关系对劳动者的保障偏弱,不利于保护劳动者的合法权益。

第二,同一劳动关系的模式。这种模式仍然强调只有一种劳动关系。这种模式认为,劳动者向第三方用工单位履行的义务与向原用人单位履行的义务在性质上具有同一性。原用人单位让渡了作为用人单位的部分用工管理权,第三方用工单位可以自己的名义行使用工管理权。但本质上来讲,该用工管理权源于原用人单位的用工管理权,劳动者履行自己的义务,仍然是履行原劳动合同,而劳动者与第三方用工单位就新的工作地点、工作内容、工作报酬的约定,则视为对原劳动合同的变更。

这种模式的解构使劳动者的权利仍然在劳动标准的保护之下,且有效地解决了劳动者流动的问题,原用人单位与第三方的关于劳动权利义务的变更因附有期限而具有时效性,期限届满则自动恢复原劳动合同的履行,具备可操作性。而这种模式的弊病,仍然在工伤保险的问题上。按照这种理解,劳动关系的主体并未发生变化,劳动者履行的仍然是原劳动合同(经变更后的),在受到事故伤害时,在认定工伤问题上,理论上不存在障碍。但是,就工伤保险责任的本质而言,不同的行业、不同的职业、同一行业中的不同企业,均受行业特点、职业风险、企业管理水平的影响,其缴纳的工伤保险费率存在很大的差异,这也体现了社会保险“风险分散”“责任与风险负担一致”的原则。员工到新的单位从事劳动,面临的风险有可能会增大。如果将实际上非在本企业(工伤缴纳单位)发生的事故认定为工伤事故并要求工伤保险待遇,实际对其他正常参保的企业构成不公平,亦影响工伤保险基金的安全。这种状况的出现,类似于事实上让社保挂靠合法化。

(2)双重劳动关系的模式

双重劳动关系模式认为,原用人单位与劳动者的劳动关系不变,第三方用工单位与劳动者建立新的用工关系(劳动关系),即存在双重劳动关系。这种新的用工关系,既可以是全日制的,也可以是非全日制的。如果建立的是非全日制的劳动关系,则用工方式相对灵活。当事人可视疫情的影响,随时终止非全日制的劳动关系而无须支付经济补偿金,而企业的社会保险成本相对低廉,仅仅工伤保险需要强制缴纳,但员工亦可获得完整的工伤待遇保障。但非全日制用工的特点也决定其并非一种经济的用工方式,非全日制用工在每日、每周劳动时间上的严格限制,有可能使第三方用工单位的用工成本增高。如果建立的是全日制劳动关系,即建立了标准意义上的劳动关系,在这种模式下,劳动者的权利当然是完整的。但"共享用工"的出现,本质上还是基于企业降低用工成本的动机,第三方用工单位希望能免除传统劳动关系下的社保、公积金、经济补偿的支付成本;如果建立的标准意义上的劳动关系,用人成本与标准用工无异,则"共享用工"异化为一个空洞的口号。

其弊端集中在:无论是全日制用工抑或是非全日制用工,建立的新的劳动关系,依法受到法律保护,经单位同意而建立起来的劳动关系,与原劳动关系具有平等性。在疫情消失的情况下,并存的劳动关系,在履行可能性上是相互排斥的,由此可能会引发相当多争议,衍生相当多的纠纷。如何平衡这种争议以及三者的利益,是需要进一步思考的问题。

以上两种模式中,无论是何种设计,均存在不足。这些不足,是否能通过更加精密的制度设计予以完善?这也是值得深入探究的问题。

2."共享用工"模式下,劳动者的权利是否受到不当限制

"劳动法在社会主义国家处于更加突出的重要地位。社会主义以人为本,尤其要以劳动者为本;认真对待权利,尤要认真对待劳动者权利;全心全

意为人民服务,尤要全心全意为劳动者服务。”[①]“共享用工”多数情况下由原企业统一进行劳务安排,由原企业统一收取劳务费并分发员工,这与典型的劳务关系存在差异,因此产生了劳动关系与劳务关系并存模式。若将缺工企业与借出员工的关系简单认定为劳务关系,就会弱化对劳动者在作息时间、获取报酬的性质及优先程度等方面的保障,不利于保护劳动者的合法权益。“共享用工”模式下,提供工作任务的企业不负责员工的“五险一金”。员工在新单位从事劳动时发生工伤,原用工企业和提供工作任务的企业若互相推诿,将严重损害劳动者的合法权益。[②] 此外,企业提出以“共享用工”的模式自救,是否可以视为企业向员工提供的新的劳动条件?在这种情况下,员工能否选择领取停工工资或生活费,继续等待企业恢复生产或在停工期满后解除劳动合同?劳动力闲置企业缺工企业与借出员工的三方权利义务关系该如何明确?这些都是实践中亟待解决的问题。

3.“共享用工”的模式,是否对劳务派遣制度造成不当冲击

“共享用工”的模式,与劳务派遣制度非常类似。在客观效果上,都实现了劳动力的隶属与使用相分离。但劳务派遣制度在我国经过数十年的发展,已经形成了完备的制度:从各个层次的立法规定,到对派遣单位的资质、派遣行为的规范、监管主体等各个方面均作了详细规定。派遣制度下劳动者权利的保护,与劳务派遣的范围相比,“共享用工”的合作范围似乎不受限制,经营资质也未作要求,这决定其运作成本也远低于劳务派遣,尽管行政部门反复强调“共享用工”的非营利属性,即不得以营利为目的,但还是应注意“共享用工”的模式一旦常态化,可能给劳务派遣制度带来不当的冲击,甚至使劳务派遣制度名存实亡。如何明晰共享用工与劳务派遣、非全日制用工等形似用工方式的界限,是保证共享用工规范适用的重点。

4.现行法律法规滞后于“共享用工”实践

“共享用工”的核心是人的分享,而人的分享必然涉及法律规则的调整。

---

① 涂永前、邱本:《关于劳动及劳动法的思考》,载《上海师范大学学报(哲学社会科学版)》2018年第2期。

② 《人力资源社会保障部办公厅关于做好共享用工指导和服务的通知》第6条明确规定:劳动者在缺工企业工作期间发生工伤事故的,按照《工伤保险条例》第43条第3款的规定,由原企业承担工伤保险责任,补偿办法可与缺工企业约定。

第一,共享用工中,劳动者从固定岗位解放出来,为多个企业服务,多个企业对同一个劳动力进行共享;对共享的法律性质如何定性、共享各方的法律责任如何分担,现有法律法规均未加以明确。第二,共享用工中,劳动者可以为多个企业工作,如果共享时间较长,对劳动者员工诚信度和认同等均会产生影响。

四、对新冠肺炎疫情下“共享用工”的建议

疫情为“非常之时”,各地采取“非常之策”,从突发事件行政应急的角度来看,“共享用工”的出现,有其合理性和必然性。为规范、有序推动“共享用工”,有效发挥其功能,笔者提出以下建议:

(一)坚持合法性原则

“紧急状态之下无法律”的观念和劳动法劳动者倾斜保护之价值并不必然使这些疫情时期的劳动政策具有合法性和正当性。[①] 原企业不得以营利为目的借出员工。原企业和借调单位均不得以“共享用工”之名,进行违法劳务派遣,或诱导职工注册为个体工商户,以规避用工责任。劳动者和企业双方应尽可能在劳动法律法规的限度内作出行为或不作出行为。

(二)坚持劳动者权益保障

保护劳动者历来是各国劳动法所奉行的主旨。[②] 为了人民长远的、根本的、整体的利益,可以而且有必要牺牲短暂的、眼前的、局部的利益。[③] 为了避免可能带来的风险,现用工企业应与员工原企业和员工均签订相关协议,约定清楚权利义务、风险责任承担等核心问题,核实原企业的工伤、医疗等保险的参保情况。

1. 明确“共享用工”模式的前提规范。员工在借出之前,借出企业应当与劳动者协商,并达成一致,“共享员工”涉及工作地点、工作岗位等劳动合同内容的变更,根据《劳动合同法》第35条的规定,劳动合同的变更应与劳动者协商一致。此外,根据合同的相对性,合同当事人双方仅能为自己设定义务;如

---

① 范围:《疫情停工期间用人单位的工资续费义务》,载《人民司法》2020年第7期。

② 王全兴:《劳动法》,法律出版社2004年版,第51页。

③ 江必新:《紧急状态与行政法治》,载《法学研究》2004年第2期。

果为第三人设定义务的，应该取得第三人的同意。企业之间的“共享员工”协议属于民事协议，该协议涉及为劳动者设定义务，劳动者负有服从借入企业管理指示命令的义务；如需劳动者按照企业间共享员工的协议履行相应义务，应取得劳动者的同意。[①] 故在“共享”员工之前，借出企业和员工应充分协商，达成一致。另外，原企业不得以营利为目的借出员工，原企业和借入单位均不得以“共享用工”之名，绕过法律、行政法规关于劳务派遣的相关规范，进行违法的变相劳务派遣。

2. 应充分保障劳动者的基本权益。劳动者是寓于劳动关系之中的，其与用人单位之间同时存在高度的利益一致性，如在共同面对外部威胁或者劳动关系面临终结之时。[②] 对员工进行必要的岗前培训，通过筛选确定身体素质、工作能力等方面是否符合岗位要求，并购买商业保险。在疫情防控的特殊时期，用工企业还要做好疫情防护。对此，借出企业、劳动者和借入企业最好能形成书面的协议，规范三方权责，明确工伤等责任归属。劳动者借调期间遭受工伤的，应根据《工伤保险条例》第 43 条的规定，由借出企业承担工伤保险责任，借入企业按照约定给予借出企业相应补偿。

3. 坚持尊重和保障用人单位规范经营。劳动者与用人单位之间的劳动关系兼具平等性和从属性、对抗性和非对抗性，并集人身与财产关系于一体。[③] 在保障劳动者权益的基础上，平衡保护用人单位的利益。各地应对措施最终需要通过用人单位的内部管理来具体落实，用人单位的相关管理制度不违反法律、行政法规的强制性规定，且经过合理的程序，如与工会或职工进行协商，或者尽到充分的告知义务。疫情对劳资双方都造成很大影响，且不可归责于任何一方。因此，在保障劳动者基本权益的基础上，对用人单位利益予以适度的平衡。此外，在“共享员工”中，还需要特别注重保密制度的完善。企业可以通过将商业秘密、核心技术限定由专人（非共享员工）保管或运行，制定更加严格的保密制度、大力加强保密措施（如对秘密与技术采取封存、保护或加密，明示保密等级，指定专门保密人员，加大保密监控与检查），

---

① 范围：《“共享员工”企业应依法保障劳动者合法权益》，载《工人日报》2020 年 3 月 2 日，第 7 版。

② 蒋悟真：《疫情防控的社会法省察》，载《政治与法律》2020 年第 4 期。

③ 郑瑞平、邹华锋主编：《劳动法》，北京交通大学出版社 2016 年版，第 4 页。

与"共享员工"签订更为严谨的保密协议、竞业禁止协议等,有效保障商业秘密与专有技术。①

4. 主管部门应适时指导。劳动关系主流的分析框架中,劳、资、政是三个核心的行为主体。② 政府在三方关系中起到的作用是协调和规制劳资双方关系,以及处理劳动争议。③ 在"共享用工"中,人力资源作为主管部门,及时掌握企业需求,建立企业闲置劳动力台账,及时发布规范,提供指导性意见,这些都是推进"共享用工"良性发展的必要条件。

结 语

2020 年新冠肺炎疫情对我国社会的影响是深远且多方面的,企业因防疫措施无法正常复工、劳动者因为隔离等原因无法到岗,企业生产经营遭受巨大打击,劳动关系也势必受到严重影响。简言之,"共享用工"是企业用合作共同筑起的人力资源"防疫线",开启疫情期企业间的"跨界"合作。一些缺工企业与尚未完全复工的企业之间实行"共享用工",进行用工余缺调剂,切实提高了人力资源配置效率,实现了合作企业、各方员工的共赢。"共享用工"能否长期存在?是昙花一现还是可以持续发展?对此,理论和实务中,均存在较大争议。争议焦点在于"共享用工"对劳动合同法构成了一定挑战。劳动法所调整的内容更为敏感地关乎社会的公理。④ 笔者认为,"共享用工"作为一种灵活用工,可以成为现行用工方式的有益补充,具有一定的运用前景。共享用工应坚持合法合理为基本原则,明确各方权责,在平衡各方利益的基础上强化法治保障。

---

① 陈汕平:《"共享员工"之适度提倡及其法治保障》,载《人民法院报》2020 年 4 月 2 日。

② Dunlop John T, Industrial Relations Systems, New York: Holt, Rinehart and Winston, 1958; Kochan Thomas A., Harry C, Katz, and Robert B. McKersie, *The Transformation of American Induatrial Relations*, New York: Basic Books, 1986, p. 101.

③ 吴清军:《中国劳动关系学 40 年》,中国社会科学出版社 2018 年版,第 127 页。

④ 冯彦君:《劳动法上"合理"的多重意蕴及其应用》,载《中国法学》2018 年第 5 期。

突发传染病处置中疫情信息公开制度的问题与出路

黄晨阳*

内容提要

我国疫情信息公开制度系由内部报告、通报机制和对外公开发布机制组成,"科层制"是疫情信息公开的制度逻辑。面对突发性不明原因传染病,内部报告、通报机制存在报送不畅、反应僵化等问题;对外公开发布机制存在决策迟缓、程序性规范简陋等问题。对此,应坚持问题导向,将"预防关口前移"作为疫情信息公开制度的完善方向。一是转变制度逻辑,提高公开效率;二是细化信息类型,实现分流管理;三是健全程序法制,保障公民权益。

关键词 突发性传染病 疫情信息公开 突发公共卫生事件

2020 年 2 月 14 日,习近平总书记主持召开中央全面深化改革委员会第十二次会议并发表重要讲话,并指出:"这次抗击新冠肺炎疫情,是对国家治理体系和治理能力的一次大考……既要立足当前,科学精准打赢疫情防控阻击战,更要放眼长远,总结经验、吸取教训,针对这次疫情暴露出来的短板和不足,抓紧补短板、堵漏洞、强弱项……完善重大疫情防控体制机制,健全国

* 黄晨阳,深圳大学法学院 2018 级宪法与行政法专业研究生。

家公共卫生应急管理体系。”①

“预防为主”是我国传染病防治工作的指导性方针，②但传染病预防并非行政机关和专业机构“单向发力”能成之事，尚需人民群众的理解和配合。因此，“疫情信息公开”是传染病防治的第一步，只有疫情信息公开、透明，人民群众才能真正了解疫情、平息恐慌、配合防控，最终在“群防群控”模式下推动疫情防治工作落到实处，避免“小疫酿成大灾”。

本文以疫情信息公开制度作为研究对象，坚持问题导向，在理顺疫情信息公开制度逻辑的基础之上，深入剖析疫情信息公开制度的实践困境及其成因，进而探寻疫情信息公开制度的完善进路，以期为国家公共卫生应急管理体系之健全提供有益的对策、建议。

一、突发传染病处置中疫情信息公开的制度逻辑

现行疫情信息公开制度是在总结“非典”疫情教训的基础上构建起来的。在“非典”疫情发生之前，我国已于 1989 年制定了《传染病防治法》，但当时的《传染病防治法》并没有对疫情信息公开作出明确规定。直到 2003 年“非典”疫情暴发，信息渠道不畅通、信息统计不准确、反应迟缓等系列问题在防疫工作中暴露出来，为解决这些问题，国务院于同年 5 月 9 日发布《突发公共卫生事件应急条例》，确立了突发公共卫生事件应急报告与信息发布制度。国务院法制办负责人就该应急条例发布接受新华社记者专访时明确表示：“《突发公共卫生事件应急条例》主要是针对防疫工作中暴露出的薄弱环节，是对《传染病防治法》等有关法律规定的制度作出的进一步明确和细化。”③ 2004 年 8 月 28 日，第十届全国人大常委会第十一次会议修订《传染病防治法》，在法律层面建立起传染病疫情信息报告、通报和公布制度。

由此可见，现行的《传染病防治法》和《突发公共卫生事件应急条例》均

---

① 习近平：《全面提高依法防控依法治理能力　健全国家公共卫生应急管理体系》，载《求是》2020 年第 5 期。

② 《传染病防治法》第 2 条规定：“国家对传染病防治实行预防为主的方针，防治结合、分类管理、依靠科学、依靠群众。”

③ 中国新闻网：《官方详解〈突发公共卫生事件应急条例〉出台前后》，载新浪网，http://news.sina.com.cn/c/2003-05-12/1951117439s.shtml。

对“疫情信息公开”作出规定，因此当出现传染病疫情时，“法律适用”便成为需要澄清的问题。《传染病防治法》是全国人大常委会制定的关于传染病防治的法律，有关传染病疫情信息公开的问题原则上应当以此为规范，而《突发公共卫生事件应急条例》系国务院为了进一步明确和细化《传染病防治法》而制定的行政法规。根据《突发公共卫生事件应急条例》第 2 条的规定，“突发公共卫生事件”包括“突然发生，造成或者可能造成社会公众健康严重损害的重大传染病疫情”。因此，从法律位阶上看，《突发公共卫生事件应急条例》是《传染病防治法》的下位法；从规范内容上看，《突发公共卫生事件应急条例》规范的是突然发生的、触发“应急状态”的传染病疫情，是《传染病防治法》的特别法。由此可见，法律意义上的传染病疫情被预设为两种状态，一种是“常态化”的普通传染病疫情，另一种是触发“应急状态”的突发性传染病疫情。相应地，在法律适用方面，防治“常态化”的传染病疫情主要依照《传染病防治法》的相关规定进行，而触发“应急状态”的突发性传染病疫情除适用《传染病防治法》的一般规定外，主要适用《突发公共卫生事件应急条例》的特殊规定。

就疫情信息公开而言，《传染病防治法》和《突发公共卫生事件应急条例》规定的疫情信息公开制度，皆由内部报告、通报机制和对外公开发布机制组成。内部报告、通报机制是行政系统“上传下达”疫情信息的内部管理机制，由报告机制和通报机制组成，作为疫情信息公开的前置程序。具体而言，内部报告机制，是指发现传染病疫情信息的行政部门应当在规定时限内“逐级”对上报告，[①]同时应立即组织力量核实、确证报告事项，并向上级报告调查

---

① 《突发公共卫生事件应急条例》第 19 条规定：“国家建立突发事件应急报告制度。国务院卫生行政主管部门制定突发事件应急报告规范，建立重大、紧急疫情信息报告系统。有下列情形之一的，省、自治区、直辖市人民政府应当在接到报告 1 小时内，向国务院卫生行政主管部门报告：(一)发生或者可能发生传染病暴发、流行的；(二)发生或者发现不明原因的群体性疾病的；(三)发生传染病菌种、毒种丢失的；(四)发生或者可能发生重大食物和职业中毒事件的。国务院卫生行政主管部门对可能造成重大社会影响的突发事件，应当立即向国务院报告。”第 20 条规定：“突发事件监测机构、医疗卫生机构和有关单位发现有本条例第十九条规定情形之一的，应当在 2 小时内向所在地县级人民政府卫生行政主管部门报告；接到报告的卫生行政主管部门应当在 2 小时内向本级人民政府报告，并同时向上级人民政府卫生行政主管部门和国务院卫生行政主管部门报告。县级人民政府应当在接到报告后 2 小时内向设区的市级人民政府或者上一级人民政府报告；设区的市级人民政府应当在接到报告后 2 小时内向省、自治区、直辖市人民政府报告。”

情况。内部通报机制,是指掌握传染病疫情信息的行政部门应视情况及时向同级和下级部门通报,[1]在行政系统内部起到疫情信息披露的作用。对外公开发布机制,则是指当行政系统内部经报告、通报机制掌握疫情基本信息后,由国务院卫生行政部门负责向社会公开发布疫情信息。必要时,国务院卫生行政部门也可以授权省、自治区、直辖市人民政府卫生行政主管部门向社会发布本行政区域内的疫情信息。[2]

由此可见,《传染病防治法》和《突发公共卫生事件应急条例》确立的是一套层级分明的"金字塔型"疫情信息报送、公开制度。一方面,疫情信息在行政系统内部严格按照行政等级秩序"上传下达",上下级机关之间权力义务关系明确,下级机关负有向上级机关如实报告、服从安排的义务,上级机关享有决策、向下级机关发布命令的权力。另一方面,疫情信息公开发布权由行政系统垄断并集中在国务院卫生行政主管部门,当疫情信息经内部报告机制层报至国务院卫生行政主管部门后,才会适时衔接对外公开发布程序。综上所述,我国的疫情信息公开制度是在行政组织法的依托下,按照"科层式"的制度逻辑构建起来的。

二、突发传染病处置中疫情信息公开制度的实践问题

"科层制"是马克斯·韦伯建构的一套理想型的行政组织结构。按照他的观点,"把为实现组织的目标所必需的日常工作,作为正式职责分配到每个工作岗位。所有岗位的组织遵循等级制度原则,每个职员都受到高一级职员的控制和监督。通过职权等级确定个体的权力与责任,能力及精力有限的个

---

① 《突发公共卫生事件应急条例》第23条规定:"国务院卫生行政主管部门应当根据发生突发事件的情况,及时向国务院有关部门和各省、自治区、直辖市人民政府卫生行政主管部门以及军队有关部门通报。突发事件发生地的省、自治区、直辖市人民政府卫生行政主管部门,应当及时向毗邻省、自治区、直辖市人民政府卫生行政主管部门通报。接到通报的省、自治区、直辖市人民政府卫生行政主管部门,必要时应当及时通知本行政区域内的医疗卫生机构。县级以上地方人民政府有关部门,已经发生或者发现可能引起突发事件的情形时,应当及时向同级人民政府卫生行政主管部门通报。"

② 《传染病防治法》第38条第3款规定:"传染病暴发、流行时,国务院卫生行政部门负责向社会公布传染病疫情信息,并可以授权省、自治区、直辖市人民政府卫生行政部门向社会公布本行政区域的传染病疫情信息。"《突发公共卫生事件应急条例》第25条第2款规定:"国务院卫生行政主管部门负责向社会发布突发事件的信息。必要时,可以授权省、自治区、直辖市人民政府卫生行政主管部门向社会发布本行政区域内突发事件的信息。"

体通过整个科层制的目标结合起来,从而使大量的具有专长的人有效地在一起工作,以合乎逻辑和高效率的方式完成一个复杂的目标,保证大规模组织的控制与协调"。[①] 因此从理论层面看,"科层式"的疫情信息公开制度能够高效、全面地向社会公开疫情信息。但是,现代社会是风险社会,在社会现代化的进程中,危险和潜在的威胁被释放到前所未知的程度。[②] 面对风险的不确定性和复杂性,"科层式"的疫情信息公开制度在实践过程中难以回应理论的期待。2020 年 1 月 27 日,时任武汉市市长周先旺接受央视新闻专访,就社会普遍质疑的当地政府未能及时预警和公布疫情信息作出回应。周先旺表示:"传染病有《传染病防治法》,它必须依法披露,作为地方政府,我获得这个信息以后,授权以后,我才能披露。"[③]因此,面对突发性的不明原因传染病,现行的疫情信息公开制度在公开效率上确实亟须改进。

(一)内部机制亟须"提速增效"

"科层制"逻辑下,《传染病防治法》和《突发公共卫生事件应急条例》规定的内部报告、通报机制采取的均是"层级报送"模式。但是,为提升行政应急的效率,《突发公共卫生事件应急条例》专门对疫情信息公开设置了明确的时限。具体而言:县级人民政府应当在接到报告后 2 小时内向设区的市级人民政府或者上一级人民政府报告;设区的市级人民政府应当在接到报告后 2 小时内向省、自治区、直辖市人民政府报告;省、自治区、直辖市人民政府应当在接到报告 1 小时内,向国务院卫生行政主管部门报告。然而值得注意的是,适用突发事件应急报告制度的"疫情信息",是指突然发生,造成或者可能造成社会公众健康严重损害的"重大传染病"疫情,而关于何为"重大传染病"疫情,《突发公共卫生事件应急条例》并未作出解释。

根据《传染病防治法》第 3 条的规定,传染病因暴发、流行情况和危害程度不同,可以被分为甲类、乙类和丙类,其中甲类传染病是危害程度最高的传染病,因此将甲类传染病按照"重大传染病"进行处理自不待言。与此同时,

---

① [德]马克斯·韦伯:《支配社会学》,康乐、简惠美等译,广西师范大学出版社 2010 年版,第 22－25 页。

② [德]乌尔里希·贝克:《风险社会》,何博闻译,译林出版社 2004 年版,第 15 页。

③ 新京报:《武汉市长承认信息披露不及时:获授权后我才能披露》,载新浪网,https://news.sina.com.cn/c/2020－01－27/doc－iihnzhha4927544.shtml。

《传染病防治法》第4条第1款还规定了特殊情形,即“对乙类传染病中传染性非典型肺炎、炭疽中的肺炭疽和人感染高致病性禽流感,采取甲类传染病的预防、控制措施。其他乙类传染病和突发原因不明的传染病需要采取本法所称甲类传染病的预防、控制措施的,由国务院卫生行政部门及时报经国务院批准后予以公布、实施”。由此推之,采取甲类传染病预防、控制措施的乙类传染病,以及由国务院批准、公布的需要采取甲类传染病的预防、控制措施的其他乙类传染病和突发原因不明的传染病均可被视作“重大传染病”。

但问题在于,突发原因不明的传染病在被国务院研判、定性之前,是难以按照“重大传染病”的标准去对待的。一方面,突发原因不明的传染性疾病并非《传染病防治法》规定的甲类传染病,因而此类传染病疫情信息难以适用突发事件应急报告制度中的“时限”规定,无法在短时间内层报至上级机关。另一方面,地方政府即使意识到疫情的严重性,希望采取一些预防、控制措施,但囿于传染病性质不明,防疫手段相对局限,也只能先按照行政系统内部的报送程序,将疫情信息层报至国务院卫生行政主管部门,再等待定性、决策。

实际上,由于认知局限,突发原因不明的传染病往往在风险上更胜已知传染病,若严格按照“科层制”,僵化的“层报”至“金字塔尖”等待决策,极可能导致疫情防控的“窗口期”耗费在“上传下达”的内部程序之中。因此,针对突发原因不明的传染病,内部机制亟须“提速增效”,设计得更为简单、易行,有关部门在采取预防、控制措施方面也应当拥有更为灵活的决策空间。

(二)外部机制亟须“查缺补漏”

“统一领导”是我国突发事件应急管理体系的基本原则之一,出于势态控制的需要,疫情信息的发布也应当统一、权威。根据《传染病防治法》和《突发公共卫生事件应急条例》的规定,疫情信息公布权由国务院卫生行政主管部门行使,即使授权公布,也仅限于省、自治区、直辖市人民政府卫生行政主管部门,省级以下地方人民政府卫生行政主管部门不具有疫情信息公开的法定权限。但就实际情况而言,对外公开发布机制在内容和程序方面均存在诸多疑窦。

就对外公开发布的内容而言,可能存在立法指涉模糊的问题。《传染病防治法》规定的公开内容是“传染病疫情信息”,《突发公共卫生事件应急条例》规定的公开内容是“突发事件的信息”。然而,在具体实践中,无论是“传染病疫情信息”还是“突发事件的信息”均存在两种状态，一种是“事实状态”，另一种是“评价状态”。所谓“事实状态”，即传染病疫情、突发事件的客观状态，主要以直观的数据统计或客观的事实描述为表现形式，如确诊病例数、死亡病例数、事件发生的时间、地点等。“评价状态”则是指传染病疫情、突发事件的客观情况经价值分析后得出的判断性结论，如疫情防治办法、疫情发展态势评估、突发事件的严重程度以及应急策略等。因此，如果疫情信息公开所指涉的是“事实状态”的信息，那么行政机关从捕捉到疫情信息时起就应当公开，因为让信息在行政系统内部耗费时间并无益处。如果疫情信息公开所指涉的是“评价状态”的信息，那么疫情信息在行政系统内部评估、判断，有限度地延时公开是可以容忍的。但重点是，公开“事实信息”并不意味着“评价信息”可以缺位；公开“评价信息”也不意味着“事实信息”可以迟延，因为两者在性质和功能上并不具有相互替代的可能性，“事实信息”的功能侧重于“预警”，而“评价信息”的功能侧重于“防治”。由于《传染病防治法》和《突发公共卫生事件应急条例》未能揭开“疫情信息”的双重面纱，导致在实务中出现社会舆论指责政府公开信息不力的情况。

就对外公开发布的程序而言，存在立法规范粗糙的问题。总体来看，疫情信息对外公开须经两步程序，一是“决策”程序，二是“公开”程序。所谓“决策”程序，简言之，即回答疫情信息能否公开的问题，而“公开”程序，即回答疫情信息以何种形式公开的问题。但是，综观《传染病防治法》和《突发公共卫生事件应急条例》，关于疫情信息公开只是原则性地规定了“信息公布应当及时、准确”，而“及时”和“准确”的标准立法并未释明，并且上述立法也没有对疫情信息公开的方式、途径以及内容作精细化的规定，亦没有相应的程序性规定予以引导、约束。因此，疫情信息何时公开、通过何种形式公开、公开哪些内容、公开信息错误如何纠正等问题皆成为行政机关的自由裁量事项。并且，疫情信息经内部报送程序到达国务院卫生行政主管部门，也并不意味着疫情信息必然对外公开，因为为保证公开的疫情信息在内容上具有准确性和权威性，国务院卫生行政主管部门还需要针对层报的疫情信息做进一步的调查、核实和评估工作；至于公开的标准以及公开决策的时限，《传染病防治法》和《突发公共卫生事件应急条例》均未涉及。由此可见，对外公开程序缺乏精细化的法律控制，亟须“查缺补漏”。

三、突发传染病处置中疫情信息公开制度的完善进路

应当看到,面对突发原因不明的传染性疾病,“科层式”的疫情信息公开制度,无论内部机制还是外部机制均存在优化和改进的空间。因此,笔者认为,疫情信息公开制度之健全应当坚持问题导向,将“预防关口前移”作为制度完善的总体目标;同时,树立法治思维,将“权益保障”作为制度完善的内在要求。

(一)转变制度逻辑,提高公开效率

现代社会是风险社会,这要求决策者对决策对象的自然状态和客观情况比较清楚;同时决策还应当富有效率,能够及时回应社会关切的问题。“科层式”的内部报送机制是典型的集权管理模式,决策权和管理权集中在上级机关,下级机关必须绝对地服从上级机关的命令并听从指挥。上级机关根据层报的信息作出决策,下级机关根据下达的命令采取行动,在“上传下达”之间节约了沟通的成本,因而在理论上决策和管理的效率呈现提高之势。但在现代性风险下,客观情势始终处于不断变化之中,信息内容也处于动态发展之中,因而信息在层报过程中容易“失真”,极易导致公开内容与实际情况脱节等问题。因此,有必要转变疫情信息公开的制度逻辑,将预防关口前移,建设“扁平式”的疫情信息管理制度,提高信息公开的效率和精度。

“扁平式”管理是与“科层式”管理相对应的一种管理模式,其首先产生于工商企业之中,具体是“让员工打破现有的部门界限,绕过原来的中间管理层次,直接面向顾客和公司总体目标负责,从而以群体和协作的优势赢得市场主体主导地位”。[①] 因此,“扁平式”管理的基本逻辑就是通过减少管理层次,缩短决策者与基层组织的距离,进而减少决策在空间和时间上的停滞过程,提高决策的可行性和效率。也因此,相较“科层式”管理,“扁平式”管理具有管理层次简化、组织结构精干、权力中心下移、注重自主能动等特点。

将“扁平式”管理作为完善方向,意味着疫情信息公开制度需在以下两个方面作出改变:

一是精简内部报告、通报机制,减少疫情信息报送的行政层数。对于甲

① 何伟:《组织扁平化理论与行政体制创新》,载《探索》2003 年第 2 期。

类传染病，参照甲类传染病管理的乙类传染病以及突发原因不明的传染病，应当在内部报告、通报机制上设计“越级报告”“直接上报”等特殊报送模式，使掌握“一手”信息的地方政府能够第一时间将疫情信息报送至国务院卫生行政主管部门，避免“层报模式”下的时间虚耗和信息失真。

二是明确规定地方政府在决策“空窗期”具有预先防治的权力。除层级报送导致效率低下外，决策机关出于慎重决策的需要亦会不可避免地延长疫情信息公开的时间。因此，为防止地方政府在等待决策的过程中错过疫情防控的“窗口期”，赋予地方政府进行预先防治的权力具有现实的必要性。预先防治权在形式和内容上应有别于正式的疫情防控措施，毕竟此时对传染病疫情的理解尚处于“认知”阶段。因此，预先防治权主要以经验性防治和低限制性防治为表现特征，尽量避免强制措施的使用以及限制公民的正常生活。具体可表现为：根据一线医疗机构的临床反馈，预先进行医疗物资的储备与分发，疏导商场、车站等人流密集区的人流密度，通过公共宣发鼓励口罩佩戴和手部清洁，对公共场所进行例行消毒等。

（二）细化信息类型，实现分流管理

预防重于治疗，能防患于未然之前，更胜于治乱于已成之后。我国在传染病防治方面实行的是“预防为主”的工作方针，因此疫情信息及时公开对于传染病预防具有重要意义。根据《传染病防治法》的规定，疾控机构是传染病防治的专业机构，承担着传染病监测、预测、流行病学调查、疫情报告等预防、控制工作，同时任何单位和个人若发现传染病病人或者疑似传染病病人也应当及时向其报告。因此，在理想状态下，疾控机构作为获取传染病疫情信息的一线专业机构，由其向社会披露疫情信息能够保证传染病预防的及时性和科学性。但是，在行政机关主导的疫情信息公开制度下，疾控机构并无疫情信息发布权，故有学者形象地总结道，“疾控机构听得见枪声，却无权及时发出传染病预警信息；疾控机构有权搜集传染病疫情信息，却无权公布所掌握的传染病疫情信息”。①

对此，笔者建议，细化疫情信息公开的信息类型，对不同类型的疫情信息进行分流公开。如前文所述，疫情信息在实践中存在两种状态，一是“事实状

① 宋华琳：《疾病预防控制机构法律地位的反思与重构》，载《探索与争鸣》2020 年第 4 期。

态”的疫情信息,二是“评价状态”的疫情信息。由于“评价状态”的疫情信息涉及“应急状态”的触发、“应急预案”的适用、“应急知识”的普及等一系列问题,这些问题与公共利益密切相关,需要从行政管理的角度加以全方位考虑,因此经行政机关综合决策后再向社会公布更为妥当。而“事实状态”的疫情信息仅关涉客观疫情事实,若包含在“评价信息”内一并公布,则会推迟社会公众对疫情信息的知悉时点,既无助于疫情防控的整体效率提升,也妨害了公民知情权的及时实现。因此,对于“事实状态”的疫情信息,建议由“疾控中心”即时发布,使其发挥类似于“气象预警”的专业性功能。一方面,疾控机构是疫情监测的专业机构,能够在第一时间获取疫情事实,由其公开疫情事实能够保证公开的及时性,促使公众尽早做好防疫准备;另一方面,疾控机构具备专业的研究能力,能够从更加科学、中立的视角认识传染病疫情,并且其所能公开的内容仅限于“事实状态”的疫情信息,并不掺杂价值判断或是其他无关因素,能够保证公开的客观性与全面性。

(三)健全程序法制,保障公民权益

行政权的运行、行政行为的实施必须通过一定程序得以实现,这是公平、效率的要求,也是法治的要求。目前,《传染病防治法》和《突发公共卫生事件应急条例》均缺乏针对疫情信息公开的程序性规定,我国亦没有出台专门的行政程序法予以指导,因此健全疫情信息公开制度的程序性规范迫在眉睫。系统来看,当前程序性规范的缺漏主要集中在“外部机制”,因此程序法制的健全应主要围绕外部机制的“决策”程序和“公开”程序展开。

在完善“决策”程序方面,决策的时效性以及决策内容的适当性是程序规范应当关注的重点。就决策的时效性而言,应当设计“决策时限”制度来保证和督促决策的效率性,同时衔接“说明理由制度”,针对决策期间届满但未能作出决策的情况,决策机关应当向社会公众说明理由,并公开已经确定无误的疫情信息。就决策内容的适当性而言,应当保证公开内容的准确性和尺度恰当。“准确性”要求建立“疫情信息核实程序”,即对于即将公开的疫情信息,应当进行溯源核查和专业性审查,并交由主要负责人审批,确保公开的信息准确无误。“尺度恰当”要求有关部门在信息公开之前应遵循比例原则,对公开的内容范围进行全面的评估,将未经核实、缺乏专业研判或处于研究阶段的信息进行“保留处理”,保证最终公开的疫情信息为疫情防控所必要,避免因公开内容不当，导致政府陷入信任危机，或是误导公众，影响社会稳定。

在完善"公开"程序方面，主要以规范"公开形式"和规范"公开内容"为重点。规范"公开形式"目的在于降低社会公众对公开信息的获取成本，在保证公开渠道丰富性的同时兼顾交往和沟通的需要，有针对性地回应社会公众的合理关切，避免单方面的"信息漫灌"。因此，在信息公开之前，建议设置"公众意见采集程序"，利用网络自媒体、热线电话等多种媒介，收集民众关切，以提高公开内容的针对性。同时，以"新闻发布会"为主要形式的公开模式，在人员构成上应当保证专业人士的参与比重，尽可能将专业内容进行"通俗化"转述。在提问环节，除记者提问外，建议创新提问形式，听取更多社会公众的声音。规范"公开内容"主要是以保护公民个人信息为出发点。传染病疫情信息的一大特征就是与公民个人信息相互交织，在疫情传播过程中，患者通常既是感染者也是传播者，患者的个人资料、运动轨迹和社会交往等信息往往关乎疫情防控，因此公民个人信息往往属于疫情信息公开的重点内容。故建议在"公开内容"方面建立"公民个人信息脱敏制度"，将公民个人信息中的敏感部分隐去，防止社会公众通过公开的疫情信息识别出特定个人。[①] 例如，用化名替代真实姓名、隐去"楼栋单元"等具体住址内容等。当然，对于公开有误的疫情信息，或是严重侵害了相关人合法权益的疫情信息，在公开制度上还应设计"信息纠错程序"，即社会公众、利害关系人或有关部门在发现信息内容有误后，有权向疫情信息公开部门反映，并提出纠正的要求。疫情信息公开部门在了解并核实情况后，应当及时更正或撤销有关信息，并以公告形式向社会公开纠正结果，借此填补疫情信息公开在"救济"方面的制度缺漏。

---

① 参见张新宝：《从隐私权到个人信息：利益再衡量的理论与制度安排》，载《中国法学》2015 年第 3 期。

健康驿站：疫情防控背景下基层社会治理的深圳经验

——基于盐田区梅沙街道调研

燕　山　付王伟　冯秀成*

内容提要

健康驿站是深圳在2020年新冠肺炎疫情防控过程中诞生的以基层力量为主导、协同各方参与疫情防控的临时隔离机构，是在新冠肺炎疫情防控过程中出现的新生基层力量，是疫情防控实践中总结出来的基层社会治理的新模式。本文基于盐田区梅沙街道的实践调研，梳理总结健康驿站的防控机制与经验，从个人、社会、政治三个层面探究健康驿站在疫情防控中发挥的重要效能。健康驿站的启用与运营管理在深圳疫情防控上发挥了重要作用，彰显了深圳基层社会治理的创新力、整合力、反应力和适应力，这些优势的生发根植于深圳"开拓创新、诚信守法、务实高效、团结奉献"文化土壤之中。

关键词　健康驿站　疫情防控　基层治理　深圳经验

* 燕山，北京大学深圳研究生院院长办公室党委办公室副主任，北京大学教育学院/教育经济研究所博士；付王伟，深圳市盐田区梅沙街道办副主任，博士；冯秀成，深圳市盐田区梅沙社会治理研究中心主任，华中师范大学政治科学高等研究院博士。

一、问题的提出

2020 年,在全球新冠肺炎疫情不断加速蔓延的态势下,特大型城市的社会治理能力面临严峻考验。深圳作为中国经济特区和国际化创新型大都市,在较长的一段时期将处于疫情防控的常态化阶段。深圳秉持“外严防输入、内严防反弹”的防控策略,通过不断完善基层社会治理体系,创新基层治理模式,调动各方资源,妥善处理疫情防控中的内外部压力,为经济社会生产的全面恢复提供有效保障。党的十九大提出:打造共建共治共享的社会治理格局。加强和创新社会治理。推进国家治理体系和治理能力现代化。[①] 其重心和难点均在基层。在疫情防控战役中,深圳基层治理的完善与创新尤为突出。健康驿站是深圳在 2020 年新冠肺炎疫情防控过程中诞生的以基层力量为主导、协同各方参与疫情防控的临时隔离机构,是在新冠肺炎疫情防控过程中出现的新生基层力量。截至目前,深圳共启用 108 个健康驿站(隔离点)。健康驿站在深圳疫情防控体系中处于什么地位?发挥了怎样的作用?本文通过梳理总结盐田区梅沙街道健康驿站的创建和运营管理,探究疫情防控背景下基层治理模式的深圳经验。

二、健康驿站启用背景

(一)大型城市管理复杂性

2020 年新冠肺炎疫情发生后,作为中国超一线城市,深圳在疫情防控和管理上面临重大考验。相较中国其他一线城市,深圳的人口规模大,常住人口高达 1343 万人,但土地面积仅 1997 平方公里,人口密度高达 6725 人/平方公里,是北京、上海人口密度的 3 倍以上。人员流动性强,深圳是中国最大的移民城市,非户籍人口比例高达 65%,人口倒挂现象严重。春运期间,深圳人流迁出迁入量大,有着更复杂的疫情传播风险。同时,深圳又是全国的经济中心城市,经济总量居亚洲城市前五。市场经济活动和主体多,仅 2019 年全

---

① 习近平:《夺取新时代中国特色社会主义伟大胜利——在中国共产党第十九次全国代表大会上的报告》,载新华网,http://www.xinhuanet.com/2017-10/27/c_1121867529.htm。

年新登记的商事主体就高达 50 万家。[①] 活跃的经济活动带来了更多人员的流入和更集中的人口密度。在新冠肺炎疫情的防控和管理上,深圳面临更复杂的局面。

(二)医疗资源供给不均衡

深圳医疗资源供给紧张且不均衡。据 2019 年中国卫生健康相关统计,深圳的三甲医院数量仅 16 所,只占北京三甲医院数的 1/5、上海三甲医院数的 1/4。深圳的执业医生 3 万人,只占北京执业医生数的 1/3、上海执业医生数的 1/2。同时深圳医疗机构的病床数也远低于同类城市。算上人口密度,深圳的人均优质医疗资源较其他超一线城市更为紧缺。在医疗资源极度紧缺的情况下,优质医疗资源往往集中在重点医院重点科室,而下沉到基层的优质医疗资源更为不均衡。基层的疫情防控是重中之重,如何集约化地利用深圳本来就紧缺且不均衡的医疗资源参与基层防疫管理,健康驿站是深圳基层的智慧选择。

(三)外来人员输入压力大

作为国际化创新性城市,深圳拥有水、陆、空、铁、口岸等交通枢纽系统,其中深圳宝安国际机场定位是国际枢纽机场,开通运营 60 条国际航线,仅 2019 年机场旅客吞吐量就达 5000 万人次。深圳也是口岸数量最多、出入境人员最多的口岸城市。[②] 通过强大的交通枢纽系统,深圳将我国内地(大陆)与港澳台地区,甚至是我国与其他国家和地区实现互联互通。但在疫情发生及蔓延过程中,外来人口的输入给深圳的疫情防控带来巨大压力。2020 年春节之后,深圳主要是面临来自国内疫情高发地人员返深的压力。随着国际上新冠肺炎疫情的不断蔓延和快速发展,深圳口岸、港口、机场的境外输入压力更大,一是旅居国外的华人回国需求强烈,二是我国香港特区疫情的反弹导致入境人员激增。深圳在此背景下承担了国际疫情过滤和疏散的重要功能,健康驿站在过滤、疏散和管控疫情中发挥了重要作用。

---

① 深圳市人民政府新闻办公室:《深圳概览》,载深圳政府在线网 2020 年 9 月 18 日,http://www.sz.gov.cn/cn/zjsz/gl/content/post_7979852.html。

② 深圳市人民政府新闻办公室:《深圳概览》,载深圳政府在线网 2020 年 9 月 18 日,http://www.sz.gov.cn/cn/zjsz/gl/content/post_7979852.html。

（四）境外输入传播风险高

面对越来越多境外输入的人员，必须采取更高效、智慧的措施进行防控管理，若境外输入人员不能就地进行 14 天的隔离管理，这些人员数量多且目的地不一，传播点分散，在回到目的地的过程中又将接触大量人员，可能造成潜在的更大疫情传播风险。在此背景下，深圳启用健康驿站，作为外来疫情风险高发地人员的临时隔离场所，集约性协同利用好管理、医疗等各方资源，对高风险地区人员进行有效隔离和管理，最大限度降低疫情反弹和传播风险。

三、案例：健康驿站的防控机制经验探索

梅沙街道地处广东省深圳经济特区东部，辖区总面积 21.83 平方公里，常住人口 2.2 万人（户籍人口 5608 人），下辖大梅沙、小梅沙、滨海、东海岸 4 个社区工作站。梅沙街道辖区依山面海，环境优美，梅沙街道远离市中心，是深圳最早启用健康驿站的街道。2020 年 2 月，根据疫情防控形势的需要，梅沙街道率先在辖区启用鹏城酒店驿站，主要针对从湖北等高风险地区及境外来深人员回到辖区的居民进行集中隔离和医学观察管理。同年 3 月，为帮助企业复工复产，做好企业返深员工的集中隔离，梅沙街道支持中兴通讯公司在辖区建设中兴和泰企业健康驿站。由于国际疫情局势的恶化和蔓延，盐田区健康驿站不断启用和扩容。4 月底，在盐田区新冠肺炎疫情防控领导小组（指挥部）的统一安排部署下，中兴和泰企业健康驿站升级为区级健康驿站。梅沙街道负责该健康驿站的现场调度、应急处置和后勤保障工作。5 月，梅沙街道筹建并启用芭堤雅酒店健康驿站，与海山街道共同选派党员干部和社区精干力量轮班值守管理。7 月，海景酒店健康驿站和瀑布酒店健康驿站先后启用。截至 9 月 21 日，盐田区梅沙街道辖区共先后建立街道、企业和区级健康驿站 7 个，正在运转的区级健康驿站 3 个（芭堤雅酒店、海景酒店、瀑布酒店），客房数 541 间，累计管理入境集中隔离人员 3275 人。从街道、企业健康驿站再到区级健康驿站的启用管理，梅沙街道初步形成以党组织为核心，现场专班为支撑，协同卫健、疾控、公安、酒店等各方力量共同参与的驿站管理格局，梅沙街道健康驿站的建设和运营管理在疫情防控过程中积累了丰富的基层联防联控经验，成效显著。

(一)坚持党建引领,发挥基层党组织战斗堡垒作用

党建引领包含了党的领导的不可动摇性、党的执政的合法性、党以人民为中心的指针目标和实现人民当家做主执政方式的既定性。[①] 党建引领在健康驿站的筹建、启用和运营管理中发挥了战斗堡垒作用,并体现出政治引领、组织引领、机制引领的制度优势。

习近平总书记反复强调"要把人民群众生命安全和身体健康放在第一位",盐田区始终牢记习总书记的嘱托,践行党为人民服务的初心,把人民群众的健康放在首要位置,从上至下高度重视健康驿站的筹建管理。健康驿站筹建之初,盐田区委区政府就成立区管理工作专班,由区领导牵头,各街道和区直相关部门参加,加强领导。区领导担任管理工作专班领导,健康驿站的挂点领导也直接由区领导担任,为健康驿站统筹人力、物力资源,实施统一管理,增强应急处置能力提供保障。

就组织引领而言,健康驿站是深圳在疫情防控过程中诞生的新生基层防控机构,从无到有的建设依赖于党建的组织引领发挥作用,增强基层凝聚力,形成强有力的战斗堡垒。党组织力量下沉为健康驿站的筹建和管理提供重要支持,提高了健康驿站疫情防控水平。健康驿站的筹建管理力量来自包括街道、公安、卫健、疾控、应急等多方机构。同时,成立以街道力量为主的协调指挥专班,负责健康驿站的协调运营。以梅沙街道瀑布酒店健康驿站专班为例,至今已经抽调市支援组、区人大、区城建集团、街道、社区干部 38 人次参与疫情防控工作,其中党员 26 人。瀑布酒店健康驿站建立临时党支部,增强基层防控的组织领导,开展以疫情防控为主题的各类组织生活,凝聚党员力量,提升健康驿站疫情防控的水平和质量。此外,酒店为健康驿站提供场所,梅沙街道早期成立梅沙旅游企业联盟党总支,以党建为引领,联络统筹辖区企业,互通有无,互相帮助。疫情暴发后,街道第一时间联系联盟酒店协商健康驿站筹建事宜,酒店积极响应,不计条件支持政府需求。

就机制引领而言,健康驿站形成了自觉和完善的应急响应机制、联动机制和工作管理机制。以梅沙街道瀑布酒店为例,在健康驿站接待来自深圳湾口岸、盐田港入境人员的管理过程中,针对不同类型可能存在的问题,建立快

---

① 张美玉、张国祥:《疫情防控下党建引领基层社会治理研究》,载《决策与信息》2020 年第 8 期。

速应急响应机制，高效反馈和处理疫情防控中出现的问题。同时，通过联动机制整合卫健、疾控、心理、安保、酒店等派驻在健康驿站的各类机构力量，化解健康驿站可能出现的各类风险问题。实施每日“一调度、一排查、一研判”工作机制，保障快速指挥和解决问题，为常态化开展健康管理服务提供保障。“4 班 3 倒工作模式”、“24 小时轮班值守制”和“无缝交班制”夯实了健康驿站的管理基石。

（二）提前预判风险，提升基层疫情防控风险预判能力

作为深圳疫情防控的临时隔离机构，健康驿站主要针对入境人员进行集中隔离管理和医学观察，不仅要对入境人员可能产生的潜在疫情风险进行有效管控，还要对他们的身心健康安全等负责。为最大限度降低在驿站可能发生的风险隐患，梅沙街道健康驿站通过预警机制、问诊机制、巡逻机制、问询机制和排查机制及时预判风险。

以瀑布酒店健康驿站管理为例，入境人员抵达健康驿站前，首先通过“一码通”填写《健康驿站医学观察人员健康档案》，到达驿站后由驻站医生和心理咨询师根据所填信息，现场逐一对入住隔离人员身体和心理健康风险进行二次评估。根据评估情况将入住隔离人员按照风险等级进行四级分类，用“红橙黄绿”四种颜色分别标记为：特别关注对象、重点关注对象、持续关注对象和正常关注对象，确保隔离期间进行精确管理、提前预警和风险预判。截至成文时，瀑布酒店健康驿站共关注重点隔离人员 199 人次，占所有管理隔离人员的 30%。瀑布酒店健康驿站还通过建立《集中隔离点安全隐患排查工作制度》《集中隔离点火灾应急预案》集中隔离点隔离人员异常行为管理应急预案》《集中隔离点隔离人员疾病救治应急预案》等制度进行隐患排查、风险防范和应急处理。隔离人员在入住健康驿站期间，医疗三人组（医生、心理咨询师、护士）每日巡查问诊，测量体温并持续关注隔离人员的健康状况，对风险等级较高的隔离人员进行重点关注，以便及时发现风险和解决问题。此外，瀑布酒店健康驿站通过家属问询机制，及时与隔离人员的家属保持联系，一方面让家属对隔离人员在健康驿站的生活放心，另一方面通过家属的情况反馈更细致地洞察隔离人员身心情况，预判潜在风险。同时，利用公安后台大数据排查隔离人员的政治隐患，确保健康驿站的政治安全稳定。在实际管理工作中，瀑布酒店健康驿站专班也通过“线上 + 线下”的形式，在管理

服务隔离人员的过程中,增强敏感性,及时预判潜在风险,努力构建和谐安全的健康驿站。

(三)压实主体责任,构建基层疫情防控的责任体系

健康驿站是深圳在疫情防控过程中诞生的以基层力量为主导、协同各方参与疫情防控的临时隔离机构,是基层疫情防控的重要关卡。在这个关卡上,市、区、街道领导高度重视,身体力行,勇于担当。盐田区委区政府成立由区领导牵头的健康驿站管理工作专班和现场协调指挥专班,每个健康驿站的挂点领导均由区领导直接担任。市、区防控疫情指挥部领导定期或不定期对健康驿站进行督查,履行领导责任。在健康驿站的管理和运营层面主要强调四个责任,即街道的属地责任、部门的监管责任、企业的主体责任、个人的岗位责任。

街道在健康驿站的筹建管理和疫情防控中承担属地责任,负责健康驿站的现场调度指挥、应急处置、后勤保障等工作,是健康驿站运转的主要力量。健康驿站的各专业领域工作由相关部门履行监管责任。由市场监管、消防、应急、疾控、卫健等部门组成联合检查组,负责每周到梅沙街道各健康驿站进行巡查,建立问题台账,督促健康驿站针对巡查问题进行整改。隔离酒店作为健康驿站的物理载体负企业主体责任,主要负责对隔离客房、隔离餐食等进行管理。各级疫情防控指挥部都强调基层干部在疫情防控中的责任和担当,明确疫情防控中的风险识别、疫情评估、信息报送、渎职或防控不力的干部进行责任追究,明确基层干部做到守土有责、守土担责、守土尽责。[①] 虽然健康驿站是临时组建的隔离机构,但参与疫情防控的每个工作人员都有明确的岗位职责。就瀑布酒店驿站专班而言,实行“1 +1 +5”岗位模式,即 1 个处级领导协调指挥,1 个市抽调干部,5 个专班工作人员分别负责数据、信息、档案、接转、物资管理等专项工作。除构建健康驿站各级主体责任体系外,梅沙街道健康驿站还通过检查会、视频会、工作会、交班会等会议形式发现问题,压实责任,对于难以解决的问题及时向上汇报,在更高层面进行研判和化解,将防控责任落到实处。

---

① 编辑部特评:《领导干部要守土有责　守土担责　守土尽责》,载《中国青年报》2020 年 1 月 28 日,第 1 版。

(四)践行共建共治,实施基层疫情防控的科学管理机制

党的十九大报告从统筹推进“五位一体”总体布局、协调推进“四个全面”战略布局的高度,对社会治理问题高度重视,明确提出打造共建共治共享的社会治理格局。[①] 在基层疫情防控面前,健康驿站作为临时特定的治理主体对于隔离人员实施管理。该临时机构的筹建和运营管理充分体现了基层的共建共治,是基层在“内防扩散、外防输入”的前沿阵地。瀑布酒店健康驿站从启用之初就秉持“安全、平稳、有序”的管理理念,在隔离人员的管理中,将人民群众的利益放在首要位置,尽力做到“人员安全、场所平稳、管理有序”。实施条块化管理机制,整合来自街道、卫健、公安、疾控、酒店等专业力量,组成联防联控体系,综合性开展健康驿站疫情防控的横纵向管理工作。横向上,各方机构共同协作处理健康驿站隔离人员管理等相关工作;纵向上,发挥专业力量优势,为隔离人员提供专业服务,如遇到在驿站难以处理的专业疾病等情况,驻点医生会及时向上级医院汇报,协调更专业的医疗资源介入。瀑布酒店健康驿站完善出台各类制度和工作流程,如《集中隔离点卫生防疫管理工作制度》《集中隔离点每日工作例会制度》《驿站管理服务流程》等优化管理服务,将疫情防控落到实处。为切实提高健康驿站的服务管理效能和团队能力,瀑布酒店健康驿站组织培训讲座 10 余次,内容涉及消防安全、个人防护、心理疏导、急救知识、突发事件应急处置等。对于入住隔离的特殊人员,健康驿站在实践中总结了一套创新管理模式,建立“一对一”服务模式和“多对一”跟进模式。2020 年 5 月,芭堤雅酒店健康驿站接待的一位隔离对象钟某已有 24 周身孕,为重度抑郁患者且有自杀史,行为表现为对环境不适、易躁易怒。驿站专班针对钟某的情况,主动关怀,由专班人员“一对一”服务跟进,在获得钟某信任后,邀请市精卫中心专家对其会诊,研判身心情况,形成心理医生、社工、专班人员“多对一”的跟进模式,全方位进行管理服务,取得良好成效。

(五)强化人文关怀,彰显基层疫情防控的服务温度

在抗击疫情的过程中,党中央高度重视并强调人文关怀的重要性,习近

① 徐汉明、邵登辉:《深入学习贯彻习近平新时代中国特色社会主义思想　打造共建共治共享的社会治理格局》,载《人民日报》2018 年 6 月 21 日,第 7 版。

平总书记特别强调要加强心理干预和疏导,有针对性做好人文关怀。作为隔离管理入境人员的健康驿站,在各个层面不断强化人文关怀,彰显基层疫情防控的服务温度。梅沙街道的健康驿站主要从以下五个层面进行人文关怀。一是心理层面,驻站心理咨询师会对所有隔离人员进行心理评估、心理巡查,对于异常人员进行心理干预及转介,通过“尊重、共情、倾听、关注”等技术手法对隔离人员进行人文关怀,通过沟通交流缓解隔离人员的心理压力,防止在隔离期间发生极端事件,维护隔离人员身心健康。二是管理层面,健康驿站不断强化在管理下的人文关怀,隔离不隔爱。截至成文时,瀑布酒店健康驿站共收到感谢信件46封、微信感谢留言418条,充分体现了隔离人员对驿站的认可。瀑布酒店健康驿站于2020年8月接待一名独自从深圳湾口岸入境的12岁女童恩妹,该女童由于户籍限制等原因难以转居家隔离。驿站专班通过建立“恩妹聊天室”安排人员每天线上陪伴聊天,关注健康状态,积极与家属保持联系,消除家长担忧。三是服务层面,健康驿站通过细致的服务关心和管理隔离人员。瀑布酒店健康驿站秉持“一切以客人需求为主”的理念,从服务细处着手,让隔离人员感受温暖。例如,在餐食管理上详细记录隔离人员的口味,制作送餐表使隔离人员更直观了解订餐用餐情况,针对老人和儿童定制餐食等。在思觉失调、心理抑郁的隔离人员房间外标注小红心,提醒送餐和卫生打扫等工作人员在交流过程中更加注意言辞、音量等,从细处着手提升服务品质。四是公卫层面,健康驿站通过医生三人组每日面访详细了解隔离人员情况,记录其特殊诉求,与驿站专班沟通解决。此外,对转运、推送、解除隔离等人员按要求进行核酸检测,为健康驿站人员安全提供保障。五是安保层面,在入住之初,首先由驻站民警为旅客宣讲入住须知、政策法规,既为隔离人员明确法律底线,也送去问候与关心,彰显服务温度。

(六)运用信息手段,提升基层疫情防控的管理精度

在健康驿站的管理中,信息手段的运用增强了疫情防控的科技含量和管理精度。借助金数据管理系统、广东省入境人员一码通数据管理系统等,发挥大数据和人工智能技术作用,提高健康驿站对人员信息的精准掌握。以此为基础,实现人员从入境到隔离的全流程信息管理,市、区级疫情防控指挥部和基层健康驿站通过信息工具实现数据共享、信息互通,及时发现和排查可疑情况,发挥信息平台协同、精准发力等功能,提升健康驿站对于疫情的快速

反应能力和接待管理隔离人员的协同能力。通过数据管理，健康驿站可以关注人员从入住到解除隔离的全流程动态信息，便于科学管理隔离人员。健康驿站通过房源管理系统了解入境隔离人员的舱容能力，通过及时上报市区相关系统精准掌握基层疫情防控信息，便于问题的及时发现和研判。在健康驿站的内部管理中，借助微信等新媒体工具为隔离人员提供服务。针对当天接收的隔离人员，瀑布酒店健康驿站会建设服务群，除隔离人员以外，涉及餐食、住房、医生、专班在内的工作人员及时进群开展线上服务，从订购餐食到客房服务，均可以通过线上完成，最大限度地减少了与隔离人员的面对面接触，从而降低安全风险。

健康驿站秉持“科学管理、人性服务”的管理理念（见图1），以街道为主要统筹的防控主体多元化，防控流程制度化，防控手段信息化，针对隔离人员进行防控管理，在深圳疫情防控中发挥重要作用。

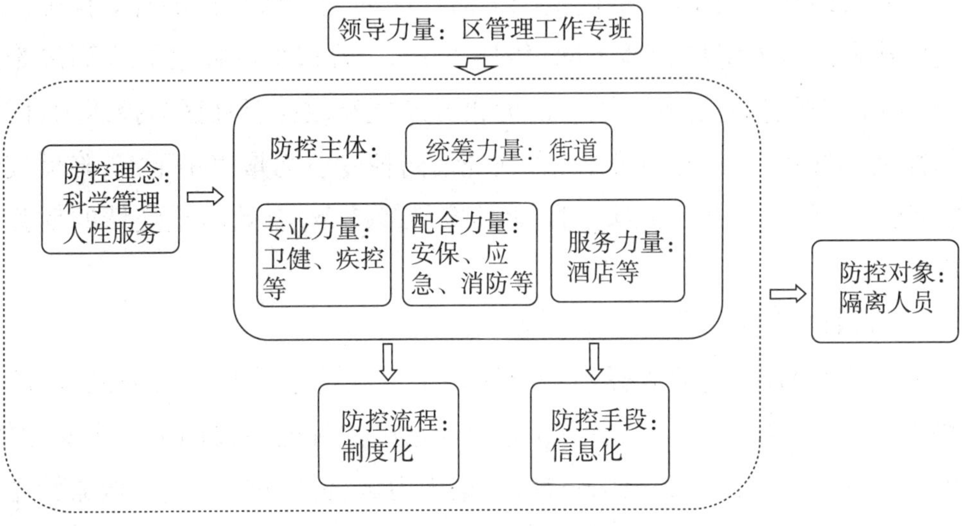

图1　健康驿站防控框架

四、小驿站大作用：健康驿站的重要效能

（一）个体层面

对个体而言，健康驿站提供了一个安全管理和服务的场所，使内地高风险地区返深人员和入境人员能进行有效隔离与管理。在隔离期间，健康驿站除提供符合疫情防控标准的隔离场所外，还提供各类医疗、心理等专业资源，

对隔离人员提供检测、病患救治、心理疏导等,确保应检尽检、应治尽治、应收尽收,切实保障人民群众的生命安全和身体健康。健康驿站秉承“在管理下的人文关怀”,对于隔离人员的合理诉求尽力满足,同时特别关注隔离人员中特殊人群,如高龄老人、幼童等,根据不同情况提供定制化的管理服务,让他们在健康驿站安心、放心、舒心地进行隔离。此外,通过健康驿站的集中隔离,对于潜在感染风险的人员进行有效管控,减轻及消除城市居民的心理恐慌,保障城市居民的正常生产生活。

(二)社会层面

就社会层面而言,健康驿站作为疫情防控的前沿阵地,主要发挥“漏斗甄别”功能,对于高风险地区及境外来深人员做到应收尽收,对于潜在风险进行有效管控,通过检测、管理等甄别排查疫情风险,有效防止疫情的社会面扩散,对于社会心理、经济生活等方面起到积极有效的作用。健康驿站还为深圳经济社会的常态化发展、推进生产生活秩序的全面恢复提供有效保障。大量境外输入人员入境目的地不同、传播点分散,若都采取社会居家隔离难度大、不可控因素多,通过就地隔离的健康驿站能有效减轻社区防控压力,同时集约性利用好管理、医疗等资源,做到疫情防控专业力量集中下沉,降低疫情防控社会管理成本,并从源头上阻断风险传播链条,有效防止疫情的反弹与扩散。

(三)政治层面

就政治层面而言,健康驿站充分体现了中国特色社会主义的制度优势,即集中力量办大事方面。邓小平同志曾经指出:“社会主义同资本主义比较,它的优越性就在于能做到全国一盘棋,集中力量,保证重点。”[①]在健康驿站的建设过程中,市、区、街道等各级党组织高度重视,并抽调专业力量下沉驿站进行管理服务,党员干部身先士卒、勇于担当,不忘初心、牢记使命,充分体现了共产党“一切为人民服务”的宗旨。在党的领导下,健康驿站在疫情防控中发挥关键作用,扎实做好战疫情、防风险、保安全、护稳定等工作的落实,彰显社会主义城市治理优势,做到快速斩断疫情风险传播链条,从源头上防止疫情反弹与扩散,避免了类似西方大城市疫情扩散蔓延的被动局面,创造了安

① 《邓小平文选》(第3卷),人民出版社1993年版,第16－17页。

全稳定的社会环境。

五、结论与探讨

(一)从健康驿站看深圳基层社会治理的相对优势

通过总结梅沙街道健康驿站的创建和管理经验,笔者认为,深圳疫情防控的基层社会治理优势为:创新力、整合力、反应力和适应力,而这些力量生发主要根植于深圳基层的文化土壤。改革开放40余年来,"开拓创新、诚信守法、务实高效、团结奉献"已成为深圳精神内核,成为深圳不断向前发展、奋勇争先的动力源泉。在2020年新冠肺炎疫情阻击战中,正是特有的深圳精神文化土壤,才不断涌现出基层各类抗疫的新场所、新措施、新理念、新方法、新力量,健康驿站正是根植于特区的文化土壤中,有效发挥疫情防控前沿阵地的关键作用,切实体现了深圳基层社会治理优势。

1. 创新力

改革开放40余年来,深圳以"敢闯敢试、敢为天下先、勇于创新、奋力担当"的精神实现了经济社会的快速发展,从一个边陲小渔村发展为国际性现代化大都市靠的就是"开拓创新"的精神与实践。在新冠肺炎疫情的防控过程中,深圳也始终如一坚持将创新精神落到实处,不断强调体制机制创新、发挥科技创新优势等。在面对新冠肺炎疫情的基层治理上,深圳市各街道慎终如始抓好常态化疫情防控工作,坚持"外严防输入、内严防反弹",继续织密织牢联防联控、群防群治网络。健康驿站的筹建和运营管理是深圳基层面对新冠肺炎疫情创新力的具体体现。深圳各街道在广东省率先启用健康驿站,对于疫情高风险地区返深人员、疫情密切接触者进行集中隔离。在运营管理上,健康驿站作为深圳疫情防控的重要环节,不仅实现了疫情高发地密接人员输入的隔离衔接,在数据科技管理上也实现了无缝跟踪管理,随着疫情形势变化,街道层面的健康驿站逐渐升级为区级健康驿站,是基层创新力不断内生发展的体现,充分体现了基层治理的创新优势。

2. 整合力

整合力具体体现在组织资源、干部资源、社会资源以及调动各级各部门及社会力量推进基层疫情防控体系的构建。健康驿站作为以基层力量为主导、各方协同参与的临时隔离场所,在深圳的疫情防控过程中充分展现出整合优势,“防控一盘棋”集中力量践行“内防反弹、外防输入”的防疫措施。整合力体现在健康驿站的组织资源整合,健康驿站的建设管理力量来自街道、公安、卫健、疾控、应急、安保等多方组织机构。各部门在阻断传播途径、病患救治、心理疏导、物资保障等方面采取有效措施,做到守土有责、守土担责、守土尽责。整合力体现在干部资源的下沉,就健康驿站而言,市委组织部两批选派600余名来自市直机关、各部门、高校、企业的中坚力量、青年干部下沉各区级健康驿站,参与基层疫情防控一线工作。区、街道抽调精干组成驿站专班,共同管理隔离人员,提供专业服务,形成整合力量。此外,来自企业、社工机构等社会力量也在驿站筹建和管理中发挥了重要作用。习近平总书记强调:“我们最大的优势是我国社会主义制度能够集中力量办大事。这是我们成就事业的重要法宝。”[①]从健康驿站的实践经验来看,在疫情防控过程中,从市区领导到基层街道,整合力量、调动资源、联防联控、上下齐心,充分彰显基层社会治理在疫情防控中的整合力。

3. 反应力

反应力首先体现在深圳速度、争取时间的疫情防控治理创新上。自2020年1月28日第一个健康驿站启用后,半年多内,深圳市已启用108个健康驿站,对疫情高发地来深人员进行隔离管理。以梅沙街道为例,根据境外疫情的严峻形势和上级疫情防控工作的需要,同年7月12日和13日,海景酒店和瀑布酒店健康驿站迅速筹建并启用,参与这两个健康驿站建设的街道干部和各单位工作人员,两天不眠不休、接力奋战,充分体现了基层疫情防控有效执行的深圳速度。反应力还体现在健康驿站接待管理人员的效率之中,梅沙街道三个健康驿站实行“三天一转”循环接收模式,最高峰时瀑布酒店健康驿站一天接收入境隔离人员102人。为最大限度降低感染风险,缩短隔离人员办理入住相关手续时间,瀑布酒店健康驿站优化管理流程,将工作做在前面,隔离人员入住手续的办理从20分钟/人优化至5分钟/人,有效提高隔离人员入住效率和管理效能。最后,反应力体现在健康驿站面对疫情突发事件的应急处置上。针对2020年8月15日罗湖水贝发现2名核酸检测阳性人员事件,梅沙街道第一时间召开街道疫情防控工作部署会,传达省市区会议精神,

---

① 《习近平谈治国理政》(第2卷),外文出版社2017年版,第273页。

对街道当前疫情防控工作进行再动员、再部署。15 日晚至 16 日,街道主要领导带队深入各社区和瀑布酒店隔离点,现场督战,指导各社区连夜落实大数据核查工作直到凌晨 4 点。可以说,健康驿站在突发疫情后,除隔离人员接待管理外,还承担了大量核酸检测工作,凸显了基层社会治理面对疫情防控快速的应急反应力。

4. 适应力

适应力主要体现在面对疫情形式的不断变化,健康驿站"应势而变"的过程中。从健康驿站的筹建而言,早期的健康驿站主要针对湖北等高风险地区回到辖区的居民进行集中隔离和医学观察管理,随着企业复工人员的返深,企业健康驿站随之诞生。随着国际疫情的快速蔓延,健康驿站的接收人员主要为入境人员和国际航班旅客。人员收治类别不断变化,健康驿站针对人员类别不同的功能也在不断完善。从早期的街道层面与企业合作的驿站升级为区级驿站,参与健康驿站筹建与管理的部门不断增多,专业力量不断深入,功能不断完善,为收治隔离人员提供更专业的管理服务。此外,为妥善应对境外新冠肺炎疫情严峻态势,深圳不断调整疫情防控相关政策,如三地互认政策取消、入境人员接转政策的更变等,健康驿站根据相关政策的变化进行具体工作的落地调整,在疫情防控过程中,充分体现了深圳基层治理的超强适应力。

(二)反思与讨论

社会治理指在执政党领导下,由政府组织主导,吸纳社会组织等多方面治理主体参与,对公共事务进行的治理活动,是"以实现和维护群众权利为核心,发挥多元治理主体的作用,针对国家治理中的社会问题,完善社会福利,保障改善民生,化解社会矛盾,促进社会公平,推动社会有序和谐发展的过程"。[①] 2019 年,中共中央、国务院《关于支持深圳建设中国特色社会主义先行示范区的意见》中明确了深圳发展的战略定位:高质量发展高地、法治城市示范、城市文明典范、民生幸福标杆与可持续发展先锋。在抗击新冠肺炎疫情这场没有硝烟的战场上,深圳通过不断完善和创新基层社会治理,先行先试,启用健康驿站,有效做到分类防控、协调防控和智慧防控,缩短应急管理

① 姜晓萍:《国家治理现代化进程中的社会治理体制创新》,载《中国行政管理》2014 年第 2 期。

的纵向链条,将“市—区—街道—社区”的力量统一调配到健康驿站,构建了完善的疫情防控体系。

值得思考的是,健康驿站在疫情防控中虽快速整合了各方力量,但作为临时机构,在疫情常态化运营管理过程中,如何更好地从整合到达融合的状态,形成联动,更加迅速有力,更加高效发挥作用。此外,健康驿站是深圳基层疫情防控过程中诞生的临时隔离场所,当前国际疫情依旧蔓延,健康驿站从临时性场所在向常态化隔离机构进行转变,防控意识不能因为常态化管理而丝毫松懈,要始终不断完善管理,补强防控中的短板,发挥风险感知的神经末梢功能,顺势而为,起到“防火墙”的作用,打造共建共享共治的社会格局。

图书在版编目(CIP)数据

深圳法学. 第1辑 / 深圳市法学会编. -- 北京 : 法律出版社, 2021

ISBN 978-7-5197-5390-0

Ⅰ. ①深… Ⅱ. ①深… Ⅲ. ①法学－文集 Ⅳ. ①D90-53

中国版本图书馆CIP数据核字(2021)第035144号

深圳法学(第1辑)
SHENZHEN FAXUE(DI-1 JI)

深圳市法学会 编

责任编辑 周 洁 林 蕊
装帧设计 汪奇峰

出版 法律出版社
总发行 中国法律图书有限公司
经销 新华书店
印刷 三河市兴达印务有限公司
责任校对 朱铁佳
责任印制 胡晓雅

编辑统筹 司法实务出版分社
开本 787毫米×1092毫米 1/16
印张 17.75
字数 316千
版本 2021年5月第1版
印次 2021年5月第1次印刷

法律出版社/北京市丰台区莲花池西里7号(100073)
网址/www.lawpress.com.cn
投稿邮箱/info@lawpress.com.cn
举报维权邮箱/jbwq@lawpress.com.cn
销售热线/400-660-8393
咨询电话/010-63939796

中国法律图书有限公司/北京市丰台区莲花池西里7号(100073)
全国各地中法图分、子公司销售电话:
统一销售客服/400-660-8393/6393
第一法律书店/010-83938432/8433　西安分公司/029-85330678　重庆分公司/023-67453036
上海分公司/021-62071010/1636　深圳分公司/0755-83072995

书号:ISBN 978-7-5197-5390-0　**定价**:48.00元
(如有缺页或倒装,中国法律图书有限公司负责退换)